# 臨床ナラティヴアプローチ

森岡正芳
[編著]

ミネルヴァ書房

# はしがき

　臨床領域でもいろいろな集まりで，「ナラティヴとは何か？」と聞かれることが多くなって久しい。個人の体験の現実に接近する視点を生み出す方法として，臨床実践と研究の両領域において注目されてきている。これは医療福祉や心理臨床の分野で仕事の内容が急速に変動してきたことが背景にある。社会の高度情報化，グローバル化の流れに呼応するようにして，一方で時代が個人化へとすすんでいる。

　大学でも学生へのキャリアサポートが急速に課題になっているが，そこに見え隠れするのは，「自分探し」という言葉で示されるように，個人が自分の人生を設計することが求められ，個人が自分の人生を選ぶことが推奨されるということである。そういう意味で「社会の個人化」が急速に進んでいる。心理学や心理療法が注目をあび期待されるのはこうした事情によるのであろう。自分の人生の目標や生き方の解答についてまで，心理学や心理療法に期待することも生じる。いわば「セラピー文化」が生活の中に浸透してくる。

　社会の個人化が進むと自分語りが大量に生まれる。よりよい語りを求める。自分探しという物語は定番のものが出回り，いわば物語が消費される。そして自分探しの物語が個人化をさらに促進する危険性をはらむ。この循環をいかにして断ち切ることができるだろうか。ナラティヴアプローチ（narrative approach）は，心理をこのように実体化し，個人化することへの批判を経て出てきたものである。

　ナラティヴという言葉は，日常使う言葉としては，物語やストーリー，語りとほぼ重なる。どれも日ごろよく使っている言葉である。しかし，これらの言葉を人間科学や社会科学の世界に持ち込むと，とたんにわかりにくくなる。論じられている状況や文脈によって，これらの言葉が指し示す範囲はそれぞれかなり違っているようにもうかがえる。物語，語りという言葉は乱発するとどうも胡散臭さも感じるのである。ナラティヴというコンセプトを臨床場面に導入

する積極的な意味があるのだろうか。ナラティヴが治療的である条件とは何か。本書第Ⅰ部ではこのような疑問に答えることができれば幸いである。

　第Ⅰ部解説編は，保健医療・福祉・心理教育といった臨床場面で物語やナラティヴという視点がどのように有効かを明らかにし，「臨床ナラティヴアプローチ」の枠組みをスケッチするものである。第1章では，ナラティヴの歴史的な背景や，基本的な発想の概略を述べる。第2章は臨床領域でアセスメントや臨床仮説を立てる場面におけるナラティヴのはたらきについて検討する。第3章は臨床ナラティヴ聴取のポイントを中心に，サイコセラピーとしてのナラティヴアプローチの基本を述べる。

　第Ⅱ部は事例編である。臨床の各領域で活躍されている13名の方々から，多様かつ固有の臨床現場での事例エピソードを提示していただき，ナラティヴアプローチの視点によって臨床の現場で何が明らかになってくるのかをわかりやすく述べていただいた。各章末には，編者のコメントをつけ，それぞれの章の論点を補足し，解説を加えている。合わせて参考にしていただければと思う。

編者　森岡正芳

臨床ナラティヴアプローチ　目次

はしがき

## 第Ⅰ部　解説編

1. ナラティヴとは ……………………………………… 森岡　正芳… 3
   1. 物語は人生において欠かせない……3
   2. 出来事と行動の意味……6
   3. ナラティヴの構成要素……10
   4. ナラティヴアプローチの背景……14

2. ナラティヴは臨床でどのように使えるのか ………… 森岡　正芳… 19
   1. 疾患と病いの複雑な関係……20
   2. 当事者の体験世界を尊重する……22
   3. 生きた経験として病いや障害をとらえる……25
   4. 物語が現場での見通しを立てる……28
   5. ストーリーの転機をとらえる……30
   6. こちらの「地図」をいったんおいておく……32

3. サイコセラピーとしてのナラティヴアプローチ …… 森岡　正芳… 35
   1. 私たちはどのように体験したことを処理するのか……35
   2. 反復する過去を緩める……38
   3. 臨床ナラティヴ聴取のポイント……40
   4. ナラティヴによる自己回復……47
   5. 他者へと開く物語……54

目　次

# 第Ⅱ部　事例編

1　ナラティヴ・メディスンの基盤と自己-状態 …………… 岸本　寛史… 63
　　1．語りに基づく医療……63
　　2．語りの流れ（語り手の側から）……64
　　3．語りの流れ（聞き手の側から）……67
　　4．呼応する自己-状態……69
　　5．物語としてとらえることの意義……71

2　時間を語る——精神病院のエスノグラフィーから ……… 野村　直樹… 77
　　1．時と時間……77
　　2．「時間のない時間」と「素の時間」……78
　　3．精神病院で聴いたライフストーリー……80
　　4．いくつもの時間系列……83
　　5．E系列の時間……86
　　6．時間とメタ時間……90

3　人生の転機における物語の生成 …………………………… 野村　晴夫… 97
　　1．物語が働く諸局面……97
　　2．心理臨床における物語の生成過程……100
　　3．生涯発達における死別の物語……102
　　4．死別の物語の発露……104
　　5．物語の探求，物語からの解放……106

4　夢の聴取とナラティヴ ……………………………………… 廣瀬　幸市…113
　　1．夢を媒介するクライエントとの対話……113
　　2．イメージを聴くために……114
　　3．夢について……116
　　4．夢の聴取について……119

5 現任看護教育におけるナラティヴアプローチの実践
　　………………………………………………………… 紙野　雪香…*129*
　　1. 臨床看護現場を取り巻く現状とナラティヴアプローチへの期待……*129*
　　2. "私"の看護実践を語る場の創造
　　　　──ナラティヴプラクティスの概要……*131*
　　3. Aさんの事例……*132*
　　4. 考　　察──ナラティヴの視点に基づいて看護実践をとらえ直すための
　　　　具体的な方法と効果……*141*

6 描画療法とナラティヴ
　　──作者・作品（徴候）と読者（観客）・鑑賞（解釈）が
　　　　織りなす対話 …………………………………………… 角山　富雄…*149*
　　1. 宮廷女官たち……*149*
　　2. 《折り合い》としての描画解釈，ナラティヴ解釈……*151*
　　3. 症例を読む……*154*
　　4. 不可解な絵と不揃いなナラティヴ……*156*

7 エンカウンター・グループ体験を物語る
　　──日常と非日常をつなぐ試み ………………………… 村久保　雅孝…*163*
　　1. エンカウンター・グループ体験をめぐって……*163*
　　2. 「私」にとってのエンカウンター・グループ……*165*
　　3. エンカウンター・グループ体験の日常性……*172*

8 非行少年へのグループアプローチ
　　──「大切な音楽」についての語りによる意味生成と変容… 松本　佳久子…*179*
　　1. 非行少年のグループミュージックセラピー……*179*
　　2. 少年について……*181*
　　3. 事例の経過……*181*
　　4. 「大切な音楽」の語りにおける意味の生成と変容について……*186*

　　　　　　　　　　　　　　　　　　　　　　　　　　　目　次

⑨　いじめ魔王の冒険
　　　──学校コミュニティにおける
　　　　　ナラティヴアプローチによる心理教育の試み …………田代　順…195
　　1．心理教育の「対象」自身に「語らせる」手法……195
　　2．事例の提示……195
　　3．考　　察……205


⑩　高齢者の回想法 ………………………………………………山口　智子…215
　　1．超高齢化の中で……215
　　2．高齢者の回想に対する意味づけの転換……215
　　3．わが国における回想法の展開……218
　　4．臨床実践と今後の課題……221
　　5．回想法のもつ意義……226


⑪　障害者支援施設（知的）における「当事者支援」への視点
　　　──利用者と施設職員の「物語」が出会う場所で…………山本　智子…233
　　1．「当事者（性）」とは何か……233
　　2．入所施設におけるドミナントな物語……234
　　3．就労支援という場所で……237
　　4．他者との関係の中で書き換えられる物語……243


⑫　心理テストとナラティヴ①　TAT を手がかりに ……楠本　和歌子…249
　　1．TAT とナラティヴの接点……249
　　2．TAT の時間軸……252
　　3．時間軸の分析・解釈……255
　　4．TAT の本質……262

13 心理テストとナラティヴ②バウムテストを手がかりに
　　………………………………………………………… 坂中　尚哉…269
　1. バウムテストの活用の試み……269
　2. バウムテストとナラティヴ……270
　3. バウムの外傷の語り……271
　4. カンボジア青年のバウムの語り……273
　5. バウムテストにおける臨床ナラティヴアプローチ……277

第Ⅱ部各章末コメント ………………………………………………… 森岡　正芳

あとがき　　　283
人名索引　　　285
事項索引　　　286

第 I 部

解 説 編

# 1 ナラティヴとは

森岡　正芳

## 1. 物語は人生において欠かせない

### (1) 多様な現実

　ナラティヴとは「プロットを通じて出来事が配列され，体験の意味を伝える言語形式」である。「人は様々な現実を生きている」。ナラティヴは，この前提から出発する。日常の生活の現実というもっとも明白な根拠となる現実がまずあるが，それとて磐石不変のものではなく，現実を生きる私の主観が関わると，ときに様相を変えていく。むしろ主観を抜いて現実がどこかに存在するのかという問題も含めて，問いかけようとするのがナラティヴの視点である。とくに心の現実は人によって，何よりも優先されることがある。遊びやゲーム，あるいはドラマ，映画，読書，音楽，スポーツに没入しているとき，私はまた異なった現実を生きている。そこから抜け出すのが容易でないということも，多かれ少なかれだれもが身に覚えがあることだろう。人はいくつかの現実をつなぎ，行ったり来たりしながら生きている。それをどのようにして行うのか。手がかりとして子どもたちの遊びを見てみよう。

### (2) プレイルームにて

　A君は幼稚園年長になる。幼稚園の遠足で，水族館に行ったときのことが念頭にあったのだろう。大きなブロックや積み木を使って操縦席を作っている。

第Ⅰ部　解説編

　はじめは飛行機かと思ったが，潜水艦である。操縦席にはレーダーのようなものが備え付けられている。海に潜る。いっしょに潜る。キャプテンはＡ君，私はクルー。水深20メートル，50メートルとＡ君と私は声を掛け合う。水深100メートルまで潜行していく。いっしょに潜っていくのにともなって気分が変化する。海底に向かうと，辺りはすでに薄暗くなってくる。浮遊感と水圧の圧迫感を交互に感じる。海の底には得体のしれない魚，形のはっきりしない生き物がいる。大きなタコにぶつかりそうになり，舵を大きく切る。大丈夫か。まかせとけ。声を掛け合う。潜水艦はゆっくりと浮上し，海面に達する。海面の光がまぶしい。遊びながら私が小学校のころによく読んだ週刊マンガ誌に連載されていた「サブマリン707」（小澤さとる）という漫画をふと思い起こす。

　積み木で作られた潜水艦は偽物ではない。動きがある。そこに私も入り込むと，リアルな実感をともなう。そこで作られてくる現実に，こちらも参加することで，ますます遊びは豊かに濃くなってくる。遊びに入るときにこれは嘘なんやという視点が入ると，とたんにその遊びは冷めてしまう。興ざめである。

　遊びやドラマは，作り物である。しかし作り物は偽物ではない。本当かウソかという判断とは無関係に存在し，私たちはその中にときとして，参加し没頭する。このような仮構物（メイクビリーヴ make-believe）は人生において欠かせないものである。「真のメイクビリーヴ（仮構）は嘘をつくことはない」（Erikson, 1977/1981，邦訳 p.68）。

### (3) 体験を心に収める物語

　シンガー夫妻（Singer, D.G. & Singer, J.L.）は，3歳になる息子の遊びに注目した。仲良しの飼い犬が亡くなるという体験をしたマイケルは，遊びを通じて愛犬トビーを失った感情体験を再現し，心に収めていくのである。厚紙のブロックで犬小屋を作り，母親を「ワンワン」にして最初はやさしく，次に悪い「ワンワン」にして叱り，犬小屋に閉じこめる。最後に仲直りをする。そして動物病院に連れていくところで遊びは終わりになる。マイケルはこの遊びを通して，トビーに対する愛情と，自分の前から姿を消したことへの怒りと和解の

感情を再現する（Singer & Singer, 1990/1997, 邦訳 p.294）。

　このように，遊びを通して出来事を劇化再現しつつ，心に収めることが個人的営みとして可能である。過去を再現し，他者に共有してもらうことは，自分を取りもどすことであり，それによって将来に展望を与える（森岡，2005）。日常では見過ごしがちになるようなひそかな心の営みであるが，セラピーの源泉をそこに見出すことができる。

　遊びやドラマは濃密な現実を作る。生活の現実とはちがった異空間が現れる。その空間に没入すると思わず時を忘れる。好きな遊び，ゲーム，スポーツ，楽器の演奏に夢中になったときの状態を思い起こそう。あるいは時の経つのを忘れて好きな映画や演劇に没頭しているときのことでもよい。それが終わりを迎え，ふと日常に戻ったとき，空しく感じられ，映画の世界の方がずっとリアルであり，その世界にもどりたくなる。このような体験は誰にも身に覚えがあろう。そのリアルさは，こちらの参加の度合いに応じてより深くなる。

　物語は人生において欠かせない。人にとっての物語は，魚にとっての水のようなものである。遊びやドラマと同等のものとして物語を位置づけたい。物語も遊びと同様，仮構物，作り物である。物語を構成する素材は様々であるが，マイケルの例にあるように，自分が体験した出来事も素材として使い，遊び，物語るところに注目したい。人には自分の人生を語ろうという心の根本的なはたらきがあるようだ（Elms, 2007）。

　人の身に生じる出来事はあくまで個別的である。中には失敗の体験もあり，それによって失意のどん底に陥ることもある。そのような体験を何とかしながら生きている。あるいは，生きる活力に変えていく人もいる。実際にどのように行っているのだろう。人が生きている，生き抜いている限り，生活の知恵をそれぞれもっている。体験を何とか処理するときに，遊びや物語の仮構作用が活かせる。これは心ひそかな営みかもしれない。この知恵は，記録されることはおろか，うっかりすると誰にも知られぬまま，本人もそれと気づかぬまま忘れられていく。できれば自覚的なものにしたい。個人の生きることの多様性に入り，個人の生活の支えとなる潜在した知恵を引き出し，人と共有する形にす

る。その方法的視点がナラティヴであるといえるだろう。

## 2. 出来事と行動の意味

### (1) ナラティヴという形式

　ナラティヴの定義は多様である。物語，語り，ストーリーなどの用語との差異化も困難である。どれも日常で使う言葉であり，意味の幅が広がるのはやむをえない。実践のそれぞれの現場で定義を立てることが必要である。本書では以下に述べるブルーナー（Bruner, 1986, 1990）のナラティヴの枠組みを基本におく。文脈によって物語，語り，ストーリーという言葉をナラティヴの類義語として用いる。それぞれを明確に使い分けているわけではない。ナラティヴの視点を臨床実践に導入する場合，言葉の定義をあまりに厳密化するのはふさわしくない。

　言語学的にはナラティヴ（物語；語り）とは，時間的に隔たった少なくとも2つの出来事（E1, E2）を思い浮かべ，直接にはE1について記述する言葉の形式である。これは人の行為を書き表すときに用いる言葉で，過去形の表現がふつうである。たとえば，「大雪で新幹線が遅れた」という出来事（E1）を人が述べると，ナラティヴである。それによって発話者は到着が間に合わなかった出来事（E2）の理由づけを行っているからである。以上からも，ナラティヴは特別なものではなく，誰もが日々使っている言葉の形式である。複数の出来事をつなぐとき，場面と文脈の影響を大きく受ける。文脈が変化すれば，過去の出来事の意味づけもまた変わるという特徴をもつ。

　ある出来事や人の行動を理由づけ説明するのに，私たちはそれと意識せずに物語を運用している。心の中でも私たちはたえず物語を作っている。何かの出来事を思い出すのに，出来事が生じた経過を時間順序通りに振り返るようなことはふつうしないだろう。出来事を思い出すときやさらにそれを誰かに語るときは，いくつかの場面を組み合わせ，何かのつながりをもったものとして筋書きをつけていく。

## (2)筋立てのはたらき

　先日，娘とプロ野球の試合を久々に見に行った。末の娘はＧ球団の熱狂的なファンで，ユニフォームや，オレンジのタオルをそろえ球場に向かった。球場はＴ球団の本拠地。実は私は父親譲りの，Ｔ球団ファンである。ここは苦渋の選択であったが，レフト外野席に席をとった。球場には，レフトビジター席のエリアが確保され，そこはＧ球団のオレンジ一色であるが，Ｔ球団の本拠地だけに，すぐ際まで黄色一色である。試合は延長10回サヨナラでＴ球団の勝ち。球場は大歓声に包まれたが，わが娘の落胆ぶり。私の胸中は複雑ではあったが，さっと球場を後にした。

　さてこの試合観戦，家族にとってはイベントの一つであったが，家に帰って報告するときに，1回の表から実況中継のように語ることはまずない。Ｔ球団のファンだったら「Ｔまた勝ったで。逆転サヨナラや」と結果から伝えてその後，試合のはじまりから半ばにむけてかいつまんで述べ，10回裏の山場の大どんでん返しを中心に物語っていくであろう。Ｇ球団のファンの場合，「あそこのダブルプレーがなかったら勝てたのに」という場面から試合を語るかもしれない。つまりこの試合の各場面について，意味の込め方がまったく違うのである。そして場面の選択や意味の込め方は，聞き手である家族がどちらのファンであるかによっても，あるいはプロ野球にどれほど関心があるかによっても異なってくる。

　ここですでに私たちは，テレビのニュースを見るような事実の世界とは別の，出来事を自分の体験として筋立てる物語の世界を生きていることがわかる。プロ野球のある試合という出来事は事実としては一つであるが，語り手はそれをどのように体験したかを語る。場面を選び，つなぎ筋立てて語るのである。ＴファンとＧファンではその試合を振り返り語る筋立ては当然ちがってくる。

　臨床社会学の野口（2005）のアイデアであるが，ナラティヴの反対語をさがすと，セオリーという言葉に行きつく。セオリーという言葉は野球でも「ここはセオリー通りバントでランナーを送って」というように使われる。心理学でも，セオリーが理にかなった一般的定式を志向するのにたいして，ナラティヴ

は個別の生きていることの具体性に焦点があたっている。臨床実践の場は，あくまで生きているその人を，生の場に即して支え，問題を解決しようとする。にもかかわらず一般定式すなわちセオリーで現場をとらえようとするときにギャップが生じる。野球のたとえでいうと，試合の進行中に監督は状況の読みをそのつど作っていくだろう。「ここはセオリーではバントやけど，あいつバントへたやしなあ，相手のピッチャーはへばってきとるし，次のカウントでは棒球でストライクとりにきよるで」と監督は内心つぶやき，ヒッティングのサインを送る。監督はその場で感じ取った情報をつなぎ判断し，実行にうつす。セオリーを承知の上で，個人が現場をとらえ，経験から直観的に判断するときに生じる内心の言葉がある。これがナラティヴである。

## (3)もう一つの心理学

　ブルーナー（Bruner, J.）は科学的心理学との対比から，因果関係の方法論によってはとらえられない事象，生活の社会的，個人的豊かさ，歴史的深さを測るもう一つの心理学を明確にしていこうとした。科学的実証主義とは異なる物語的モード，すなわち出来事と出来事の間をつなぎ筋立てることによる説明の真実性をよりどころとする心理学を立てようとした（表1）。人の行為の真実性は，語り，聞き，筋立てることを通じてのみ伝えうることを示している。行為の主体である人が，人々との交渉の中で「生」の営みをどのように展開し，意味づけていくかが，ナラティヴアプローチの中心テーマとなる。

　ブルーナーが主張する物語モードの心理学は，また「人間の心理学」である。その中心概念は意味であり，意味の構成（construction of meaning）に関わるものであることを強調した。行動の主体として生きる人は，他者との関係の中で，生の営みをどのように展開し，それを意味づけていくのだろうか。

　物語心理学において対象の記述は，観察者を含む文脈が重視されるため，そこで喚起される意味はその場でたえず構成され，多元的なものとなる。とくに臨床場面での病気や障害の体験への意味づけは，たんに個人的なものではなく，聞き手との会話のもち方，関わり方によっては，個人的な意味を超えた重層的

表1　思考の2つのモード

| 様式 | 範例的様式（paradigmatic mode） | 物語的様式（narrative mode） |
| --- | --- | --- |
| 目的 | 具体的事象に対して一般的な法則を探求することが目的 | 出来事の体験に意味を与えることが目的 |
| 方法の特徴 | カテゴリー分類<br>論理的な証明を追求<br>事実を知ることが目標<br>合理的仮説に導かれた検証と周到な考察 | 出来事と出来事の間をつなぎ筋立てる<br>説明の真実さ・信憑性（believability）に依拠<br>体験を秩序立て，意味を与えていく一つの有効な手段<br>物語としての力はそれが事実かどうかということとは独立して論じられる |
| 記述の形式 | 単一の確定的な指示的意味（reference）が重視される | 対象記述は観察者を含む文脈が重視される<br>意味はその場でたえず構成され多元的なものとなる |
| 原理 | すぐれた理論 | すぐれた物語 |

（出所）　Bruner（1986）にもとづき作成。

なものに変化する。ナラティヴの心理療法的な特徴は，このようなはたらきを積極的に使うことにある。

### (4) 行動の意味をとらえる

　以上のように，ナラティヴでは語りの「今，ここ，誰に」という文脈において，体験された出来事が選ばれ，筋立てられる。出来事のエピソードがいくつか選びつなげられ，今に至る過程が描かれる。事のはじまりがあり，変転を経て，ある物語にはかならず結びがある。出来事の意味は，感情を強く帯びることもある。一方で，出来事のつなぎ方，すなわち筋立てには，それほど多くのパターンはない。自由に選べるものではない。今ここで誰に語るかという場面の拘束力が強いからである。時間経過を描くことが体験の語りと切り離せないことを考えると，過去のある出来事を原因として，今の状態はその結果であるとする筋立てが基本である。生活の場ではこのような原因・結果を筋立てるストーリーが圧倒的に有力である。因果論的に物事を見る心のはたらきには根深いものがある。

　人の行動を外から見るかぎり，平板な因果的理解にとどまりやすい。だが，

第Ⅰ部　解説編

その人のそばにいていっしょに動くという視点から行動をとらえてみると，意味は違ってくる。「幼い女の子がボールを追いかけてつかまえようとしている」。この場面に接している観察者は，「正確にはそうするのを私が見ているのである。私がボールを追いかけているのではない。私はいつでもその子に応答できるように備えながら，そばで見ている。客観的にだけ見ているのではなく，私も同様の行為をするならば発見するであろう意味をそこに読み取っている」（津守，1997）。

幼い女の子がボールを追いかけ，キャッチする先までも見通しながら，心の中でいっしょに動いている。うまくつかまえられるかな，途中でつまずかないかとひやひやし，可能性の中でいっしょにボールを追いかけている。女の子がボールを追いかけているこの行為に，そこにいっしょにいる人は物語を読んでいる。こういう営みを私たちは日々くりかえしている。

そこに必要なのは応答的関係であり，位置をつねに交換できる可能性に開かれていることである。「自分が子どもの位置になって行為しうる可能性を前提として，子どもと私とは同時に同じ場面にいる」（津守，1997）から，わかるのである。これは勝手な主観解釈ではない。


## 3. ナラティヴの構成要素

### (1) 6つの基本的な構成要素

ナラティヴの基本的な構成要素は，出来事（events），場面（scene），心的状態（mental states），登場人物（characters）あるいは役者（actors），彼らが関わって生じる事態（happenings），そして聞き手（audience）である。それらは物語のプロット（筋）の中で意味が与えられる。ある例からナラティヴの基本的な構成要素について考えてみよう。

学生Bさんの手記である。
「私は小学校の4年の後半から卒業までのあいだ，クラスの女子全員から，

くり返し集団無視を受けていた。とくにクラス替え後の5，6年生はひどいものだった。クラス替えを機に無視されなくなると思っていたのは甘く，逆に4年生のときに同じクラスだった生徒たちは，女子全員を仲間につけ，第1段階で失敗した。」Bさんは，小学校卒業までこの状態であったという。それどころか「次に主犯格の彼女たちは，同じクラブの地元の中学の先輩にも私のことをムカつく奴と言いつけた。偶然にもその現場を目撃した私は，このまま地元の中学に行けば今よりもっとひどいいじめに遭うのではないかと感じ，私立中学を受けることを決心した」という。

小学校のクラスの雰囲気は，「私に話しかけたら次はお前がターゲットだという雰囲気に包まれていた。話しかけても，返ってくる言葉は少なかったり，(私が)存在していないふりをされた」という。Bさんが何とか持ちこたえられたのは，「男子たちがそんな女子たちの命令を聞かずに普通に接してくれたことだけが頼りだった」という。けっきょく解決策は地元の学校を離れることだった。

深刻ないじめの体験であるが，ナラティヴの基本要素がこの手記の中に含まれている。その要素として，「小学校の4年生のとき，集団無視を受けていた」という出来事からはじまり，その後小学校を卒業し地元の中学校を離れるまでのいくつかの出来事がつづられ，つなげられている。「いじめを受け続けた理不尽な，惨い」心的状態，「小学生の私と主犯格の彼女たち」というキャラクター，そして彼らが関わって生じる「偶然現場に出くわし，地元の中学に進学することをあきらめた」場面が説得力をもって述べられている。以上を通して，Bさんが被った深刻な事態が浮かび上がる。出来事やキャラクターには物語のプロットの中で意味が与えられる。

**(2) 物語における「名前をもつ個人」**

ある物語には，「名前をもつ個人」が登場する。聞き手も名前をもつ個人として登場する。互いに個別の主観的体験に沿って，語り聞く。会話を通して心

動かされる聞き手である。語りの中に身を置くと、独自の現実が立ち上がってくる。その現実にさらに入り込む。一人ひとりの物語が独自のものであり、同じもの、代替可能なものはない。上記の例の場合、Bさんが一人称の私として登場し、その体験が語られている。出来事が、時間継起に沿って述べられている。いじめの被害を受けた苦しみが消えないという現在の視点から、出来事が配列され、それぞれに意味づけがなされている。そこに読み手を引き付けるプロットが生まれる。自己の体験が一人称で語られるとき、それを「自己物語」(self narrative) と名づける（森岡, 2002）。Bさんの例は典型的な自己物語である。

ナラティヴは、その語りを共有する相手を前にして語り聞く行為が基本であるので、どのような相手にどのような場面で語られたかによって、出来事の配列や構成要素はそのつど変化する。またナラティヴを構成する素材は個人が体験した出来事だけではない。場合によっては、語り手だけでなく聞き手もストーリー記述の登場人物となる。

## (3) ナラティヴの構造と主体

ナラティヴは特有の形式と構造をもつ言語表現である。まず、出来事の言語表象が単位であり、複数の出来事が時間的順序の中で筋立てられる形式をもつ。しかし複数の出来事が時間軸上に並んでいるだけでは、ナラティヴにならない。ナラティヴにおいては個々の出来事が全体と関連し、構造化された意味秩序をもっている。ナラティヴは出来事に対して意味づけを行う枠組みを与える。

ナラティヴの構造で見落としてはならないのは、出来事を選び、筋立てて示す主体＝私が必要であるということである。この私は、誰かにある出来事を伝えようとして、伝えたい相手にわかるように筋立てる。私は、相手との関係をはかりつつ、体験の出来事を選び、つなぎ、語る。聞き手と共有できる意味がそこに生まれる。この私は、語りの内容に現れる私、すなわち主人公とはもちろん同一人物であるが、いったん分けて検討してみると、両者は互いに複雑な影響関係をもつ。臨床や対人援助の場面で、ナラティヴを生み出来事をつない

でいく主体＝私を支えることが治療的に意味をもつ。また，語る私と語りの内容に現れる私との間に心的距離が生まれる。これも語り手に体験を冷静にとらえ，少し遊び心が生じるような余裕を与える。

## (4) ストーリーとして聞く

　ナラティヴの基本構造を臨床場面に導入するとき，どのような特徴や利点があるのだろうか。この点についていち早く注目したのは土居健郎である。土居は，臨床面接における聴取法にナラティヴの視点を活かした先駆者である（土居, 1977）。精神科医療の場面ではとくにあてはまるだろうが，患者，家族の話は内容が錯綜していて，断片的で，時間順序も混乱している場合が少なくない。土居は相手の話をストーリーとして聞くことを推奨する。ストーリーとは，「何かある人物や事柄を時間的経過を追って述べたまとまった話」である。

　土居は出来事の時間的経過と，人物（キャラクター）の内面の動きを描くものとして，ナラティヴの基本形式であるプロットのはたらきにとくに注目している。人はストーリーを作りたいという欲望を抱えているという人間知が，臨床的である。出来事は，プロットの中で占める位置によって意味が与えられる。それを通じて事実の世界とは異なる複数の現実が生み出されてくる。そこでは空想や想像のはたらきも重視されている。臨床聴取における患者とセラピストとの関係は比喩的に，小説の作中人物と読者の関係ということができる。

## (5) 苦しみをやり過ごすための物語

　Bさんの手記にもどろう。Bさんは，今でも当時の心の傷は消えていないという。「彼女たちは，いじめられた子たちがこんなにも長い間，今でもときどき夢を見るくらいに，当時の苦しみから逃れることができていないことを，知りもしないだろう。」このようにBさんは述べる。Bさんは小学校時代の苦しみを，どのようにやり過ごしたのだろう。Bさんが何とか持ちこたえられた理由として，「男子たちが普通に接してくれた」ことが頼りだったと手記にある。さらに自分の心を何とか維持して生きられたのは，いじめる相手に対して，謝

ってくれる場面を想像したり，そのころはやっていた漫画を題材にして，逆にしかえしてやる場面を空想したりしたからだという。「いじめをすると人はいじめないと自分も仲間から外されるのだ，かわいそうなんだ」と思いなおしたりもした，と語っている。

　空想をよくすることが，現実を何とか耐えられるものに変化させることはある。直接的な生（なま）の現実に対する緩衝体の役割を空想は果たす。いじめられているという認識も，思い起こす中で，気にならなくなり，はっきりしないようになる人もいる。思い起こすことで，もとの体験の意味も少し変化する。あるいは別の発見がある。


## 4. ナラティヴアプローチの背景

### (1)事実と体験の現実

　人が生きている現実とは何か。これは大きな問いであるが，ナラティヴの視点で見ると，人が生きている現実はそう自明のものではないことがわかる。現実は話すことを通じて作られ，作り替えられる。したがって現実は単一ではない。ナラティヴアプローチはこのような現実観をもつ。いいかえると，事実の集積が現実なのではない。事実はある現実を作る素材の一つである。

　臨床場面では，病い，障害，問題の分類が目的ではなく，病い，障害を自分の言葉で語ることを通じて，その人の生（なま）の姿と現実が形をとる。すでに症状がその人を代理的に語っている。それを他者と共有しやすい言葉へと共同で作っていく。語りの素材はあくまでその人の病いや問題に関わるものであるが，その素材を筋立てていくことを通じてもう一つの現実を構成していくことができる。ナラティヴを臨床やケアの場で活かそうとする考えは，このような物語行為を促進することによって相手をサポートすることができるという発想からくる。

　出来事を別の出来事へ，場面を別の場面へとつないで，相互に関連づける。まとまったストーリーにする。そこに意味が生まれる。ストーリーは現実を作

る。意味解釈によって人は現実を生む。これは人の営みにとって本質的なものである。実際に体験されたこと（体験の現実）は事実の総和と重ならない。

極限状態を潜り抜けた人の体験の現実に私たちはどこまで近づけるのだろう。フランクル（Frankl, V. E.）の『夜と霧』は，東日本大震災の直後，あらためてよく読まれ，ベストセラーになったことはまだ記憶に新しい。

「これは事実の報告ではない。体験記だ。ここに語られるのは，何百万人が何百万通りに味わった経験，生身の体験者の立場に立って『内側から見た』強制収容所である」（Frankl, 1945-1949/2002, 邦訳 p. 1）。

冒頭にこのような文章がある。強制収容所という言葉を絶する事態があった。これは紛れもない事実のはずである。しかし，フランクルは「事実の報告ではない」と述べるのである。これはあくまで体験記である。体験者の側から見た強制収容所である。一人ひとりの体験の現実は異なる。個人の側から，内側から見るという視点が強調される。

臨床の場で語られる体験は，困難な問題を背負った患者，クライエント，利用者たちの通常ではない（unusual）体験である。悲しみ，怒り，無力感といった感情が物語を占める。その極みは災害や事故で，被害を受けた方々の体験であろう。

ナラティヴ（物語；語り）という認識の枠組みを心理学的に基礎づけたブルーナーは，その特徴の一つに，「例外的なもの（unusual）と規範的なものをつなぐ」ということをあげている。この例外的なものの極は戦争，災害といった社会歴史的な出来事であろう。規範だけでなく，例外的なものを許容し，理解可能にするストーリーの特質が，人と人の葛藤を和らげ，緩衝地帯を作り出す（Bruner, 1990, 原著 p. 49）。ストーリーは現実を和らいだものにするはたらきがある。

## (2)在地の知恵

かつては，あるコミュニティの範囲の中で，人と人あるいは集団間の紛争，葛藤の処理に一定のシステムがはたらいていた。経験の象徴化，儀式化を経て

民族，集団の歴史の中に出来事を意味づけるシステムである。そして出来事はいずれ物語化，劇化され次世代へと継承されていく。システムの中で追悼のプロセスが進行し，悲しみは和らぐ。出来事が過去のものになっていく。在地の知恵（indigenous knowledge）としてどのような民族社会においても，心にはたらきかける方法があった。

ところが，文化のシステムとコミュニティを根こそぎ奪うという事態が近代においてたびたび発生した。ナラティヴアプローチがオーストラリアそしてニュージーランドで心理社会的実践としてクリアに立ち上がったのは，先住民との関係に関わる歴史と無縁ではない。まさにポストコロニアルな状況を反映している。ナラティヴセラピーを単なる家族療法の展開形としてとらえるだけではわかりにくい。先住民への償いは，いかにしてなされうるのか。彼らを「トラウマ」を受けた患者として，「治療」できるのだろうか。治療者たちは深刻なジレンマに直面したのである。

それぞれ別個の文化歴史を背景においた人と人が，そこで率直に会話の場を作ろうとする。これはきわめて困難なことである。相手はその生活においてこちらが計り知れない歴史を背負っている。しかし何らかの支援ができないか。接点そのものがわからない，ゴールもはっきりしないときに，せめて可能なのは，相手の生活を知り，そこから教わることではないか。ナラティヴセラピーの立場はここから始まった（White & Epston, 1990）。

### (3) 当事者の物語の回復

当事者，生活者にとって，ナラティヴを回復することの要請は切実である。生きるものを意味あるものにする可能性のぎりぎりの探索である。それは「一人ひとりの人間を特徴づけ，一つ一つの存在に意味を与える一回性と唯一性」（Frankl, 1945-1949/2002，邦訳 p.134）の証のために重要なのである。

個人の体験を伝えるには物語が基本である。自分の体験を誰かに伝えたいという切実さが，はじめにある。そして，聞き手がぜひ相手の体験，人生を聞きたいという真摯な態度がはじめに求められる。それが語りを促す。できれば聞

き手との間で共有しうる体験としたい。それによって語り手はずいぶん支えられ，生きる元気が出てくる。

人は生の事実だけの世界にそのつど場当たり的に接触し対応しているだけの存在ではない。それでは生きていくことはとても困難になる。物語という枠組みを通して，一定の時間的広がりをもった文脈の中で，個々の出来事が配列され，つなげられる。事実に対する解釈がその中に包含される。

ナラティヴを基本におく臨床場面でのアプローチ（臨床ナラティヴアプローチ）は，物語る行為のはたらきを，臨床実践の現場において活かす方法を探る中で展開してきた。援助者，セラピストも，当事者も答えを知らない。ナラティヴアプローチは，答えをともに探るための会話を作ることにおいて共通している。協働して出来事の意味を探求する会話と物語行為が臨床ナラティヴアプローチの基盤である。

治療者や援助者が相手を治療・支援の対象として，変えようとする動きは保留しておく。そして，何よりも相手の現実に関心を持ち，その人に固有の体験世界に入っていこうとする。様々な価値判断を宙吊りにしたまま，相手の言葉，世界に身を置くことが治療・支援の出発点になる。現実は一つではなく，積極的な会話を通じて現実が作られる。そこに他者がどのように関わるかによって，現実が変化するという視点をとる。このようなナラティヴアプローチの基盤にある考え方には，以上のような社会歴史的な背景が根本にある。

## ❷ ナラティヴは臨床でどのように使えるのか

森岡　正芳

　医療・保健・看護，心理臨床などの領域と，障害当事者および家族の支援などの対人援助の領域での実践活動で，ナラティヴの視点が活かせる。この実践のための理論と方法を，本書では臨床ナラティヴアプローチと名づける。ナラティヴは，語り聞くという行為そのものを実践即研究に活かすアプローチで，応用範囲は広い。様々な臨床的問題や心理発達的な課題に対しても，独自の視点を提供する。個人が生きていることの文脈を切り離さずに病いや障害，心理発達的問題をとらえ，それによって社会・文化の持つ潜在的治癒力を活かす。障害や病いを抱えつつ生きる当事者の現実を記述し，他者と共有できる形にする。このような実践研究が可能である。

　心理療法の領域では，ナラティヴを基本においたセラピーは，言語が現実を構成していくという発想に依拠するもので，主に家族療法の理論的展開の中ではじまり，ナラティヴセラピー（White & Epston, 1990），コラボレイティヴアプローチ（Anderson & Goolishan, 1992）などが注目される。これらの流れが臨床ナラティヴアプローチの中核に位置するが，体験の想起，語り直しを通じて，クライエントの生活史に位置づけていくという作業が様々な心理療法の各学派で共有されるところから，ナラティヴは，セラピーの各学派をつなぐキーコンセプトとなっている。

　まず，ナラティヴという視点をとると現場では何が変わるのか，ナラティヴは臨床でどのように使えるのか。この章では，現場での見立て，ナラティヴの

第Ⅰ部 解説編

臨床仮説を生むはたらきについて，実践的な枠組みを提示したい。

## 1．疾患と病いの複雑な関係

### (1) 病気についての複数の説明モデル

　病院では医療専門職と患者家族，施設では施設職員と利用者，心理療法ではセラピストとクライエントが，それぞれの現場でたがいに「物語」を生んでいるととらえる。専門職の側は当事者の状態の判断とこれからの見通しについて，面談のその場で仮説的にストーリーを作る。当事者も，自分の病いや障害，心理的な不調について，あれが原因か，これが悪かったのかと仮説的なストーリーをもちながら，専門家を訪ねるだろう。互いのストーリーは，現場において出会う。そこで何が生まれるのだろうか。この場面において，病いや障害を生きられた経験として，当事者の生活，人生に位置づくように役立てたい。

　クラインマン（Kleinman, A.）は医療の現場には複数の説明モデルが並立すると考え，医療専門職が描く疾患（disease）という視点から生まれる現実形成と，患者たちが生活の場において描く病い（illness）という視点から生まれる現実形成の葛藤と絡み合いを描く（Kleinman, 1988/1996）（図１）。

　病気（sickness）が個人の人生の中でもつ意味を切り離さないこと。クラインマンは，医療専門職が医学モデルにしたがって「外側から」構成する疾患に対置する形で，患者や家族が「内側から」述べる「病い」という経験を描き出した。同一の病気にたいして，後者の立場からはまったく異なった記述内容と形式がでてくる。同一の病気も視点を変えることによって異なる様相が見えてくるのである。病いの経験を理解するうえで当事者のストーリーに耳を傾けることが不可欠である。病気には医療従事者側がとらえている側面とは異質の，ストーリーとして語られ，聞き取られることを本質とする側面がある。患者と家族の語りこそが病気についてのオリジナルな談話（original discourse）である。

　疾患にたいして医学はあくまでそれを見ようとする可視的な方法論を推し進

めてきた。一方，病いは語り聞かれる，むしろ不可視なものであることに注目したい。慢性の病いの背景に，個人のはかりしれない怒りや悲しみの感情が言葉にされず潜伏している場合がある。また病いが逆説的にそ

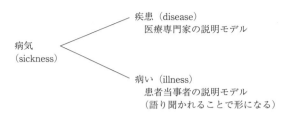

図1　クラインマンの説明モデル
（出所）　Kleinman, 1988/1996 をもとに作成。

の人の「私性」（I'ness）の感覚の核である場合，症状だけを切り取っての対処はかえって状態をこじらせる。

## (2) 当事者の説明モデルに耳を傾ける

　病気を記述する場合，「私が」入るか入らないかで，症状や問題のとらえ方，意味が変わってくる。もちろん症状を自分と切り離して対処することが必要なときはあるが，次のような場合はどうだろう。慢性の糖尿病で，定期的な検査をうまく通過するために検査の前は食事療法を励行し，検査がうまくいったら，また飲酒の好き放題で症状悪化という悪循環をくり返す患者群がある。医療関係者は指示に従わない患者ということでくくってしまう。病気について医療関係者だけでなく，患者本人も症状だけを切り取って対処しようとすることが生じる。医療の場では，生体レベル（life）での対処が優先されるが，患者の側からすると一人ひとりの生（life）があり，人生の歴史がある。クラインマンが掘り起こした，医師と患者のコミュニケーションのすれ違いは，生のこの多義性からくる。

　またどのような心身の変調，病気の一つひとつにも，人は意味を読もうとする。意味解釈によって人は現実を生むということが，疾患と病いの複雑な絡み合いの背景にある。

　一方で，病いを語るといっても，その人自身にも語りようがない，すぐには受容できない病気がある。重大な病気への危惧，半ば気づきつつもそれと知る

のが恐怖である病気に直面したとき，その瞬間から世界は一変する。精密検査を受ける必要があるという通知があっただけでも，人によっては，不安と恐怖で眠れなくなる。身体のなんらかの異常があるかもしれない。それまでは気にも留めなかった病院の広告が目に留まりやすくなる。「『体にやさしいがんケア』＊＊病院」。逆にそれまでは関心をもっていたこと，収集癖から集めてきたものなどの意味が薄れてくる。あれほど大切にしていたものも，どうでもよくなってくる。誇張していうと，世界がそれまでとは違って見える。

　生きている主体である私は，世界に意味を読もうとする。人は意味世界に生きていて，その意味世界は一見安定しているように見えるが，その実はうつろい揺らぎやすい。予期せぬ出来事の一撃で，現実は揺らぐ。人は複数の現実を作ることができ，それぞれが異なる世界をもつ。

　以上のように，疾患と病い，両者の絡み合いはそんなにすっきりしたものではない。互いに「ジレンマ」をかかえる。患者は医療の文脈に沿ったストーリーには抵抗するすべに乏しい。力関係の差は歴然としている。一方で，医療者の側が，患者当事者の説明モデルに少しでも耳を傾け，近づくことが，医療の質の改善に大いに役に立つことがわかってきた。疾患という視点に合わせ，それを患者の生活世界においてみて，その意味をいっしょに確かめる。圧倒的に優勢な（ドミナントな）ストーリーを受け取りながらも，別のストーリーの可能性を探り，生きにくさを少しでも軽減する手伝いをするのが，臨床ナラティヴアプローチである。

## 2．当事者の体験世界を尊重する

### (1)ナラティヴが生まれるとき

　通り過ぎていく日常の中で，ある出来事が，体験へと心に刻まれ意味あるものとして残っていくのはなぜなのか。ナラティヴのはたらきを臨床実践の場面で探求することを通して，このことに迫ることができればと思う。

　生活は体験の連続から成り立つ。ある出来事に出くわしたとき，それを意味

づけ受けとる。ちょっとしたハプニングも，ほとんど意識せずに，その場に応じて，これまでの体験と照合し，自分に受け入れやすい形にして心に納める。それが困難なときは，誰かにそのことを話し聞いてもらいつつ，自分の体験のストックとつなげ，意味を確認し，一息つくであろう。ナラティヴは，ふだんと違うこと，日常から外れるようなことがあったとき，それを自分なりにどのようにとらえ直すかという努力を通して生まれる。

　何か予期したことと違ったことが生じる。うまくいかないことが起きる。その出来事とかつて普通にやってきたこととがうまくつながらないとき，それはつらい葛藤を起こすが，それをとらえ直す様々な手がかりを探そうと試みる。一人でやれることももちろんある。かつて自分自身が書き溜めていた日記類，ブログ，メールを読み返し，かつての自分の困難や挫折をのりこえた体験に励まされ気分を取り直すこともある。こうして見ると生活そのものが，ナラティヴとなじみやすいことがわかる。「生活そのものが物語的構造を内在させているといえる」(岡本，2005)。

　以上のような作業をいっしょに進めていくのが，カウンセラーという仕事であろう。もちろん相談に来る人（クライエント）の話を何かの物語に重ね合わせたり，物語に仕立てあげたりするという意味ではない。あくまで「いっしょに」行う。

## (2)当事者の体験に沿って意味をとらえる

　臨床ナラティヴアプローチは，当事者の行動の意味を，主体の体験に沿って理解する立場である。当事者が病気や障害をどのようにとらえ，意味づけているのか，その意味づけがどのように変化していくのか。それは障害受容プロセスのなんらかのモデルをもとにして意味づけるのではなく，当事者の体験に沿って，意味の揺れ動くさまを描き出す方法である。

　障害をもった子どもが，突発的な行動をする。11歳の男子といっしょに散歩に出かけた。いつになく行動に落ち着きがなく，慣れ親しんだはずの散歩道なのに，急に暴れ，叫び声をあげだした。状況をよく調べてみると，放課後にい

つも通っている学童クラブに向かう道筋で、このように動き出したことがわかった。日曜日なのに、指導員がその道に入ろうとしたため、どうもパニックになったらしい。

　以上は、ある障害者施設で職員の方からうかがったエピソードである。自閉症スペクトラム障害の特徴の一つ、固執行動については、行動の特徴を外から見て判断する視点、行為（行動）障害としてラベリングする一般化の立場では漏れ落ちてしまう側面がある。自閉症スペクトラム障害だからこういう行動をするという理解、すなわち障害の特性として行動を見ることと、生活の文脈の中でそれをとらえることとでは、行動の意味はずいぶん違ってくる。障害とされる行動も不安への何らかの対処法ととらえる視点が生まれてくる。当事者の生活に入り、いっしょに動く。生活の文脈の中でその行動を見ると、その人にとっての意味が見えてくる。

　患者、クライエント、利用者の訴えや行動をとらえるにあたって、従来の医療や心理療法の多くが、少なくとも理論上は、患者たちを生活場面からいったん引き離し、個体内に病理面を探ることを基本とするのに対して、ナラティヴアプローチは人を生活社会の文脈（意味の場）から切り離さない。当事者の居る場所から会話を始める。科学的客観主義が排除する一人ひとりの持つ独自の体験世界を尊重する。

　個別的で人称的な世界を描く。個別の体験に注目することがなぜ必要なのか。臨床場面では名前をもつ特定の個人が、必ず何かの問題をもって来所来談する。問題には、医療全般のように身体のどこかに特定されるものもあるが、心理臨床や対人援助領域では、そうはいかない。問題のはじまりから来歴をよく聞いていくことで、その個人にとっての問題の意味が浮かび上がってくる。個人は問題を中心とするライフヒストリーをたずさえて臨床場面に登場する。

　語り聞き取られた物語に、個性のはっきりしたキャラクターが立ち上がってくるところまで聞くこと。臨床実践場面でとらえてみると、心理士、ワーカー、援助者たち専門職も、物語の中にしっかり登場する。今はすでにこの世にはいない人とも、あるいはまだ実際にはお目にかかっていないが、ぜひ会いたい人

とも語り合える場がナラティヴである。人が生きた証を残し伝えることの社会的な意味はますます重みを増している。

## 3. 生きた経験として病いや障害をとらえる

### (1) 自傷の事例から

　医療は疾患症状に焦点を絞るのがベースである。しかし，その病いをどのように体験しているかは，一人ひとり異なる。ナラティヴ論からは，生活の文脈において「生きた経験」として病いをとらえていく視点が生まれる。身体症状は患者の生活の中で，様々な意味を生む。

　自傷行為を繰り返してきたクライエントの例から，考えてみたい。

　激しい自傷を長年してきた女性との面談を思い起こす。左手首からひじの辺りにかけて無数の切り傷があり，そのあたりだけ皮膚の色が変色してぶあつくなっているCさん。20歳代前半，会社員の方である。真夏でも傷跡が見えないような服を工夫している。腿や横腹を切ることもする。切れないときは，壁に頭をごつごつぶつけることもよくするという。切った後の処理のため，「自傷グッズ」と名づける手当用のセットを，ひとそろいバックに入れて持ち歩いていらっしゃる。

　深刻である。にもかかわらずCさんは会社勤めをふつうにこなし，職場ではいたって明るく，「切っている」ことは家族も職場の同僚もほとんど気づいていない。Cさんのような例は目新しいものではないだろう。自傷行為は様々な年齢層で，男女を問わず，かなり広範囲にわたって出会う臨床的事象である。

　病いを「生きた経験」として，個人の人生の中で意味をとらえていくという視点をとると，症状や問題は生きられなかった人生の数々の断片を暗に示してくるものである。

　自傷という行為自体が当事者の生活の歴史を縮図的に表すといわれる。症状は生活史の中で意味をもつのである。家庭内のアタッチメントに関わる否定的な体験は，自傷行為との関連でよく取り上げられる。自傷行為の背景要因は，

現場では家族関係の問題を背景において語られることが多い。たしかに，Cさんの場合でも，幼いころから継母との折り合いが悪く，不在がちの父親に対しても否定的で，家族の中で孤立感を深く味わっていたようだ。しかし，ナラティヴアプローチは，クライエントの問題の背景に何かの要因を仮定し，それらを探るという視点をいったんはずす。個人の内部，関係性，社会などの要因のどれかに問題を集約し，単一の要因を優位におくことはしない。語られたことの背後に何かを読むのではなく，語りを通してどのような世界を，この場でクライエントは生み出そうとしていくのか。セラピストはそこについていく。

### (2) **自傷という行為の意味をさぐる**

　自傷の「行為」という側面に焦点を置いてみよう。行為にはすべて何らかの意味がある。たんなる衝動的行動ではない。行為には何かの目的があると素朴に考えてみよう。自傷によって目指されているものがある。行為には意図をそこに読むことができるのが通常である。しかし自傷行為の「意図」を読むことができるのだろうか。この行為を外からなぞって見ているだけでは不可解きわまる行為である。

　まず家族，学校や職場などで，関係に力の差があり，その支配に対する無言の抵抗として自傷を行うことが推測される。その意味でこの行為からは強いメッセージ性，周囲に対する挑戦を読み取ることが可能だろう。すぐに想像されるのは，感情のはけ口がなく，しかも助けてといえないとき，行為へとショートしてしまうということだ。あるいは，恋愛や親子関係が背景にあって，感情を充足できない相手へのあてつけということが考えられよう。一時的に不安を軽減させるしかないという意味で，自傷という行為は，感情のコントロールの一つの方法だが，うまくいかない。その後に悔恨と失意へとさらにおちこむ。

　自分の身体を傷つける，これは自己破壊的であるが，一方でより深刻な破壊にいたるのをくい止め，防いでいるようにも見える。自傷を家族や友人たちには隠していながら，どこかで気づいてほしがってもいる。症状は両義性を示す。

　自分の感情が正しいのか，極端な場合，自分がほんとうに存在しているのか

自信がもてなくなってしまう。Cさんの自傷行為にはこのような自己不確実感が潜在しているようだ。

　Cさんは，切った後はいやな感じは瞬間おさまるという。でもそのうちに後悔が強まってくる。耐えられない感情が切る前にあり，切った後しばらくしてまた耐えがたい感情がわいてくる。自傷行為は感情の処理に役立っているように見えながら，実は成功してはいない。本人もそのことには気づいているようだ。

　まずは感情を言葉にのせてみる。思いの内を伝える。そのような時間と，聞いてもらえる相手を生活の中に確保すること。Cさんは学生時代からの友達もいて，よく話ができたようだ。『切っている』ことも何人かの友達には伝えている様子。しかし話相手がいるだけでは状況は変わらない。友達同士だと，切る，切ったらあかんという揺れ動きにつき合うことに終始してしまうようだ。切りたくなったときに友達に電話をして，その当座は切らずにすむ。しかし，その状態は持続しない。

## (3)第三の自分

　身体の不快な緊張と興奮は自分一人では処理しがたい。これは人という種につきまとう原型的なテーマである。興奮を宥めてくれる「隣人」の世話と話しかけが必要である。その世話と話しかけによって，自分の身体の緊張がゆるんでいく変化が実感され，体験として蓄積していること。この実体験は言葉の意味や効果を受け取る素地となる。そのような関係が内面化されることによって，感情生活の安定は維持される。みずからの内に暖かい観察自我を育てるにはこのような持続した関係が欠かせない。

　Cさんは心の中に，切る自分と切ったらいけないと思う自分，2人の自分がいる様子を後に語ってくれた。「あれこれ動きまわる私と，止まっていろいろなことを考え動かないでいる私がいる」とも言いかえられた。Cさんは「物事を決めるときも遅くなってしまう。極端にどっちかで真ん中がない」と自分のことを見つめだされる。そしてこの2人の自分を見つめるもう一人の自分がい

るともおっしゃる。

　このように自分をふり返る目は，第三の自分である。しかし，このもう一人の私は，はじめは冷たくて，自傷をそそのかすような私だという。それを暖かく，みずからをいつくしむような目を持つ私へと変えていくことができるだろうか。これが自傷行為のセラピーの目標になる。


## 4．物語が現場での見通しを立てる

### (1) 体験を時間の流れに位置づける

　ナラティヴは時間経過を描くことができる。時間記述に関わるナラティヴの特徴は実践場面でとくに活きる。ホワイトとエプストン（White & Epston, 1990）によるとナラティヴの利点は，個人や家族の体験が時間の流れの中に位置づけられるところにある。いくつかの時間的に異なる体験が結合し，広範な出来事や意図がその中に組み込まれ，意味を持つ。語りという形式を通じて，語り手はみずからが体験した出来事に対していったん距離をおくことが可能になる。心理療法では，ナラティヴのこのようなはたらきによって，クライエントの主訴に関わる問題はかえって一時的なものとしてとらえることが可能となり，将来への見通しや方向づけを得る。

　とくに医療は錯綜した複合状況である。不確定要素が大きい現場であるにもかかわらず，その場を報告するとなると，継起的直線的な記述に終始することが多かった（Hurwitz, Greenhalgh & Skultuns, 2004）。日常の病歴聴取では，臨床医は時間的な序列，生物学的時間順序にもとづいて整理して記録することが基本である。患者は出来事や体験をはっきりと年代的には説明できないことがしばしばある。ところが症例報告では患者と医者の間で語られたことの順序は作り直され，生物学的時間の均一な領域の出来事として表現される。ここで体験との乖離が生じる。

　ナラティヴが必要なのはこのときである。医師が拠って立つ理論は科学をもとにしているが，患者との診療，面談においては，物語を使っている。患者自

身も自分の病気に関連する出来事の前後関係をもとに，病気の理由づけのストーリーをまとめる。それを自分の病いの物語として扱うことができる。

### (2)物語は未来を生み出す

　生活の行路は自然に忘れられていくものであろう。医療福祉や心理臨床の場面で，親子の相談を受ける場面を想定してみよう。親に子どもの生育史を聞くとき，離乳や初語，はじめて歩いたときのことの記憶は薄れ，不確かであることの方が多い。人生をふりかえるとき，出来事の時間順序の記憶は，かなりあいまいである。過去をその場に合わせて取捨選択して述べることは，むしろよく見られることであるために，臨床場面で患者，クライエントの病歴や生活史を再現することはけっして簡単なことではない。自分の生活の詳細について述べるときの語り方も個人によって違う。症状や障害に関わる前後の出来事のもつ意味についても，語る人と語らない人がいる。

　臨床素材は筋にのせて眺めると，先が読める。仮説が立てられる。これが実践的にナラティヴの視点が使える点であろう。少なくとも，クライエントは自己物語を変えざるを得ない転機，節目にあるのかもしれない。その道をしばらく同行してみよう。ナラティヴという視点をとることで，このような姿勢をとり，保つことができる。

　出来事がどのように選ばれ，どのような文脈の中で意味づけられているかに焦点をあてる。なぜ，ある事柄がナラティヴの中にあり，他の事柄がナラティヴに出てこないのか。ある事柄は当事者のナラティヴで重視されるのに，他の事柄はそうでもないのはなぜか。このようなことを思いめぐらすことによって，ナラティヴの中に隠れていた価値観，感情，力関係が，当事者にもセラピストやワーカーにも明らかになってくる。

　クライエントを理解するにあたって，ライフヒストリーを時間系列的に追って，問題に対する原因を探り出す作業には限界がある。物語は当面，過去の素材をもとにした自己の来歴が話題の中心となりがちで，一見過去志向の特徴が顕著なように見えるが，物語を聴き手が追体験することを通じて先の見通しが

ついてくるという点が重要で，物語はむしろ未来を生み出すものである。

　セラピーの場面では，過去の出来事が会話の素材になることが多いが，といっても，クライエントは，録音したものを忠実に私たちの前でプレイバックしているわけではない。「いまここ」の場で話すという行為によって言語化し，過去の出来事を再構成しているのである。たまに一週間の子どもの行動記録を丹念にノートに付けて持参される親御さんがいらっしゃるが，それとても，そのノートを棒読みするわけではなく，その場に臨席している2人の間での互いの理解に沿って言葉にされていく。過去語りといっても，あらかじめ用意した過去の思い出をここで語るのではない。

　事実の正確さを目標とする年代記的な生育歴聴取よりも，語り手が個々の事実や出来事をどのように述べるか，どの文脈でとらえようとするかという点に焦点をあてる。

## 5. ストーリーの転機をとらえる

　自己の物語が他者から与えられ，それがそぐわなくなっている節目に位置しているクライエントは多い。年齢を問わずアイデンティティのテーマが広く問題になっているのかもしれない。生活の中で，それとは知らぬうちに支配されてしまう物語がある。たとえば学校や会社での成功，優等生や出世の物語である。

**【心療内科クリニックにて】**

　男性患者Dさんである。彼は受診時21歳であった。家庭でときおり暴力をふるう。家族は本人の一方的な言動，粗暴な行為に疲労の色を濃くしている。Dさんは中学受験に失敗したという体験をひきずっている。第一志望校の受験のとき，120％の力を出したという。しかし，不合格。そこで人生はがらっと変わったという。かろうじて入学した別の学校にはなじめず，断続的に不登校が続く。家族はそれまで祖父母と同居していたが，Dさんが自分の部屋をほしがるので，近くに新しく家を建て，Dさんが高校に入学するときに引っ越しをす

る。待望の自分の部屋ができたが，学校では「同級生が自分のことをいやな目で見る」となじめず，不登校が続き高校2年で中退。家での暴力はそのころから始まった。

　Dさんは中退後，単位制高校に再入学，高校卒業と同時にある大学に入学できた。しかし，本来自分が入る大学ではないとつねに否定的になり，自暴自棄な行動に走る。医学部に再受験を考えたり，有名大学への編入学試験を考えたりの日々であった。両親は本人について「昔からああなので取り立てて何か治療が必要とは思えないが，家の中と外では態度ががらっと変わる」という。

　Dさんは深い生きにくさを抱えている。私はどうしていつもこうなるのだろうという訴えが根深く潜行しているようだ。しかし一方で，クライエントが訴えている病いや問題が，すでにその物語から別の物語を生き直そうという動きであると感じられることがある。

　初回のカウンセリング面接での次のような会話が印象に残った。

　（Dは紙に書いてきた自分の問題のメモを見せる。）

　D：先生，僕の顔を見て話してください。（怒りが込み上げているようす。）

　私はまず，彼に謝った。続いて私が下を向いていて，彼に面と向かわなかったこと，それに怒りを感じたことを話題にした。

　私：ちゃんと聞いていないように見える？　メモを見ないで話を聞こうか。

　D：はじめから自分をリセットできればそれがいちばんや。

　私：自分じゃなくなったのはどういうことがあったの？

　この問いかけに対して，Dさんは中学受験に失敗して，入学した中学校で不登校を続けたこと，その間誰も自分のことをまともには扱ってくれなかったことを話す。一方で，不本意に入学した高校の2年のときの担任の先生が，卒業後も連絡をくれるのが，うれしいという話もしてくれた。

　ここでも，相手と話し手・聞き手の位置を交換できる可能性に開かれている応答関係がまず必要である。この関係の中で，クライエントの語るストーリーの転換点をとらえたい。何もいいことはなかった過去の自分，すべてをリセットしてしまいたいくらいに思っている過去の中で，例外的な出来事が浮上し頼

れる安心できる人の姿を思い起こす。

## 6. こちらの「地図」をいったんおいておく

### (1)ライフイベントとストレス

　診断行為はもちろんたんなるラベル貼りではない。状況自体をも変化させる可能性もある。ノーマライズするのに，診断は有効である。自分の体験は，人の体験のよくあるものの範囲内だと気づくことができる。一方で，診断というラベルによって，かえって隠蔽されてしまうものがある。当事者を含め，周りの人がそれで納得してしまうというところがある。

　日常きわめてよく使われる医学心理学用語に，「ストレス」がある。ストレスのせいで腰痛が悪くなった。頭痛がひどい。ストレスという言葉でわかり合ってしまう。「ストレス」のせいで，見えなくなるものがある。

　ライフイベント，すなわち人生における様々な出来事について，ストレス論の立場から作成された，イベントのストレス度に関わるリストがある（Holmes & Rahe, 1967）。表2のリストは米国ストレス研究所（The American Institute of Stress）のHPによったものである。

　このライフイベントのリストは，成人が人生の中で出会うかもしれないイベントの中で，ストレス度の高いものから順番にあげられたものである。結婚というライフイベントのストレス度を50としたときに，それを基準にして，各ライフイベントのストレス度を被験者に自己評価してもらう。各イベントで得られた平均値を点数順にリストにしたものである。米国の1960年代後半の調査でありながら，今も基準になっているのが興味深い。説得力があるということだろう。もっともストレスの高いものは配偶者の死，続いて離婚や別居，逮捕拘留，親族の死などがあがっている。

### (2)その出来事の個人にとっての意味

　これをどのように読めばよいのか。それぞれの出来事はもし個人が遭遇した

とすると，その個人にとってかけがえのない独自の意味をもつものである。極度のストレスであるとされる離婚や，配偶者の死，肉親の死も，当然のことながら出来事の重みは個人によってそれぞれ異なる。たとえばこのリストにおいて，息子や娘が家を離れるというのはポイントが相対的に低い。しかし人によっては，この出来事が大きな意味をもち，心身の不調を訴えることも十分にあり得る。

表2 ライフストレスインベントリー

| |
|---|
| Death of spouse（配偶者の死）100 |
| Divorce（離婚）73 |
| Marital separation（夫婦別居）65 |
| Jail term（拘留）63 |
| Death of close family member（親族の死）63 |
| Personal injury or illness（けがや病気）53 |
| Marriage（結婚）50 |
| Fired at work（解雇・失業）47 |
| Marital reconciliation（夫婦の和解調停）45 |
| Retirement（退職）45 |
| Change in health of family member（家族の健康変化）44 |
| Pregnancy（妊娠）40 |
| Sex difficulties（性的障害）39 |
| Gaining a new family member（新たな家族の増加）39 |
| Business readjustment（仕事の再調整）39 |
| （後略） |

（出所）「ホームズ-レイ　ライフストレスインベントリー（The Holmes-Rahe Life Stress Inventory）」より（一部改変）。
（米国ストレス研究所（AIS）HP（http://www.stress.org/）より転載）

　ナラティヴの視点からすると，それぞれの出来事の個人にとっての意味にもどってとらえたい。ある特定の出来事が，特定の人間にとって何を意味しているのか。ここに接近したい。一つの出来事はその個人の特定の生活，社会的文脈において，意味をもつ。人が症状や問題を抱えるのに，社会的状況の要因が重要であるといわれるが，それはイベントの客観的大小の問題ではない。

　ストレスという言葉で心身の不調が説明され，当事者もまわりも納得してしまう。定番のストーリーがそこに生まれる。

　施設においても，定番で，支配的な物語が生まれやすい。本章2節での既出の例を見てもわかるように，施設職員が，利用者の行動の意味をとらえる文脈は，複雑であるが，「診断名」が一見わかりやすい物語を作る。この物語は固まりやすい。職員も利用者も，医学や心理学，障害学の説明モデルにもとづいて，自分たちの「問題」に意味を与える。「自閉症スペクトラム」だから「やっぱり」○○君はこういう行動をするのだ。このような行動への理解が先行し

がちである。このような理解の仕方はあくまで一つの物語，ストーリーである。ナラティヴアプローチは，病気や障害について，専門職の見立ても一つのストーリー，説明のモデルであり，他のストーリーの可能性を積極的に探るという視点を提供する。

　専門職の側は，既存の外からの視点と言葉をこの子の行動理解にもち込もうとする。専門家の地図，チャートで相手の話を整理することを，いったんおいてみる。自分がこの子をどのようにとらえ，どうなってほしいのかをみずからの言葉で，率直に述べようとするとき，職員独自のストーリーが生まれる。

　医療あるいはサイコセラピーにおいても，臨床家が「こちらの地図」によってとらえて描くと，相手が自分の病いと人生との関連をとらえる物語を見失う。専門家の側も，臨床仮説としてのストーリーが違えば，クライエントの見え方も変わってくる。

　医療においてはとくに，疾患症状に焦点を絞るのがベースである。しかし，その病いをどのように体験しているかは，一人ひとり異なる。ナラティヴ論からは，生活の文脈において「生きた経験」として病いをとらえていく視点が生まれる。問題や症状，障害は人の生活の中で，様々な意味を生む。

# ③ サイコセラピーとしてのナラティヴアプローチ

森岡　正芳

　この章では，臨床場面とくに心理療法，サイコセラピーにおいて，ナラティヴの視点をどのように活かすかを検討し，このアプローチの基本的な特徴を整理しておこう。

## 1. 私たちはどのように体験したことを処理するのか

### (1)「病的」な体験が新たな意味をもつ

　さて臨床場面では，意味づけにくい体験と出来事が，個人の生活を覆う。この点で，臨床での体験の意味づけに関して，独自の配慮を必要とする。ひとたび心身の異変が生じたとき，意味づけそのものが困難な出来事に直面することになる。だから専門家の助けを求める。専門家から何らかの答えが出てくると，人は安心する。専門家も迷う，いくつかの可能性の中で判断し，見通しを立てる。とりあえずは，経過をともにする。

　人の体験の表し方には違いがある。体験をたくわえ記録し，表現する仕組みは，一生を通じて活発にはたらいているが，このように言葉のはたらきは重要で，聞いてから何年たっても影響を与え続けるような言葉がある。また体験そのものと，体験を言葉にし，声に出して表すこととは別のことである。これをはっきり分けたい。カウンセリングは心理的感情体験が何らかの病気を起こすという直接的な因果関係を確かめる場ではなく，カウンセラーは言葉を通して

第Ⅰ部 解説編

あくまでその人の体験を聞いているのである。

　クライエントによっては，そもそも心身の異変の述べ方がわからない，気づかないということがある。人にわかるように伝えるなど，かなえられないと思い込んでいることがある。その極端な例の一つが精神病という状態であろう。精神病的な体験も，患者がそれを肯定的に解釈することによって立ち直っていくという例がある。以下，大宮司（1996）の症例を参考にしてみよう。

　　非定型精神病という診断がなされている40歳代半ばの男性。27歳頃から不眠がちとなり，気が立ってくる。言葉付きが乱暴で話す内容は被害的でまとまりに欠ける。幻聴が存在しているようであり，自分が周囲からのけ者にされている，噂されているといった被害関係妄想が認められた。このときから合計8回の入退院をくり返すが，36歳の退院を最後に再入院はなくなり，38歳以後治療を受けていないが，精神症状は悪化することなく過ごしている。

　　この患者は42歳頃に宗教治療所をつくり，そこで病気治しの活動をはじめていて，地元のミニコミ誌にも話題に上るようになる。その信仰の道のりのなかで，とりわけ重要なのは患者が18か19歳頃のある夜の不思議な体験についてであった。患者はそのとき一晩中かなしばりの状態になって，一睡もできなかった。ある物体が「体の中に入り込んできて，宙に浮くような体験をした」という。天空まで舞い上がりある一点に達すると，そこは真っ暗な世界で，血の地獄であったという。患者はこの体験には特別の意味があると考え，ある霊能力者を訪ねる。患者41歳の頃である。この体験を話したところ「それは人助けをするために生まれついたのだから，人助けをしなさい」との言葉に力を得て，信仰による治療をはじめた。

　この事例の場合，信仰の道のりは，自己の特異な体験に病歴とは異なる文脈において新たな意味が与えられ，周囲にも認められていくプロセスとして描かれている。これによって患者はずいぶん生きやすくなる。大宮司（1996）の言葉を借りると「一種の脳の機能変調と考えられる精神病ですら，その体験を自

分なりに一つの物語としてまとめ上げるという行為によって，病理性が薄れていく」。このような臨床的現実がある。

　この事例で，「病的」な体験が新たな意味をもつものとして再構成されるには霊能力者との出会いが大きいことが示されるが，その他者の役割はいかなるものであろう。霊能力者はクライエントの病的体験をまったく別の文脈の中に位置づけなおし，「人助け」という使命をクライエントの生に与えたのである。

　しかし，だれかから「人助けをしなさい」という言葉が与えられるだけでは，人を動かすことにはならないだろう。あるいは，一人で病的な体験を想起し，その意味をふりかえり思い直すというだけでは，実際にその人の生を変化させるまでにはいたらない。

### (2) 自分の体験に意味を与える力

　人は一度身につけた物語をそう簡単には捨てることはできない。とくに強い想念のある体験は，それがどれほど特異なものに見えようとも（たとえば妄想例），そこにある物語には強い想念と情動がこもっているわけである。それが当人には苦痛であっても，それを捨てることはかえってより大きな痛みと不安をともなうのである。

　その痛みと不安，恐怖を否定せず，見捨てず伴走する他者の存在は大きい。この他者はどのような聞き手としてそこにいるのだろうか。「私の病い」の体験として，病気を自分のものとしてつかむことへの援助。援助者の専門性はここにある。

　語ることが自分を取り戻すことになるのは，自分の体験に意味を与える力が語ることによって回復するからである。それによって，自分を客観視し，自己の体験に対し一定の距離を保ち，対象化することが可能になるからである。それにはまず，語る私に耳を傾けてくれる他者がいることが必要である。

　また，自分の体験は，人の体験のよくあるものの範囲内だと気づくことにも意味がある。そのために人々の体験談も役に立つ。他のクライエントたちの体験，似た体験をした人たちの体験記，あるいはセルフヘルプの場での語り，当

第Ⅰ部 解説編

事者研究が役に立つのは，自分の体験がそのままで大丈夫なのだと感じることに意味があるからである。


## 2．反復する過去を緩める

### (1)母と娘の事例から

　過去に体験したことそのものは変えることができない。決定的なことである。たとえば，第1章で取り上げた例に示されるように，暴力やいじめを受けた体験は，後になっても残る。その人のその後を支配することもでてくる。スクールカウンセリングという臨床心理の日常業務で出会う生徒と家族でも，そのような例は多い。

　ある事例をふりかえってみたい。
　クライエントEさん（40歳代半ば女性　会社員）は，娘（17歳）の不登校の問題で相談にみえている。

E1：この前こんなことがあったんです。ちょっと外に出ていくのに，何本か鍵を付けていたキーホルダーから家の鍵を抜き出して，いきなりキーホルダーだけ床に投げて，鍵だけとって出ていったんです。どこが気にいらんのか。生理中もあってイライラしてたんとちがうかなあ。ところがその次の日自分のその鍵がなくなってしもて，えらい家で荒れて。「猫が鍵をどこかへやった」と猫にあたるんです。

私1：本人は何を求めていたんでしょうね。

E2：なんかいつも気に障ると猫にあたっていじめる。

私2：本当はお母さんになにか言いたかった。

E3：でしょうね……口で言わへんからわからへんけど。キーホルダー，私が買ってきたやつが気にくわんかったやろうけど，いきなり投げ付けて……

私3：どんなやつがほしかったんかな。

E4：上の子やったら，わかる。しょーもないもんつけて。ほんま子どもっぽいキャラクター商品みたいなのが好きで，それがまた似合っているところがあって。

私4：憎めない。でも妹さんの場合……

E5：鍵はけっきょく出てきたんですよ。ジーパンのポケットをそのときはわからんかったけれど，後でもう一回ズボンごとはたいたら鍵が落ちてきて。

私5：それはよかった。

E6：でも猫にあたって痛めつけるときはもう見ていて手がつけられない。猫がかわいそうで。

私6：猫の味方になってしまうんですね。

E7：（沈黙）

私7：そのすさまじい癇癪は，だれか似ている人，身近にいはったんやろか。

E8：別れたこの子らの父親のことやけど。一度家の窓ガラスを全部割ったことがある。何が原因やったか覚えてないけど。

私8：そりゃすさまじい。

E9：田舎で，植木屋さんやったから，まだ主人の父親が実権を握っていたから。その父親もきつい人やった。なにかおもしろくないことあったんやろうけど。ちょうど下の子が生まれたころやった。とにかく朝から夜遅うまでこき使われた。身体も悪くなって，もうぎりぎりやった。（この後クライエントはご自分のうまくいかなかった結婚生活のことをふりかえられる。）

この事例において語られた2つの出来事（娘がキーホルダーを投げつけたこと（E1），別れた夫の暴力（E8））は，まだEさんの心の中ではつながってはいなかった。Eさんは「この子が話をしない」ことを気にかけ，「その代わりに何か言いたいときは猫をいじめる。私にむかって何か言いたいのだろう」と感じる。しかし，娘は母親に語る言葉を失い，また母親も娘の言葉を聞き取るすべを見いだせないでいた。母親は娘の言葉（身ぶり）を引用しつつ，そこには

第Ⅰ部 解説編

「どう理解したらよいのかわからぬ」母親自身の困惑の感情が込められている（E3）。一方カウンセラーである私は，Eさんの感情を受け取りつつも，娘の言葉（身ぶり）には違った訴えを感じ取れるのではないかという点を指摘したかった（私2）。「キーホルダー」を投げつけた行為は，「話をしない」わかりにくい娘の行動としてはむしろ例外的である。娘が母親に伝え，母も娘から何かを受け取ったのである。E7の沈黙はそのような間合いと感じた。さらに別れた夫のことが次に語られる（E8）。娘が母親に行動を通じて言いたいことが，そこで浮かび上がってくる。

## (2)語られたストーリーから生きられたストーリーへ

　カウンセリングはそこで語られた出来事や体験の意味にぴったりくる言葉を共同でさがすような作業となる。Eさんの例で，娘の「癲癇」に関わるストーリーが語られる（told story）が，それが今ここで進行する会話（カウンセリング場面）において他者に共有されることを通して，もう一つの出来事，元夫の暴力に関わるストーリーがありありと再現される（lived story）。

　リメンバリング（想起）のさなかにおいて，物語のパフォーマンスの次元が雄弁に伝えるものがある。語られたストーリー（told story）は生きられたストーリー（lived story）へと動いている。面接は今ここ（プレゼントモメント）において，過去をつなぐ自己のはたらきを支えるのが基本である。会話の現在において，過去の出来事が日常とは異なった相手（カウンセラー）に語られ，今までとは違った意味の場（文脈）におかれると，その出来事の意味がとらえなおされるだけでなく，思いがけない想起や連想を生んでいく。


## 3．臨床ナラティヴ聴取のポイント

### (1)会話が基本

　ナラティヴの実践は会話ベースである。援助者は，会話を継続していくことの専門家としてそこにいる。会話によって発話者との間に生まれてくる空間を

広げる工夫が，ナラティヴ的ケアの基本ともいいかえられる。まず面接者は症状を否定しないで，むしろその訴えの周辺のことについてよく聞いていく。同一の出来事をくり返し語り直す（re-telling）クライエントが多いのに気づく。物語の細部がどのように変化し動き出すかに注目することが，セラピーの実際として効果的である。うつ状態の人がきっかけとなった出来事の周辺をくり返し語る中で，その細部が詳しくなったり，語り口が変化してくる。そこをのがさないようにしたい。物語が動き出していると感じるところである。

### (2) 具体的な問いから

まず臨床の場はつねに，具体的な問いから始まる。できればクライエントたちの物語を引き出せる問いを工夫したい。ある症状をもつクライエントを前にして，「いつからその状態が始まりましたか」と問う場合と「どのくらい続いていますか」という問いかけをする場合では，生まれてくる答えはまるで違ってくる。前者は，病いや問題について語りを引き出せるかもしれない。後者だと，「1カ月くらいです」という答えが返ってくることが多いだろう。「語り合う空間」を確保すること，当事者の居る体験の場所から会話を始めることである。当事者が自分自身によって，体験を形にするプロセスに付き合うことである。

### (3) 出来事を受け取る

聞き手の配慮としては，語られた出来事が出来事として受け取られることがまず必要になる。臨床的聴取の場においては，すでにできあがった筋；プロットを聞くのではない。まず語らねばならない発端がある。クライエントの問題や症状の背景にみずからが「生きていない」ところがある。そこがまず出発点である。実際に面接の場で，物語を意識することはむしろ例外であろう。それよりも聞き手が促進しようとするのは連想のはたらきである。「ほんの思いつき」や「思わぬこと」といった類の話にこそ，私たちは注目し耳を傾ける。

そこを通じて，語り手が気づかなかった出来事と出来事の連なり，すなわち

第Ⅰ部　解　説　編

物語を引き出していく。聞き手は異なった時点での出来事の中に，同一のテーマの反復を聞くことになる。現在において過去を再文脈化するということ。そして一見つながらない2つの出来事が物語的連関の中で意味を生み出すところに注目したい。

**(4) 第三の領域を作る**

　「ここで何を話すのがよいのでしょうか。」「何からでも思いついたことを自由にお話ください。」カウンセリングでは，会話の話題をはじめから限定はしないのが基本である。適度なあいまいさを持った応答がなされるのは，来談の理由が必ずしも，当初聞かされていた主訴や問題とは一致しないこともあるからである。セラピストは自由な保護された空間をまず用意する。そして，この空間に浮上してくる主題を少しずつ形にしていく姿勢をとる。ここで対話という空間が成立することの意味が大きい。

　言葉は必ず，何かに向けられている。ある言葉は対話の一部としてつねにとらえられる。二者でかわされる会話は三角形をモデルとする。何らかの主題（テーマ）をもとに，2人で話をすることが会話の基本形であり，会話は，語り手と聞き手の間でテーマをはさむという意味で，三角形を形作る。会話の三角形を基本にした発話状況をここで「対話」としたい。

　対話を構成するために言葉は話題，テーマ，対象を指示するが，同時にその言葉は聞き手にも指し向けられる。言葉の指し示す対象は同時に二重である。心理療法の面接も，会話として見た場合に，この三角形を作り，維持することが基本である。対話の三角形の成立には，言葉の二重指示性（double directionality）が十分にはたらくことが関係する（Bakhtin, 1981）。

　言葉の二重指示性を支えにして，二者の間に主題化できるものを育てていく対話は，セラピーの基本形である。三角形の構図の間にあるものは，対話を重ねるにつれて多様かつ多次元のものがくりひろげられ，「対話空間」というべき第三の領域が2人の間に形成されてくる（Anderson, 1997）。この領域を枠づける項は会話の主題だけでなく，聞き手という他者，そして相手との関係その

*42*

ものが第三項に位置づく。また話し手がみずからを主題にするとき，もう一人の自分，あるいは内なる他者として第三項に位置づくこともある。いいかえると，対話が成立しているとき，話し手，聞き手の位置も浮動し，ゆれうごく。話し手，聞き手を固定した実態として考えると，言葉はテニスのボールのような扱いになる。

　話し手，聞き手はあくまで対話を構成するポジションととらえておく。対話関係において，「第三の領域」が構成される。セラピーにおいて，この領域を共同で作り出すことの意味は大きい。この体験領域を通じてクライエントの心の中に，みずからを見つめ，衝動や感情をコントロールする観察主体が育つからである（第Ⅱ部事例編4 第2節も参照）。

### (5) 今ここでの意味に立ち返る

　心理療法（セラピー）やカウンセリングでは，そこで語られた言葉が事実かどうかという客観的検討が一義的に問題なのではない。その言葉を通してクライエントがどのような体験世界を構築しようとしているかに焦点をあてる。一つひとつの話題について，クライエントの生活ぶりを心の中に描きながら，聞いていく。そのつど生じてくる今ここでの意味（its meaning now）をまず受けとる。そこで語られた話題や対象，現実はともに体験されることで，生き生きとする。出来事の今ここでの意味を聞き取る。

　面接者・セラピストが相手・クライエントから「聞き取ったこと」とクライエントが「実際に言ったこと」の区別はついているのだろうか。考えてみればこの違いはたいへんな違いである。「聞き取ったこと」だけに焦点をあてると，へたをすると面接者は自分の聞きたいことのみを相手から聞き取ることに堕する危険性がある。面接者があらかじめもっている評価判断の地図をいったんおいておき，クライエントが今ここで実際に言っていることに耳を傾けたい。

### (6) 複数の文脈で語りを聞く

　セラピーではクライエントは過去の様々な出来事を語ることが多い。セラピ

一場面では今ここでその語りがどういう意味を伝えようとしているのか，クライエントのどのような世界を，今ここの場で立ち上げようとしているのかに注目する。語られた内容は過去のものでも，その現在における意味は何かということが大切である。語りの内容を意味づける文脈は，現在にあるからだ。

　たとえば受理面接のときの情報に「自己評価が低い」とか，心理テストの結果から「知的には優れている」という報告があったとしても，このような心身の能力や機能の側面は確定したものではない。クライエントや周囲の人がそのことをどのようにとらえているかによって，その意味は変動する。生活の中で自己評価や知的なはたらきを重視しているのかどうか。あるいは家族がクライエントの能力をどのようにとらえているか。知的能力へのどのような願望があるのか。クライエントがどのように生きてきて，それを自分でどのように見ているのか。このように様々な文脈において，はじめてその人にとっての意味がわかってくる。文脈とはまさに「意味の場」である。

　個人を特徴づけるそのような記載をどの文脈の中で読むべきか，すぐには確定できない。対話を重ねることを通じて，その人が生きやすくなる意味の場が整ってくることを目指したい。少なくともセラピーでは複数の文脈をもとにクライエントの提示するものにつき合っていきたい。その文脈はセラピストがあらかじめ用意するものではない。セラピーでの面接を始めるときに，「＊＊症の人と面接する予定」から「＊＊症」に関わる意味の場があらかじめ設定されてしまうと，その症状は単一の固定した意味になってしまう。その文脈からしかクライエントの語りを読みとることができない。そこからは新しいもの，自発的な力は生まれにくい。会話の始まる前から治療的で症状を対象化する文脈を導入することは，できるだけ避けたい。会話を交わすことを通じて，文脈すなわち，意味の場がどのように生まれようとしているかに注意したい。

　体験の語りにおいては，語りの「今，ここで，誰に」という文脈の中で出来事が選択され，筋立てられる。体験がどのように語られるかによって，自己の状態は変わる。体験には強い感情が付随していることが多い。語り聞かれることによって，積極的に未知の感情を言葉にするところへと向かうことができる。

## (7)クライエントに固有の言葉

　心の世界は意味のネットワークを形成している。同じ言葉を使っても，個人は生（life）の文脈の中でその言葉に，複合した意味を込める。それを個人的な言い回しあるいは，「個人の慣用句」（personal idiom）と呼ぶことが可能である。私たちはその言葉を学びたい。繰り返し使う言葉からどのような感情，言葉をそこにつなごうとしているかを学ぶ。それは必ずしもその人に固有の特別な言葉とは限らない。一般的によく使うストレスという言葉も，クライエントがどのような意味で使っているのか。それを話題にし，聞くことを通じて，ストレスという言葉もその人に固有の意味の合成体を作っていることを知る。

## (8)話の繰り返されるパターン

　複数の出来事が配列されると，聞き手はその順番に出来事が生起し，前の出来事があったから次の出来事が生じたと解釈してしまう。「○○があってから＊＊ががらっと変わった」「そのころから＊＊とはうまくいかなくなった」。一つひとつの表現形式は日常誰もがよく用いるものであるが，このような形式の言語表現を面接の初期から多用するクライエントがいる（長井, 1991）。聴き手はそのように形成される文脈の中で，奇妙に説得力のある話に引き寄せられる。説得力はあるが妙にわかりすぎるという点が気になる。このような場合，物語が意味生成的に出来事を再構成していく力をもつとはいいがたく，文脈が固まり生成的でなくなる。出来事を固定し動かなくさせてしまう危険性がある。

　凝り固まった物語を動かすには，この生の歴史，歴史をもつ生を，今・ここの対話関係の平面に移し（transference），固まった物語を少しずつ対話の中で溶かしていく必要がある。

## (9)矛盾したものを抱える応答の工夫

　会話を「しかし」（but）ではなく「そして」（and）でつないでみることがときに有効である。私たちには，自分の体験の一つの側面のみを自分とみなし，注目する傾向がある。他人に対してもそうである。「しかし」ではなく「そし

て」と応じる。このような記述はきわめて具体的な答え方を示しているように見えるが，それらは表面上の答え方の問題ではない。むしろ，クライエントの「体験」において正反対なのである。「そして」という応答は，矛盾する側面を包含するだけでなく，クライエントが別の側面に気づきだすところに付き添う。もう一つの可能性をクライエントだけでなくセラピスト自身にも思い起こさせるようにはたらきかける。

　どのようなストーリーにもたいてい少なくとも，2つの面がある。明示され主張されるもっともらしい話，とくに一般化された言明が出てきたときには，穏やかにていねいに，正反対の可能性を付け加える。セラピストもクライエントも一般化のわなにひっかからぬようにしたい。

## ⑽ 筋の一貫しないところ，矛盾しているところこそ源泉

　「＊＊障害」かもしれないという主訴で来室されたクライエントに対して，「＊＊障害」という言葉を，どういう体験として述べるのかに注意する。それを他のどのような言葉と結びつけて理解しているのかを教えてもらう。「＊＊障害だから」という「筋立て」にのらない過去の出来事をむしろよく聞いてみる。

　体験の中で，自己物語に統合されないものが残る。体験の中にときどき姿を現すよくわからないところ。侵入的な異物。それは，自分自身や他人だけでなく自分にも隠したい部分である。自分から引き離され，ないことにされたものの代表こそ，クライエントが訴える症状や問題であろう。そのストーリーの周りにはつねに本来の生（なま）の体験の材料があり，そこには私たちがまだ発展させていない潜在力が含まれている。自己物語の中でうまく表されていない情報がそこに含まれている。

　うつ状態が長く，仕事を休んでいる女性が，次のように自分の状態を訴えた。「私は休みの日も仕事のことばかり考えている。ほんとうは，しゃにむに仕事しているような姿は見せず，スマートにこなしているように見せたい。仕事できる，人よりぬきんでている自分というイメージが，職場にはいってからずっ

とあった。かといって，このままの自分で何がしたいのかイメージが湧かない。親から離れてできるだけ早く自立したかった」。このような一見矛盾する自分語りの中に，自己回復，治癒の豊かな源泉がある。自己物語の中でうまく表されていないもの。このようなまだ自分のものになっていない体験の一部（ロジャーズ（Rogers, 1951）の言葉でいえば，自己と体験の不一致部分）を，会話の中で扱っていけるようにする。

## 4. ナラティヴによる自己回復

### (1)「私」をおずおずと語り出す瞬間を支える

自己の物語は固まりやすい。自己評価とアイデンティティに関わるからである。自己物語は書き換えうるであろうか。もし書き換えうるのであれば，自分はずいぶん楽に生きられる。それはそう簡単なことでもないように思われるにしても。

これまでの検討で，誰に語られるかによって，同様の体験内容であっても出来事は相手に応じて取捨選択され，強調点も変わることがわかった。また，物語は過去の想起のあり方に枠組みを与えるものである。そして物語は，未来の自己のあり方にも持続的な影響を与えるものである。そのようなダイナミックな未来時間を作る会話が成り立てば，自己の物語を書き換えることができるかもしれない。

そしていつも本当の自分を見透かされまいとまわりを気にし，嘘の自分を演じてきたぼく。これが「解離」。それじゃ本当の自分て？　人間関係がとても不得手で自信がない自分。存在価値がないと思っている自分。すべては自己否定から始まった。自己否定というのはね，自分のことがいやに感じたり，だめなやつと思えたり，役立たず，迷惑をかけていると思って肩身が狭くなってしまうこと。居場所がなくなってしまうことだ。だから一人，部屋の中にいるときが一番落ち着くの。

第Ⅰ部 解説編

　　　実はぼくは子どもの頃不登校児だった。ぼくは仲間はずれにされていることを誰にも言わなかった。クラスの仲間に言ったら「弱い子」だって思われるし，それに誰もまともに話を聞いてくれなかった。親に心配かけたくなかったし。…（中略）…まさにこうやって悩んでしまう自分も情けなく思えた。そのうち自分が「ダメ男」に思えてきた。するとなぜかまわりの人たちもそう思っているにちがいないと思うようになるのだ。これが妄想。すべて見透かされているようで，だから外に出ない。こうしてぼくの不登校は始まった。苦悩は誰にも言えないでいるとどんどん膨らんで妄想になる。…（中略）…それを救うには，なりふりかまわず行動することだ。
　　　　　　　　　　　　　（武藤清栄　東京メンタルヘルスアカデミー会報より）

　武藤はフリースクールを開設し，ひきこもりや不登校のサポートの活動を継続している。以上の例は，みずからの体験を語った手記から引用したものである。当事者が自分の言葉で語った出来事には真実味がある。自分ではどうしようもない生（なま）の出来事はこのようにかろうじて語りうる。しかし，自己を否定するような出来事であっても，自分だけではないという他者とともに体験するという手ごたえがあればのりこえうる。ナラティヴは文脈を整えることに深く関連している。聞き手が変われば文脈すなわち意味の場も変わる。「伴走」における聞くことの実践の意義はここにあろう。臨床ナラティヴアプローチは，当事者の行為主体性（agency）の尊重と回復が目標である。
　さてこのように語られ，あるいは記述された出来事が「客観的事実」であったかどうかはここではわからない。たしかなのは当人がそのような心的現実を抱えているということである。それを自分なりに表現し，受けとってもらえる聞き手や，読み手，心的現実を共有される場があるということ，そして様々な要因があるにもかかわらず，そこから「私」をおずおずと語り出す瞬間があること。ナラティヴの立場はここに注目する。

(2) 会話の平面において「私」の動きを探る

　セラピストはセラピーの場の設定にはかなり気を配る。決まった時間と場所においてセラピーの場が用意される。その場はことわりなしに変更しない。セラピストたちはその中で，来談者の隠れていた自己がきらっと光る瞬間をとらえ，彼らがためらいつつも安心して語り出すことをサポートする。その語りの内容は否定的な出来事の連続であることが多いが，よく聞くとその人らしい光る部分がかすかでもある。そこに焦点をあて，増幅する。コミュニケーションに強弱をつける。このような聴取の工夫をする。東は公開スーパーヴィジョンにおいて，次のようなサジェスチョンを行っている。

　「相手が語るためだったところ，ネガティヴなところは弱く受けます。ただし無視してはいけません。そのうち否定的なことばかり続いているけれど，たまにきらりと光るポジティヴトーンのところがあるんです。そこをキャッチしたら，『あっそうなんや』とそこを強めに応答するんです。」(東，2003)

　このような応答を丹念にくり返していくと，相手の否定的な信念・考え方がポジティヴな方向に変化する。どんなに自分の人生を呪っている人でも，自分の家族や学校，教師のことを悪くいう人でも，実際には何とかやってきている。本来の資質が生きているはずなのに，そこが覆われていて本人も気づかない。表に現れているのは「あかん」話ばかり。その人本来の資質を発見し活かすには，問題の原因を過去にさかのぼって探るような問いはできるだけ避ける。原因探求を進めていく聴き方だけでは自分が「うまくいかない」物語が作られ，物語が固まってしまう。

　手がかりは，クライエントがそれでも生活の中で何とかやっているその潜在する力を，意識にのせていく応答を工夫することである。「どのようにのりきっているか」「どのように何とか凌いでいるか」と問いかける。問題に対してどのように自分なりに対処しているかを聞く。その中に本人らしさがうかがえるからである。それによって語り手の「自己感」，広い意味での自尊心がいくらかでも回復する。それが自己物語を変えるヒントになる。自分が感じていることや考え，気分は刻々と変化するものである。とくに他者が関わり会話を重

ねることが，自己を変える。語ることは，その人自身に固有のことを同時に伝えている。それは主に語りのパフォーマンスの次元で伝わるものである。話し方，語り口に，その人らしさが表れる。

## (3) 思い起こすことは自分を取り戻すこと

　過去に体験したことそのものは変えることができない。決定的なことである。いじめを受けた体験は，後になっても残る。その人のその後を支配することもでてくる。今が過去からの経緯の結果であると見ることは自然な日常感覚である。

　しかし，過去が今や未来を必ずしも直線的に決定するわけではない。過去の出来事は決定的なように見えるが，一方で，意味づけが流動的で不確定な過去の出来事が潜んでいる。過去の体験をできれば今と未来に向けて活かしたい。過去の可能性を，ナラティヴを通して開いていくことである。滞った時間を動かす営みである。実践において臨床ナラティヴアプローチの柱となる特徴である。

　時間を動かすといっても，何も特別なことではない。日常それと気づかずに行っていることかもしれない。

　学生たちと行う実習で「左手で描く」というワークをときどき行う。これはごく簡単な方法で，まず，字をはじめて習ったころのことを一人でゆっくりと思い起こし，何か具体的な場面や出来事が浮かび上がってきたら，画用紙に向かう。クレヨンでそのころに呼ばれていた愛称や，友達の名前などを書いてもらう。後は文でもスケッチでもかまわない。自由に落書きをする。すべて利き手と反対の手で大きく描いてもらう。

　実際やってみると，不思議なくらい幼いころのことが思い出されてくる。人によってはそのころの自分に戻ってしまう。「書きあげてみると，その文字は小さいときに私が書いていた文字そっくり。」字を覚え始めたころ一字一字がすごく大切で，ていねいに書いていた。その忘れていた感覚を思い出すようで

ある。「あのころは文字を書くことはたいへんだった。だから本当に伝えたいことだけを書いていたような気がする。」ある参加者はこのような感想を述べていた。

本来，書字行動は全身の活動であった。字を書くというマナーはふだん習慣化されているが，習慣化された身体の動きを制止すると，ふだん使わない神経—運動回路が活性化されるようだ。たんに幼いころの思い出だけでなく，回想するという忘れかけていた心のはたらきそのものが活性化され，「埋め込まれた感情」が表出されやすくなる。

ある法務機関から委託され，少年たちの矯正教育に関わるグループカウンセリング場面に導入を試みた。覚醒剤乱用グループの一つであった。教師たちの話によると，少年たちは楽しいこと，うれしいことが素直に喜べないという。グループ内でのふりかえりでは，いやだったこと，悲しかったこと，つらかったことなど自分にとって否定的な思い出は比較的よく思い出す。楽しいことや，平穏なこと（非問題）は隠れていて思い出せないようだ。

少年たちには，自分自身がどのようなことを思いながら生活してきたかをより深く思い出し，それをしっかり心に刻むことが必要であるという。自分を感じることを取りもどすことが，教育の一つの目標となっていた。

左手で描くワークをした後，グループでのふりかえりで，ある少年は，7歳（小学校1年生）のとき，父親が母親に暴力をふるったことや，8歳のころ「離婚して家を出た母親に帰ってきてほしい」と思ったことなどを語った。一方で，左手で描くワークでは木と山を描き，「ハイキングにお父さんに連れて行ってもらい，家族で弁当を食べたことを思い出した」とグループで語っている。

感想では，「あまり楽しい思い出はないと思っていたのに不思議と思い出しました」と述べている。同様に父親の暴力を思い出したグループの別の少年が，左手で描くワークではサッカーボールを蹴って父親と遊んだ思い出と，母といっしょに植えたひまわりの絵を描く。その楽しかった様子を皆にいきいきと語った。

以下グループのメンバーによる感想の一部である（文章表現は感想文のままで

ある）。

「少年のころにもどったような気持ちになって描きました。それといろいろ昔のことを思い出せました。」

「左手で書いて特に思い出はないのですが，かいているうちになつかしい思いがしていろいろと小さいときのことを思い出してかきました。」

「描いているときとても書きづらいと思いました。左手で絵など描くことはふだんの生活でまずないのでとてもかきづらかったけれど，それなりにけっこう楽しかったのです。昔の自分にもどったみたいでした。」

「小さいころのことを思い出しながら描いていました。いろいろと考えているうちに父さんや母さんの顔を描いたのを思い出しました。」

現在において過去の出来事の意味をいっしょに確かめてみる。現在の意味の場におくことで，その出来事の意味が少し変化する。思い起こすことで，思わぬ変化・発見がある。そのような過去の語りによる想起，思い起こし方を工夫したい。リメンバリングは「過去の出来事の再文脈化」の営みでもある。これは，まだ規定されていない過去を基盤にして，未知の未来（unknown future）を作るという方法である。心理療法の様々な技法に共通するポイントである。

物語の中では時間をダイナミックに動かせる。巻き戻し，早送りが可能で，人生を逆向きに読むことも可能となる。物語によってどこにでも到達可能であり，物語のどこにおいても，だれかに自由に問いかけることができる。物語において過去と未来の地平が混ざり合う。未来の可能性だけでなく，過去の可能性を広げるのがナラティヴアプローチである。その可能性は，今とゆっくりとつき合う人にこそ，見えてくる。今とゆっくりつき合うことを通じて，その人の過去はけっして固定したものではなくなり，新たな目で見ることも可能となる。

## (4) メタナラティヴを把握しておくこと

臨床実践者，専門家が，自分がどのようなものの見方をしているかを，たえず検証しておくことは，実践において欠かせない。患者，クライエントは，症

状が何を意味しているのかを必ずしも知りたいわけではなく，どういう病気で，どうすれば治るかが知りたい。患者の求めに応じて，まずそこを支えるのは当然である。ナラティヴによる臨床視点は，意味づけや解釈を聞くことだけが優先されるのでもない。専門職の知の体系，分類表，定番のものの見方をたえず自己チェックしたい。分類表にもとづく病気という「現実」を作ることに専門家も一役買ってしまう。ナラティヴはそれ自体を問いに付すものである。

　専門職の知と，当事者の体験知・生活知は対立葛藤することがある。また，専門職の援助の過程と当事者の生の過程にはつねに落差やずれがあることを前提に，臨床の場に立ちたい。何よりも，力関係の差がはっきりしている。当事者は病院，学校，相談室，施設その他構造的に不利な状況におかれやすい。専門職の側は，病いや障害の専門家であるという役割から，当事者の状態の把握に努める。既存の知識をもとに理解しようとする立場をとりやすい。専門家が自分自身のものの見方それ自体をとらえる冷静な視点をもつこと，すなわちメタナラティヴを把握しておくことは，同時に，専門家自身を支える根拠にもなる。

　一方で，ナラティヴを通して当事者が自分自身を研究するという視点が生まれる。いわば自己事例研究の可能性を開く。当事者によって示された援助プロセスの記述をよく読んでみたい。そこから専門職の本来の専門性の意味を学ぶことができる。

### (5) 公共性へ

　ナラティヴアプローチは公共的なものを志向する。ナラティヴは個人を組織集団や社会に開く媒介になる。小集団のサポート活動に注目したい。病院や，学校，職場，家庭などをつなぐ中間の場，デイケアやセルフヘルプグループでのミーティングで生まれてくる会話に可能性を見る（土屋，2007）。松本（2007）は法務施設での受刑者たちへの音楽を介した小集団活動を通じて，メンバーたちが率直に自己を語り他者に問いかけ，自己のイメージが再構築されるプロセスを報告している。自分にとって「大切な音楽」を他のメンバーに披露し，皆

で様々な楽器を使って合奏する．その後の自由な語り合いの場では，その音楽に隣接する過去の体験が自然に語られる（第Ⅱ部事例編8参照）。ここでは語り聞くと同時に互いに学び教えるという関係がまずあり，さらに合奏という共有体験が重要な意味をもつ。

　教え学ぶとはまた参加のプロセスそのものでもある。自己の体験についての語りはほかの参加者の語りを引き出していく。自己と他者の言葉が生む差異を認めたうえで，その応答を受け取るというやりとりを重ねていく。日常の言葉，自分の言葉は多義的である。グループの中の聞き手，他者たちを通じて，出来事を振り返るための「公共的言語」を発見していく。自己の体験についてそれを認識にまで高めていく。

　移民の精神医療に独自の実践と理論を立てているナタン（Nathan, 1986）は，移民とその家族との面接治療では，旧来の西洋医学の枠組みをはずし，移住者たちの出自の文化を徹底して聞くことから始める。治療者たちは当事者たちの文化を，通訳を通じて学ぶ。「専門性の逆転」と名づけるその方法はセラピーに画期的な領域を切り開いている。このような実践においても，「語り聞く」をこえた相互に学び教わるという関係性に積極的意味を見いだせる。


## 5. 他者へと開く物語

　演出家竹内敏晴が演劇メソッドを応用し，対人関係のワークを長年行ってきたことはよく知られている。のちに「竹内レッスン」という名で人間回復へとつながる社会運動へと展開する。筆者も少なからず影響を受けた（森岡，2005）。

　芝居に飛び込む以前，竹内は大学生のころ，疎開先の小学生たちに童話や物語を語るという体験をもった。この体験が他者に届く自分の言葉を回復するきっかけになったという。自己をむき出しに語ろうとするときには言葉を失ってしまうが，物語だと自己は物語のイメージに託されて選ばれ自然に言葉が出る。この体験をきっかけにものごとを具体的に語り描写することを学び始めたという。

他者との共同性が成り立つことを前提にして，語り聞くという対話をもとに他者に接近することそれ自体にも落とし穴がある。語り合い，語り聞くだけでは他者は十分には現れない。物語の中の登場人物，すなわち自己の他者化されたものばかりを追っていくことになりかねない。テキストだけの物語に閉じてしまう。そこでは物語の聞き手も，語り手にとって他者というより，自分の姿を映し出す鏡のような存在である。物語を聞くのではなく，この私を見よと言いたくなるところである。物語が他者へと開かれることが必要である。

　「物語の実践は，われわれが自分にとって異質の世界に住みつくように，自分を鍛えるための思考実験にある」(Ricoeur, 1983-1985/1987-1990)。物語の実践とは，なじみのものを見知らぬものへと変容させる練習である。そして自己のなじみの物語を他者化すること。他者こそ自己の固まった物語を揺さぶる契機である。対話の中で，聞き手自身の枠組みの変更を迫られるときがある。それがチャンスである。それまでになじみのものが見知らぬものへと変容する。このような物語の実践を生活の場で行いたい。

第Ⅰ部　解説編

　〈第Ⅰ部・ブックガイド〉

クラインマン，A.／江口重幸・五木田紳・上野豪志（訳）　1996　病いの語り　誠信書房（Kleinman, A. 1988 *The Illness Narratives*. Basic Books.）
　⇨人が生きているかぎり，どの時代，どのような民族社会においても，医療の方法はあり，その社会において独自の発展をなしている。多文化多言語の中で癒しをとらえることは西洋医学のたんなる相対化ではなく，もっと積極的な実践としてとらえられよう。患者一人ひとりがみずからの病に関する意味づけと見立てをもっている。それに声を与える実践が現代医療で力を持ち出している。ナラティヴアプローチの古典と評するにふさわしい。

ブルーナー，J.S.／岡本夏木・仲渡一美・吉村啓子（訳）　1999　意味の復権　ミネルヴァ書房（Bruner, J.S. 1990 *Acts of Meaning*. Harvard University Press.）
　⇨ナラティヴというもう一つの思考モードが，人間の心理学にありうるということを，大心理学者ブルーナーが言わなかったら，科学実証主義にもとづく心理学と，生活や実践現場で求められる知とのつながりは，かけ離れたままであっただろう。今や心理学はとても豊かで，面白くなってきた。

アンダーソン，H.／野村直樹・青木義子・吉川悟（訳）　2001　会話・言語・そして可能性　金剛出版（Anderson, H. 1997 *Conversation, Language, and Posssibilities*. Basic Books.）
　⇨ハーレン・アンダーソンはグーリシャン（Goolishian, H.）の愛弟子。グーリシャンの無知のアプローチやクライエントも専門家であるという発想は，対話空間を積極的に作っていく実践，協働アプローチへと展開する。対人支援者もともに生きる支援の本質的なあり方を教えてくれる。なお予言的なセラピスト・グーリシャンについては，アンダーソン，H. & グーリシャン，H.（著）野村直樹（著・訳）『協働するナラティヴ』（遠見書房，2013）をぜひご覧いただきたい。

ヘントケ，L., & ウインズレイド，J.／小森康永・石井千賀子・奥野光（訳）　2005　人生のリ・メンバリング　金剛出版（Hedtke, L., & Winslade, J. 2004 *Re-Membering Lives: Conversations with the Dyning and the Bereaved*. Baywood Publishing Company.）
　⇨ナラティヴアプローチは，時代性を反映して，ますます社会支援や葛藤解決といった実践に重きをおくようになってきている。グリーフケアの場を中心に，ウインズレイドらはリメンバリングという実践を続けている。リメンバリングは想起と，再び集めるという意味がある。面接に場面を設定し，その場に亡くなった人たちに集まってもらい，会員制クラブのように

メンバーとして登録し，メンバーたちと手紙を交わす。聞き手はその立会人，人生の証人である。

森岡正芳（編）2013　N：ナラティヴとケア　第4号　特集：心理支援法としてのナラティヴ・アプローチ　遠見書房
　⇨『N：ナラティヴとケア』は，ナラティヴアプローチ関連の唯一の定期刊行物である。年に1回，ナラティヴコロキウムが東京で行われている。詳細は遠見書房のHP参照のこと。

〈第Ⅰ部・引用文献〉

Anderson, H. 1997 *Conversation, Language, and Possibilities*. New York: Basic Books.（アンダーソン, H.／野村直樹・青木義子・吉川悟（訳） 2001 会話・言語・そして可能性 金剛出版）

Anderson, H., & Goolishan, H. 1992 The client is the expert: Not-knowing approach to therapy. In Sh. McNamee & K. J. Gergen (Eds.), *Therapy as Social Construction*. London: Sage. pp. 25-39.（マクナミー, S., & ガーゲン, K. J.（編）／野口裕二・野村直樹（訳） 2001 ナラティヴ・セラピー 金剛出版）

Bakhtin, M. M. 1981 *The Dialogic Imagination: Four Essays*. (Ed. Holqist, M.) University of Texas Press.

Bruner, J. S. 1986 *Actual Minds, Possible Worlds*. Harvard University Press.（ブルーナー, J. S.／田中一彦（訳） 1998 可能世界の心理 みすず書房）

Bruner, J. S. 1990 *Acts of Meaning*. Harvard University Press.（ブルーナー, J. S.／岡本夏木・仲渡一美・吉村啓子（訳） 1999 意味の復権 ミネルヴァ書房）

大宮司信 1996 心の「やまい」と心の「いやし」――精神医学からみた「癒しと救い」の一側面 宗教研究, **308**, 97-115.

土居健郎 1977 方法としての面接 医学書院

Elms, A. C. 2007 Psychobiography and case study methods. In R. W. Robins, R. C. Fraley & R. F. Krueger (Eds.), *The Handbook of Research Methods in Personality Psychology*. Guilford Press. pp. 97-113.

Erikson, E. H. 1977 *Toys and Reasons*. Norton.（エリクソン, E. H.／近藤邦夫（訳） 1981 玩具と理性 みすず書房）

Frankl, V. E. 1945-1949 *Trotzdem Ja Zum Leben Sagen: Ein Psychologe Erlebt das Konzentrationslager*.（フランクル, V. E.／池田香代子（訳） 2002 夜と霧 みすず書房）

東豊 2003 ブリーフセラピーについて 滋賀県高等学校教育相談研究会研究会誌, **6**, 53-79.

Holmes, T. H., & Rahe, R. H. 1967 The social readjustment rating scale. *Journal of Psychosomatic Research*, **11**, 213-218.

Hurwitz, B., Greenhalgh, T., & Skultuns, V. 2004 *Narrative Research in Health and Illness*. BMJ Books.（ハーウィッツ, B., & グリーンハル, T., & スカルタンス, V.／斎藤清二・岸本寛史・宮田靖志（監訳） 2009 ナラティブ・ベイスト・メディスンの臨床研究 金剛出版）

Kleinman, A. 1988 *The Illness Narratives*. Basic Books.（クラインマン，A.／江口重幸・五木田紳・上野豪志（訳）　1996　病いの語り　誠信書房）

松本佳久子　2007　少年受刑者のグループカウンセリングにおける音楽療法——「大切な音楽」の自己語りにおける意味生成と変容　2007年度奈良女子大学大学院人間文化研究科社会生活環境学専攻　博士論文

森岡正芳　2002　物語としての面接——ミメーシスと自己の変容　新曜社

森岡正芳　2005　うつし——臨床の詩学　みすず書房

長井真理　1991　内省の構造　岩波書店

Nathan, T. 1986 *La folie des autres. Traité d'ethnopsychiatrie Clinique*. Dunod.（ナタン，T.／松葉祥一・椎名亮輔・植本雅治・向井智子（訳）　2005　他者の狂気——臨床民族精神医学試論　みすず書房）

野口裕二　2005　ナラティヴの臨床社会学　勁草書房

岡本夏木　2005　幼児期——子どもは世界をどうつかむか　岩波新書

Ricoeur, P. 1983-1985 *Temps et Recit. Tome I-III Seuil*.（リクール，P.／久米博（訳）　1987-1990　時間と物語　I-Ⅲ　新曜社）

Rogers, C. R. 1951 *Client Centered Therapy*. Mifflin.

Singer, D. G., & Singer, J. L. 1990 *The House of Make-believe*. Harvard University Press.（シンガー，D. G., & シンガー，J. L.／高橋たまき・無藤隆・戸田恵子・新谷和代（訳）　1997　遊びがひらく想像力　新曜社）

土屋明美　2007　生によりそう「対話」——医療・介護現場のエスノグラフィーから　新曜社

津守真　1997　保育者の地平　ミネルヴァ書房

White, M., & Epston, D. 1990 *Narrative Means and Therapeutic Ends*. Norton.（ホワイト，M., & エプストン，D.／小森康永（訳）　1992　物語としての家族　金剛出版）

第Ⅱ部

事 例 編

# 1 ナラティヴ・メディスンの基盤と自己-状態

岸本　寛史

## 1. 語りに基づく医療

　英国のグリーンハルやハーウィッツらが提唱する「ナラティヴ・ベイスト・メディスン」(NBM) (Greenhalgh & Hurwitz, 1998) は，エビデンス・ベイスト・メディスン（EBM）の研究者の中から出てきたムーブメントで，その主眼は医学研究にパラダイム・シフトをもたらすことに置かれているように見える。このNBMの流れとは独立して，米国のリタ・シャロンは「ナラティヴ・メディスン」(NM) を提唱した（Charon, 2006）。彼女は，すでに1980年代から医療の臨床，教育，実践のいずれにも文学の観点を取り入れることに腐心し，2006年に『ナラティブ・メディスン』を出版したが，彼女自身，1990年に英文学の修士号を，1999年に博士号を取得しており，NMには物語論の知見がふんだんに取り入れられている。NBMと比べるとNMは，文学と医学の統合を目指し，より実践的な取り組みがなされている。

　このように，医療において物語に対する関心が高まっているが，NBMの実践については斎藤との共著（斎藤・岸本，2003）で詳しく触れたし，NBMの意義やEBMとの関係については斎藤が詳しく論じている（斎藤，2011，2012，2013）。また，NMの中心をなす方法論の一つであるパラレル・チャートについては，小森とまとめたところである（小森・岸本，2014）。また，本書は主に，心理学に関心があるが「ナラティヴアプローチについてはまだほとんど学んで

いない学生を想定」し,「臨床ナラティヴアプローチ」を学び始めることのできる入門書を目指し,事例をもとに論じることが求められている。そこで,NBM と NM の概説はこれらの成書に譲り,本章では,最近の筆者の臨床の一コマに焦点を当てて,語りを聞くことの基盤について論じてみたい。

## 2. 語りの流れ（語り手の側から）

### (1) もう死にたいです

　奈良林さん(仮名,60代男性)は,開口一番,「もう死にたいです」と悲痛な表情で訴えられた。診察室には,奈良林さんと奥さんだけでなく,各地から駆けつけた3人の息子さんと娘さんたちも同席しておられ,さらにプレッシャーを感じる。
　奈良林さんは食道がんで1年前に手術をされ,その後しばらくは病状も落ち着いていたが,2カ月ほど前に転移が判明した。抗がん剤治療が始まったものの,病勢は抑えられず,3日前に大学病院での治療はこれ以上できないと告げられてホスピスを紹介され,翌週にホスピス外来の予約が入っていた。しかし,3日前から全然食事もとれなくなり,痛みも強くなって,筆者の勤務している病院の救急外来に駆け込まれた。救急で診察を担当した消化器内科医が,痛みが強いようなのでお願いします,入院が必要ならホスピスに移るまでの期間,消化器内科で診ますから,と筆者に紹介してくれた。初期の病状評価と治療は消化器内科が行ってくれ,入院が必要なら診ていただけるので,こちらは話を聞くこと,症状を和らげることに専念でき,とても有り難い。看護師も一緒なので家族の思いは彼女に聞いてもらえる。そう思い直して,重心を深いところに沈め,話に耳を傾ける。
　患者はしんどいのでと診察室のベッドに横になられた後,冒頭で述べたように,「もう死にたいです」と訴えられた。私は,まずは本人と関係を作ることが先決,と思って「消化器内科の先生から紹介していただいた緩和の岸本です。辛い症状を和らげるお手伝いをさせていただこうと思うのですが,どんな様子ですか」と本人に尋ねる。すると奈良林さんは,「話すとむせてしまうんです。

だから，妻から聞いてください。妻が詳しく知っています」と妻に下駄を預け，妻が話し始めた。「3日前，抗がん剤治療もできない，あとはホスピスにと言われてから，食事もとれなくなり，痛みもどんどん強くなって，昨日は一晩中足をさすっていました。私も全然寝ていません。来週，ホスピスの予約が入っているんですけど，それまでとてももたないと思って，今日，駆け込んだんです。救急で診ていただいて助かりました。突然やってきまして本当にすみません」。「そういう心配はいりません」と答えようとするのとほぼ同時に，当の本人が妻の口を遮って話し始めた。

### (2) 妻を遮って

　「いやあ，先生，私はとにかく，痛みは我慢するものと思ってきたんです。私は薬の関係の仕事をしていました。だから，麻薬が怖い薬であることもよく知っています。使い過ぎてはいけないこともよくわかっています。それで，最初に痛み止めを出してもらったときもあまり使わないように我慢していたんです。でも，貼り薬に変えたときに，この薬（頓用の痛み止め）は使うなと言われまして，その言葉は守らないといけない，と思いまして，使わなかったんです。夜も痛くなって，妻がさすってくれていました。とにかく，病院が嫌でね。できるだけ家で頑張っていたんです。ホスピスとかも紹介されましたが，来週の予約まで待てませんでした。抗がん剤治療もできないと言われて，じゃあ，死ぬのを待てと言うんですか。……でも，もう死んでもいい。こんなに苦しいくらいなら死んでもいいです……」と一気呵成に語られる。私は言葉を返すことができず，しばし沈黙となる。すると奈良林さんの目には涙があふれてきて「死ぬのは怖いんです。でも病院は嫌なんです。家がいい。家で死にたい。母ちゃんの横で死にたい」と涙ながらに訴えられた。

　気持ちが落ち着かれるのを待って，「私の方から少し伺ってもいいですか」と尋ねたところ，「いいけど，もう一つ話させてください」と言われ，家で過ごしたいと言ったけど，妻には迷惑をかけたくない，でも家がいい，と複雑な思いを縷々話された。そして，「こんなに聞いてもらったのははじめてです。

胸がスッとしました」と言われ，「先生，お待たせしました。今度は先生の番です」と私にバトンを渡された。

### (3) バトンを渡されて

　ここまででおよそ15分。話すとむせるので妻に話させようとしておられたのに，むせることもなくかなりの勢いで話される様子を見て，息子さんたちは，最初は唖然としておられたが，不安もあったのかなあ，今はすごく安心した表情をしている，とひそひそ話しておられる声が耳に届く。妻の方に目を遣ると，「先生のお顔を見たときから，胸のつかえが取れるような感じがしました」と言われ，安堵の表情になっているのが目に留まる。

　ここで本人の方に向き直し，前医で出されている薬を確認する。いずれも標準的な処方がなされていて，私でも同じような処方をすると思った。しかし，本人に説明がなされていないのか，説明されても理解する余裕がなかったのか，せっかくの薬がうまく活かされていない。ご本人と一つひとつ薬を確認しながらその使い方を説明し，とくに医療用麻薬の頓服は，適切に使えば痛みを和らげることができることを丁寧に説明した。本人も妻も安心され，今薬を飲んでもいいかと尋ねられたので，「もちろん，いいですよ。その方が安心ですよね」と答え，看護師はすぐに水を用意してくれて，私の目の前で薬を飲まれた。話を聞いているうちから痛みはかなり和らいでいた様子だったが，薬を飲んで10分もすると痛みはさらに楽になり，これなら家で過ごせそうだと言われるまでになった。元々，できることなら入院はしたくないという気持ちでおられたので，入院はせずに様子を見ることになった。消化器内科の予約と合わせて1週間後に外来の予約も入れ，翌日には痛みの状況を確認するために看護師から電話を入れさせてもらうと伝え，痛みが強いときには我慢せずに救急外来を受診するように勧めた。

　その後，しばらく外来に通われたが，痛みは薬をうまく使って対処できている様子で，必要に応じて微調整を行った。その間，最期の過ごし方についても率直に相談し，やはり，家で最期まで過ごしたい気持ちは変わらないとのこと

だったので，看護師が往診の先生や訪問看護の手配のために担当部署につないでくれた。また，そうはいっても入院が必要となったときのためにと，ホスピスも見学して入院申込もされた。救急の対応が必要なときには消化器内科，夜間は救急の先生が対応してくれるので，我慢しないでよいということも伝えておいた。その後，奈良林さんはご夫婦で2カ月ほど外来に通われたが，徐々に食事がとれなくなって，通うことができない状況となった。往診の先生と訪問看護のお世話になりながら，当初の希望通り，ご自宅で最期を迎えられた。

## 3. 語りの流れ（聞き手の側から）

### (1)臨界点

　初診のやり取りを振り返ってみると，私が心を砕いたのは，ひたすら話を聞くということに尽きるのだが，医師になって間もないころの私だったら，同じようにひたすら話を聞いていても，おそらく上記のような展開にはならなかったのではないかという気がする。次回の予約に来られるまでの間に痛みが強くなって緊急入院されるか，毎日のように外来で調整が必要になるか，あるいは病状が急に悪化して思わぬ転帰となるか，様々な展開が考えられるが，おそらく上記のようにはならなかったと思う。その違いがどこにあるかと考えながら経過を振り返ってみると，事態がスムーズに流れるか否かを決し得る臨界点がいくつか見えてくる。この臨界点に焦点を当て，奈良林さんの話を聞きながら私の頭の中ではどんな考えが浮沈していたかを述べてみよう。

### (2)出会いの場面

　まず，出会いの最初の場面だが，開口一番「もう死にたいです」と言われ，緊張が走る。緩和ケアの研修などでは「死にたいほど辛いんですね」と返すとよいと言われることもある。たしかに，強調点を「死にたい」ではなく「辛い」に移せば，聞き手が背負う重荷が軽くはなるが，こちらが楽になる分だけ「死にたい」という気持ちから離れることになる。ここはやはり，「死にたい」

第Ⅱ部　事例編

という思いをそのまま受け取らねばならないのではないか。しかし，なぜ死にたいとまで思われているのかわからないことには，共感も難しい。そんなことを考えながら，「死にたい」という思いに圧倒されないよう，重心を深いところに沈めるつもりで聞こうと構える。

　そして，どういう目的で主治医が私のところに紹介されたのかを手短に伝え，「死にたい」という思いの背景をもう少し知りたいと思って「どんな様子ですか」と尋ねたところ，話すとむせるので妻に聞いてほしいとの答えが返ってきた。ここでもちろん，病状が進行していて話すとむせるということは十分考えられることではあるが，同時に，これまで医師に話そうとして話を聞いてもらえなかったので話しても無駄ではないか，ちょっと様子を見ようと思われたのではないか，という考えも浮かんできた。そこで私は，妻の方に重心を完全に移してしまうのではなく，奈良林さんの話を聞いていたときの重心はそのまま残して，妻の話を聞くために，いわばもう一つの重心を新たにおいて妻の話を聞き始めた。言い換えれば，複数の「自己-状態」（Bromberg, 2011/2014）を同時に意識しながら話を聞いていくのである。ここで「自己-状態」とは「認知，信念，主な情動と気分，記憶へのアクセス，スキル，行動，価値，作用，生理的調整などが自分自身のまとめ方で独自に組織化」されたもので，瞬間瞬間に不連続に切り替わっていく。

### (3)複数の「自己-状態」

　奈良林さんの「死にたい」という言葉を聞いたときに私の中で生じた自己-状態（「私A」）は，妻の話を聞いているときの私の自己-状態（「私B」）とは異なる。奈良林さんの「死にたい」という思いに圧倒されると，「私A」は私にとっても辛い状態となるので，私の中で「私A」を切り離してしまう方が楽である。さらに，妻の「私も全然寝ていません」とか「突然やってきてすみません」といった語りは「死にたい」という訴えよりは心に収めやすい内容なので，妻の話を聞いているうちに「私B」が優勢となり，「私A」は私から切り離され，「私でないもの」になってしまう。それはすなわち，私と奈良林さんとの

関係が切れることにつながる。死の影を意識しながら生きておられる方々は，そういった変化を敏感に察知する。だから，「私B」は妻の話を聞きながら，同時に「私A」も意識して保持し，奈良林さん自身との関係も切れないように心掛けたのである。いわば，分身の術とも呼べるような，このような聞き方をしていたからこそ，最初は妻に聞いてくれと言っておられた奈良林さんが，妻を遮ってでも話し始められたのだと思う。もし私が「私B」と同一化しすぎて「私A」を切り離してしまっていたら，このような展開にはならなかったのではないかと思う。

　これと同じことが，奈良林さんの語りを聞いているときにも当てはまる。「もう死にたい」と言われたときの切迫感（A0），「痛みは我慢するものと思ってきた」と語り始めたときの苦痛な様子（A1），「死ぬのを待てと言うんですか」と語気を強めたときの怒り（A2），「死ぬのは怖い」と涙を流しながら漏らされた恐怖（A3）。それぞれの自己-状態に合わせて，私の自己-状態（私A0，私A1，私A2……）も刻々と変わっていく。医師になりたてのころと比べて変わってきたのは，これら（私A0，私A1，私A2……）をいずれも切り離すことなく一貫したものとして私の中に収めていくような聞き方を多少なりとも意識できるようになった，ということだと思う。私の中で，私A0，私A1，私A2……という様々な自己-状態がまとまりのあるものとして収まることは，奈良林さんの中で，奈良林さんの様々な自己-状態がまとまりのあるものとして収まるプロセスと，おそらく呼応している。「私」を取り戻すプロセスは，語り手と聞き手の間でこんなふうに共鳴しながら進んでいくのではないかと思う。もちろん，それは直線的に前進するような単純なプロセスではないのだが。

## 4．呼応する自己-状態

### (1) 内容からコンテクストへ

　このような呼応が生じる前提として，まずは，相手の自己-状態に波長を合わせるような聞き方が必要になってくるが，そこで鍵となるのは「理性以前の

言語」（スピヴァク，2014）であり，「意識された頭には感知されない部分の頭脳」をはたらかせる必要がある。というのも，そのような言語にこそ，「意味を作ることを成り立たしめる原理的な作用」があるからである。精神分析家にして神経科学にも詳しいアラン・ショア（Schore, 2011/2014）も，「内容優位からプロセスとコンテクスト優位へのパラダイム・シフト」の重要性を強調している。というのも，「治療同盟に埋め込まれている関係性」は，「治療者の左脳を通して内容に関する解釈を判然とした形で患者の右脳に提供すること」によってではなく，「右脳同士の間の，情動面におけるコミュニケーションと調整のプロセス」を通して変化するからである。

### (2) 非言語的同調の基盤となった体験

　このような観点から見ると，私が患者の話に波長を合わせるそのやり方は，臨床の出発点で忘れられない体験をしたことが，その土台となっていると感じる。私が医師になって最初に受けもった患者は，話すことができない患者だった。パーキンソン病の精査治療目的で入院しておられたが，食事中に誤嚥して食べたものが喉につまり，そのまま心肺停止となった。すぐに蘇生処置がなされたが，残念ながら意識は戻らず，人工呼吸器につながれてかろうじて命をつないでいるという状態だった。私が受けもったのは，そのエピソードから数日後，全身状態も悪いなりにある程度落ち着いたころだった。医学生のときに臨床心理学に強い関心を持ち，その方法に強く影響を受けた私は，医師になったら患者の話にできるだけ耳を傾けたいと思っていた。しかし，最初に受けもった患者が話すことができないということで考えさせられた。私にできることは，血圧や尿量を測定したり，血液検査を行って点滴のメニューを調整すること，そして人工呼吸のために気管に入れられた管から痰をとることくらいであった。

　他に何かできることはないかと考えて，夕方に5分から10分ほど，ただ傍にいるだけの時間を作るようにした。語りの内容でつながることはできなくても，言葉を超えたところでつながれないかと考えて，人工呼吸器が機械的な換気を繰り返す中，こちらも意識水準を下げて，無心に患者のことを思いめぐらせな

がら，あるいは奥さんや娘さんから聞いた話を思いめぐらせながら，ただ横たわるだけの患者の内面に入っていこうと試みた。私自身も人工呼吸器のリズムに合わせて呼吸をしてみたり，患者の視線の先にある天井の模様を眺めてみたり，そんなことをしながら，物言わぬ患者に，いかに波長を合わせながらその傍にいることができるかということを，限られた時間ではあるが日々行った。そのようなことを繰り返しているうちに，私は患者の夢を見るのだが，その経緯については別に記した（岸本，2014）のでここでは省く。

その後も，たとえば循環器内科の研修中は，集中治療室で人工呼吸器につながれて集中治療を受けている（気管に管が挿入されているため，鎮静剤で眠っている）患者の傍らで，やはり夕方に2，3分程度だが，ただその傍にいるということを毎日行ったり，神経内科の研修中は，ALS（筋萎縮性側索硬化症）という難病のため，やはり人工呼吸器につながれて，瞬目でかろうじて意思疎通はできるという患者が不眠を訴えるようになり，どんな体験をしておられるか知りたいと思って，患者の了承を得て，一晩その傍で過ごしたりもした。これらの体験を重ねる中で，言葉を超えた地平，あるいは言語以前の地平において，患者と関わろうとするスタンスの基盤ができていったのではないかと思う。


## 5. 物語としてとらえることの意義

NBMは，病を物語と見なし，患者を物語の語り手と見なす一方で，医学的診断や治療も医療者側の物語と見なし，両者を摺り合わせ新たな物語を生み出すことを治療と考える（斎藤・岸本，2003）。その要を一言で表すとすれば，「まず聞いてから考える」ということになろう。とはいえ，「まず聞く」ことがどれほど難しいことであるかも日々実感するところである。

NBMやNMでは「物語」「語り」が強調されるため，ともするとその内容や筋書きに目が向きやすくなる。しかし，語られた内容に目を向けるよりも，あるいはその前に，語り手という存在に波長を合わせようとするようなスタンス，ショアのいう「右脳同士の対話」がなければ，聞くことが治療には結びつ

かないのではないかと思う。これはちょうど，母親が，もの言わぬ乳児の状態に波長を合わせるようなスタンスである。この波長合わせは，乳児の表情，声のトーン，手足の動きなどに応じて，瞬間瞬間に（1000分の1秒単位とされている）ダイナミックに変動する。したがって，自己-状態の切り替わりも瞬時に生じ，少し前の自己-状態は，とくにそれが自分にとって不快なものであるときには，あっという間に切り離され，「私ではない」自己-状態になる。こうして，一見，相手の話を聞いているようであっても，自分に収まりの悪い部分が切り離されてしまう。相手の話をそのまま聞いていくためには，話を聞いているときのみずからの自己-状態が時々刻々と変化することを可能な限り意識し，一貫性のあるものとしてみずからの内に収められるようになることが大切になってくる。語り手の変容は聞き手のそのようなプロセスに呼応して生じるのではないかというのが本章でのとりあえずの結論である。

　私は，医学生のときに心理臨床の現場を垣間見せていただき，話の聞き方も，記録の取り方も，訓練の仕方も，研究の方法も，医学のそれとは大きく異なることに衝撃を受けた。以来，医学的観点と臨床心理学的観点は鋭く対立し，私は心の中で引き裂かれるような思いを味わってきた。そんなとき，NBMと出会い，両者が同等の重みをもって私の心の中に収まるようになった。その鍵は，「病」も「医学的診断・治療」も「物語」と見なすという考え方であった。ナラティヴという概念のおかげで，医学的観点は相対化され，異なる複数の観点が併存しやすくなった。

　心理臨床を目指す人たち，あるいは携わる人たちにとって，ナラティヴという概念をあらためて持ち込むまでもないと考える方もいるかもしれない。しかし，たとえば，医学とか教育など他の職種と連携をする中で，それまで当然と思っていた常識の根底が揺さぶられる体験をするようなときには，それぞれの依って立つ理論や概念を「物語としてとらえる」というナラティヴという考え方が有用である。本章の議論は，筆者自身の中で医学的観点と臨床心理学的観点が火花を散らす中，ナラティヴという概念の仲介によって生まれてきたスタンスを筆者なりに言葉にしたものと受け止めていただければと思う。

〈ブックガイド〉

斎藤清二　2013　事例研究というパラダイム　岩崎学術出版社
　⇨2013年の心理臨床学会大会では事例研究の一般演題が姿を消した。その背景にあると思われる，エビデンス・ベイストな実践に対する誤解を解き明かし，新しい科学のパラダイムとしての事例研究の意義を見直した書。心理臨床家必読。

小森康永・岸本寛史（編）　2014　N：ナラティブとケア　第5号　特集：ナラティヴ・オンコロジー──緩和ケアの実践のために　遠見書房
　⇨リタ・シャロンが提唱するパラレル・チャート（もう一つのカルテ）を用いたナラティヴ・オンコロジーを誌上で実現した。カルテには書かれない，あるいは書けない医療者の思いに触れることができる。

〈引用文献〉

Bromberg, P. 2011 *The Shadow of the Tsunami*. Routledge.（ブロンバーグ，P.／吾妻壮・岸本寛史・山愛美（訳）　2014　関係するこころ　誠信書房）

Charon, R. 2006 *Narrative Medicine*. Oxford University Press.（シャロン，R.／斎藤清二・岸本寛史・宮田靖志・山本和利（訳）　2011　ナラティブ・メディスン　医学書院）

Greenhalgh, T., & Hurwitz, B.（Eds.）1998 *Narrative Based Medicine*. BMJ Books.（グリーンハル，T., & ハーウィッツ，B.（編）／斎藤清二・山本和利・岸本寛史（監訳）　2001　ナラティブ・ベイスト・メディスン　金剛出版）

岸本寛史　2014　もうひとつのカルテ　N：ナラティヴとケア，5，69-74.

小森康永・岸本寛史（編）　2014　N：ナラティヴとケア，5.

斎藤清二　2011　ナラエビ医療学講座　北大路書房

斎藤清二　2012　医療におけるナラティブとエビデンス　遠見書房

斎藤清二　2013　事例研究というパラダイム　岩崎学術出版社

斎藤清二・岸本寛史　2003　ナラティブ・ベイスト・メディスンの実践　金剛出版

Schore, A. 2011 Foreword. In Bromberg, P. *The Shadow of the Tsunami*. Routledge.（ブロンバーグ，P.／吾妻壮・岸本寛史・山愛美（訳）　2014　関係するこころ　誠信書房）

スピヴァク，G. C.／星野俊也（編）　本橋哲也・篠原雅武（訳）　2014　いくつもの声　人文書院

第Ⅱ部　事例編

## 「ナラティヴ・メディスンの基盤と自己-状態」に対するコメント

森岡　正芳

　NBM（ナラティヴ・ベイスト・メディスン）の立場は，ナラティヴアプローチの学派の中でも，医療現場の最前線において，ナラティヴ視点を活かす問題意識，方法論において際立っている。臨床ナラティヴの視点は，実際の会話コミュニケーションの平面で見ると，患者と医者のベッドサイドでのやり取りが基本になる。

　岸本の「私が医師になって最初に受けもった患者」のエピソードは印象深い。医師になったら患者の話にできるだけ耳を傾けたいと思っていた。しかし，最初に受けもった患者は話すことができない。横たわる「物言わぬ患者」のそばにいる。この患者さんの何をどのようにしてメッセージを聞くのか。たじろぐ。ここで岸本の医師としての原体験ともいうべき，驚くべき臨床の関わりの経験が述べられている。

　「語りの内容でつながることはできなくても，言葉を超えたところでつながれないかと考えて，人工呼吸器が機械的な換気を繰り返す中，こちらも意識水準を下げて，無心に患者のことを思いめぐらせながら，あるいは奥さんや娘さんから聞いた話を思いめぐらせながら，ただ横たわるだけの患者の内面に入っていこうと試みた。」そして岸本は患者の夢を見るのである。夢を通して患者の言葉を聞く。

　岸本の言う「言葉を超えた地平，あるいは言語以前の地平において，患者と関わろうとするスタンス」は，言葉が現実をつくることを基本的な枠組みとするナラティヴアプローチにおいて，一見矛盾することであるが，実践場面において言葉，そしてナラティヴは，人と人が交流するふるまいの次元が優位である。「波長合わせ」という音楽のメタファが有効な世界である。

　岸本のいう「意識された頭には感知されない部分の頭脳」（スピヴァク，

2014),「右脳同士の間の，情動面におけるコミュニケーションと調整のプロセス」(Schore, 2011/2014) とは，にわかには理解しがたいコミュニケーションのあり方のように見えるが，言葉を超えた地平，あるいは言語以前の地平において，患者と関わろうとするスタンスの治療的な意味は大きい。臨床家はこのスタンスを磨きたい。「理性以前の言語」を用いる。このことの臨床的な意味について，岸本の臨床例は説得力がある。岸本の場合，ALSの患者さんと一晩その傍らで過ごすといった体験の積み重ねが，根源的コミュニケーション力の基盤を培ったようだ。

また岸本は，言葉になりにくい状況と様子について，患者本人だけでなく家族や周りの人の状況もよく描写していて，ナラティヴの記述が個人の生活世界に入り，描くといっても冗長にならず，わかりやすく活写するためのモデルになる。

臨床現場におけるナラティヴ実践の基盤について，岸本はもう一つ大切な観点を出している。臨床対話の場面において，セラピストは自己-状態の変容を感受し，それをセラピープロセスの進行に役立てる。複数の「自己-状態」を同時に意識しながら話を聞いていく。「自己-状態」は瞬間，瞬間に不連続に切り替わっていく。

岸本に紹介された患者，奈良林さんの例があがっている。咳き込んでしまうため，ほとんど会話ができない。にもかかわらず，岸本医師の前で，生（なま）の声が吐露される。

「いやあ，先生，私はとにかく，痛みは我慢するものと思ってきたんです。」
「死ぬのは怖いんです。でも病院は嫌なんです。家がいい。家で死にたい。母ちゃんの横で死にたい」と涙ながらに訴えられた。

岸本はこのやりとりを通じて，次のように述べる。

「奈良林さんの「死にたい」という言葉を聞いたときに私の中で生じた自己-状態（「私A」）は，（奈良林さんの）妻の話を聞いているときの私の自己-状態（「私B」）とは異なる。奈良林さんの「死にたい」という思いに圧倒されると，「私A」は私にとっても辛い状態となるので，私の中で「私A」を切り離して

しまう方が楽である。さらに，妻の「私も全然寝ていません」とか「突然やってきてすみません」といった語りは「死にたい」という訴えよりは心に収めやすい内容なので，妻の話を聞いているうちに「私B」が優勢となり，「私A」は私から切り離され，「私でないもの」になってしまう。それはすなわち，私と奈良林さんとの関係が切れることにつながる。死の影を意識しながら生きておられる方々は，そういった変化を敏感に察知する。」

聴くということはこのように自己-状態を微細に切り替えつつ，一貫した私であるということである。語ることは，自己-状態の変化を患者だけでなく，医者も被るということである。物語に語り手の自分が入っている。そして物語に聞き手も動かされる。いわば発生状態の主観性の揺れ動きをナラティヴの中に読む。なじみのある自己-状態に人が固執するのは致し方ない。少なくともその動きをセラピストは自覚しているということだろう。

このような面接から生まれてくる患者たちの語りは，深い。通常の面接では，聴き届かぬところへと向かう。岸本は意味を生み出す人の心の働きについて，臨床の立場からギリギリのところまで迫っている。

## 2 時間を語る

―― 精神病院のエスノグラフィーから

野村　直樹

## 1. 時と時間

　宇宙が発明した不変のものは何か。これにはいろいろな答えが用意される。物質もそうなら，生命も，空間も。しかし，一つ有力な答えが存在する。それは，「時」だ。物質も生命も何十億年という単位で見れば，必ずしも未来永劫に存在するとは言えない。物質は疲弊して形を変え，連綿と続く生命も，宇宙の始まりにはなかった。宇宙の終わりにあるかどうかもわからない。

　「時」は宇宙の始まりから終わりまで存在するものと考えれば，辻褄が合う。「いはゆる有時（うじ）は，時すでにこれ有なり，有はみな時なり」（時は姿，様相をもっている。生きているさまも，物が存在することも，時の姿である）という書き出しで始まる『正法眼蔵有時』の巻にその典拠がある。私たちはその「時」を刻むことで「時刻」となし，「時」の間をもって「時間」としている。

　「時」は，「時間」ではない。「時間」でさえ「時」の姿，様相なのだ。この関係は，「時間」を time と訳し，「時」を meta-time（メタ時間，一段上の時間）と訳せば，はっきりする。『奥の細道』の冒頭，「月日は百代の過客にして，行きかう年もまた旅人なり」は，不変の場所，つまり「時」の立場から，行きかう「時間」という旅人を眺めている。

　時間は生きる上での重要課題なのに，時計を手にしたら時間の問題はそれで片づいたと思ってしまう。だが，それが大いなる誤算であると私が気づいたの

は，時間に使われる人生になってからのことだ。

　エンデ（Ende, M.）の児童小説『モモ』では，「灰色人間」から時間を節約すると楽ができる，とそそのかされて働く。しかし，働けば働くほど時間は無くなっていく。同様に，パソコンが普及して仕事が迅速にできるようになったはずなのに，私たちは気づくと以前より忙しくて時間がない。

　高度な産業文明の一員だから仕方ないと思うのは，生存のためか，社会通念なのか，それとも言い訳だろうか。時計の時間を手に入れたことで正確にものごとが観察でき歴史が記述できるようになった。それによって人間関係や社会制度が保たれ経済は回っていく。だが，そこには「忘れ去られた時間」がないか。

## 2．「時間のない時間」と「素の時間」

### (1)「時間のない時間」

　高千穂の夜神楽を鑑賞して，作家・池澤夏樹は，その「始まって，続いて，続いて，続いて……ふっと終わる」夜通しつづく舞に「近代とは無縁の時間」を経験したと書いている。それは，起承転結でもって構造化されず，歌があっても短い詞の繰り返しだけでストーリーを追わない，つまり，部分に分けられずつかみどころがない舞をさしている。

　「それを茫然として見るうちに，普段とは別種の時間に身を侵しているのを意識の底で知った。日常の癖で時折は腕の時計を見てしまい，針が思わぬ時刻まで跳躍していることに驚いた」と作家は述べ，それを「時間のない時間」と呼んだ。「時間感覚の不思議に目眩のする思い」とともに，「かつて人々はこのような時間を生きていた」ことに彼は思い至る。今日，われわれは，その「時間のない時間」を喪失したのだ，と（2013年12月3日付，朝日新聞夕刊）。

　「テーホエテホエ」の奥三河の花祭りにも，「カンデンデン」の京都の壬生狂言にも，その単調なリズムの中に，「時間のない時間」があることをご存じの方も多いだろう。

## (2)「素の時間」

　たぐいまれな感性を惜しまれて若く世を去った精神科医・樽味伸が，九州のある精神病院（現・精神科病院）の担当医になったのは，1990年代の終わりだった。2001年，神戸での第5回分裂病臨床研究会で，彼は「素の時間」という概念を紹介した（樽味，2006）。精神病院の病棟医として異なる時間の流れを折に触れて経験した樽味だったが，ある宿直の晩，長期入院している58歳の女性が消灯後の午前1時ころ不眠を訴えた。当直の婦長（師長）から（医局に）電話をうけたので，彼は病棟に向かった。

　赴任して1カ月が経っていた。樽味はこの女性患者のことは知っていた。行ってみると，女性は詰所（看護者の勤務室）のカウンターに頬杖を突いて，窓越しにニコニコしながら挨拶した。詰所に入って話すことになった。彼女は，不眠にさして困っているわけではなく，入院は30年に及び，今では家族がどこに行ってしまったかもわからないと言う。そして，話は患者の若いころの話になった。当時ウェイトレスをしていてよくもてたこと，幻聴が聞こえるようになり死のうと思ったこと，2-3時間歩いて港まで行ったこと，お腹がすいてサンドイッチを買ったが犬が来たのであげてしまったこと，浜で座っていたら警察が来て入院させられたことを話した。

　患者はそれらを懐かしそうに語り，樽味は「なにやら感傷とさみしさと，安らぎみたいなものさえ感じ」ながら話を聞いた。それは，「治療者-病者」という関係や医師としての役割などから「解除された，いわゆる夜話といった趣」だったと樽味は言う。「私は聞いていただけだった。それは努力したわけではなく，詰まるところ何もしてはおらず，単に自然に聞き入っていただけだった。」（p.31）

　精神病院の入院患者と接し，病的行動に彩られた日々の中で，一時的にせよ，自然でやりとりの確かさを感じる瞬間がある，と樽味は述べる。会話の焦点がしっかり合って，患者がふっと「素」にもどる瞬間，そのあと患者との間ですっきりした，そして少しだけ親密な時間が流れる。それは，まるで「一瞬雲間が切れて向こうの風景が流れてくる，あるいは弱い電波に一瞬チューニングが

合い音が流れてくる」瞬間だと言う（p.36）。

「素の時間」に対比されるものは，「病的な時間」ではなく，「具の時間」だと樽味は主張する。「素の時間＝健康的」とすることができるかについては医学的判定が難しい。「素の時間の間は病気が消失した」という見方には，賛否両論あるだろう。ともあれ，ここで言う「具の時間」とは，いろんなものが考慮に入り，分別が先行し，道"具"的に時間を考えること，大雑把に言えば，「時計の時間」と言ってもいいだろう。「素の時間」とか「具の時間」と言った場合，それは「病的か否か」という医学的次元ではなく，「どのような時間か」という時間論的次元を指す。

「素の時間」においては，「治療者-病者」という社会的な関係がうすれ，「話し手-聴き手」という水平関係の中で，柔らかく人間的なものが行き交い，時間は自然にすぎてゆく（p.37）。「素の時間」は，したがって時間としての意味だけに留まらない。その「場」の空気，雰囲気と一体である。池澤が指摘した「時間のない時間」が，神楽の舞と一体になっているのと同様だ。「素の時間」にせよ「時間のない時間」にせよ，それらは空間的である。

では，「時間のない時間」や「素の時間」は，比喩の領域に留まるのだろうか。それは，「言い回し」なのだろうか。それらは時計の時間とどう違うのだろうか。

## 3．精神病院で聴いたライフストーリー

### (1)フィールドワーク

私が精神病院をフィールドワークしたのは，1983年夏の2カ月と1984年8月31日から翌1985年の8月31日までの丸一年の2度にわたってである。2つの病院は離れていたものの，ともに単科の精神病院だった。研究の眼目は，精神病院内の相互作用（インターアクション）にあったので，時間について正面から考察したわけではない。

ただ，そこで起きた短いやりとりを，秒単位でプロットしてその経緯を分析

するというのは，よく用いた手法だった。ある一連の非言語コミュニケーションについて，1秒につき2.5枚の連続写真とそのビデオ映像を使って，都合14秒のセラピストと家族の着席における場所の取り方について分析したことがあった。この14秒間の着席における一種の「駆け引き」は，そのあと60分続いた面接をまったくもって要約していることが，分析の結果わかったのだ。つまり，十何秒かの微視的なコミュニケーションが，もっと長い時間かけて作っていくやりとりのパターンもしくは人間関係を「相似的」に語ることができる断片だったということ。それを，私は「縮図的に示された時間」(Epitomized Moment) と名づけた（牧原・志村・志村・松本，1985）。

しかし，思い返せばこれはあくまで「具の時間」，時計の時間を基にした考察だった。当時の私には「具の時間」がすべてであって，それ以外の時間についての道具立てというか，「時間について語る言語」を持ち合わせていなかった。ところが，樽味の言う「素の時間」を読んでから自分の古いフィールドノートを見返すと，それはまた違った読みが可能になることがわかった。1年の調査の後半だったが，私は保護室，閉鎖病棟，開放病棟と合わせて21日の体験入院をした。それを契機にフィールドノートに質の変化が現れている。「具の時間」をもとにした記述の中に，所々それと違う「素の時間」によって得られた記述が現れている。

たとえば，閉鎖病棟内の廊下を歩くとき，私は「入院」してはじめて，患者たちがふだん私が病院の廊下を歩くスピードの3分の1のスピードで歩いていることに気づいた。なんとそのときはじめて。そこは何度も歩いている廊下だった！　無意識の"ハイスピード"でしか患者を観ていなかった。愕然とした。

「あーあ，今日もまたおんなじような一日が始まるなー。別段なにすることもないし，タバコの火でももらいに行こうか……」という物憂いペースで始まる入院患者の朝。この生活のリズムは，ある種の「時間」をもっている。収容所の生活を描いたフランクル (Frankl, V.E.) の『夜と霧』には，「1日は1週間よりも長い」という表現が出てくる（フランクル，2002）。人にはそれぞれ違った時間が流れていくのだ。

私は体験入院によってはじめて「患者時計」（岸本，2013）の存在に気づいた。自分の「時計の針」を「患者時計」に合わせることができたとき，彼らの内面に関わるストーリーを自然に聴くことができた（野村，1998）。患者のライフストーリーを集めることができたのは，すべて「入院」以降だった。人間的同調，ラポール，シンクロニシティ，これらが私に「素の時間」を提供した。

## (2)ライフストーリー

　私が生活誌を聴いた患者の一人，澤田さん（仮名）は当時30代後半だった。ある地方都市で本屋を営む両親をもつ3人兄弟の末っ子である。高校で水泳部に入った彼に，近所に住む同じ高校に通う美しいガールフレンドができた。恵子さん（仮名）は，クラス1の美人で，みなの憧れの的だった。彼女は，すらっとした体つきで無口な澤田さんが好きだった。

　彼女の家に行ってお茶を飲んだり，レコードを聴いたり，日曜日には映画に行ったりと，「今から思えば夢のような日々だった」と澤田さん。2人で話し合って同じ大学に進学するが，その後2人は疎遠になっていく。大学2年のとき，彼女から「私のことは忘れてください」と告げられる。

　それ以後，澤田さんは大学に通うのが嫌になり，配達のアルバイトをして，3年時に大学を退学。販売と営業の仕事を数年の間続けた。その間，彼女の家の前まで何十回となく行ったが家には入らなかった。ある日，気づくと恵子さんの家はすでに人手に渡っていた。

　半年後，澤田さんは恵子さんの家族の引っ越し先を探し当てた。クラス会の名目で訪問したところ，恵子さんの父親からすでに彼女が結婚したことを告げられた。住所は教えてもらうことができた。そこは沿線の周りに畑が広がる場所にある一軒家だった。話をしようか迷ったが，結局遠くから眺めただけでその場を立ち去った。恵子さんはマタニティドレスを着ていた。

　1カ月後ふたたび澤田さんはそこを訪れるが，家は門の表札が外され，人の気配は感じらない。すでに引っ越した後だった。その足ですぐ恵子さんの両親の引っ越し先にまわったが，そこもすでに表札が外され，人気がなく移転先は

記されていなかった。自分は避けられていると思った。茫然と悲嘆にくれた。

恵子さんとの結婚を夢見て買ったクーラー，カラーテレビ，ベッドなどを処分した。会社での仕事は半分手につかなくなり，上司を殴ろうとした。また，泣いてばかりで仕事にならないときもあった。1週間ほど眠れない日が続き，妄想的になり新聞やテレビが自分のことを話しているように思えた。その後救急車で病院へ搬送された。それ以降，澤田さんの入退院が繰り返された。退院して何度も職に就いたが，再入院を繰り返した。やがて2つの病院を経て，私が調査した病院での入院となった（プライヴァシーを考慮し一部を改変）。

澤田さんの幼いころから入院に至るまでの半生を私は2時間あまりにわたって聴いた。その話はレポート用紙12枚のフィールドノートになって残る。引き込まれて聴いたその物語は，私にとっての「素の時間」であった。「時間のない時間」，ただ語り聴くための時間だった。つねにもの静かで多くを語らない澤田さんなので，私の質問に答えるかたちで話は進んだ。朴訥な語り口調から，内容の確かさとともに，その想いの密度が伝わる。樽味の言葉を借りれば，「限られたその間だけ同じ座標に立てた」。


## 4. いくつもの時間系列

### (1) 生きた時間

「時間のない時間」や「素の時間」は，外部尺度として私たちを規定する時間ではない。その場に生まれる「生きた時間」である。「生命の時間」と言ってもよいが，生命保険会社の言う「生命の時間」とは異なる。

そこで，さきほどの問題に戻ろう。「素の時間」や「時間のない時間」を，たんに比喩や言い回しとして終わらせてもよいのか。語り，聴く中でみる「素の時間」にせよ，神聖な舞を「時間のない時間」の中で見届ける息づかいにせよ，どちらも「生きた時間」である。この「生きた時間」を，「時計の時間」と同じ枠で扱うことはできないだろうか。時間についての不思議を，「生きた時間」から眺め直し，私たちの生を問い直すことはできないものか。「近代時間」と

第Ⅱ部　事例編

いう20世紀の「支配的な物語」（master narrative）を改訂する方法はないものか。

## (2) 新たな時間軸

「E系列の時間」と呼ばれる時間がある（野村，2010，2012；藤原，2013）。時間にはいろんな種類があることを前提としてみよう。時間が「時計の時間」だけではないことから始めたい。

「過去-現在-未来」は，「時間」とは切り離せないはずなのに，時計の文字盤にはどこを探しても「過去-現在-未来」は見当たらない。それは，時計の時間と時制（過去-現在-未来）は，2つの違った時間だからだ。JRは奈良への旅を，「東京からわずか3時間で1300年の彼方へ」と宣伝しているが，じつは「3時間」と「1300年」には時間のトリックがある。

そればかりか，人は体内時計といって身体に時計を組み込んでいる。こういう時間は何時間か。一日を基準にした概日時計もあれば，女性の身体のように1カ月周期の時計もある。これらがまた時間を計るものである。

震災で家族を失った人が，「あの日以来，時間は止まっている」と語る。これをどう聴いたらいいか。「時間が止まる」は，たんに悲しみの文学的，詩的表現なのか。それとも，実際には動いているのに止まったかのように感じる「錯覚」なのか。「詩的表現だ」と答えても，「錯覚だ」と答えても，どちらも表現者への不信である。「あなたには，そう思えるのですね」と言っているに過ぎない。「止まった時間」を現実として受け入れてはいない。

## (3) マクタガートの系列時間

このジレンマに光を当ててくれるのが，20世紀のイギリスの哲学者，マクタガート（McTaggart, J. E.）の時間論である（McTaggart, 1927）。これまで日本でも多くの思索がこのマクタガートの時間論から出発した（滝浦，1976；入不二，2002；大澤，1992；郡司，2008；橋元，2006）。マクタガートは，時間をA系列，B系列，C系列の3つに大きく分ける。

A系列は，個人に内在化された時間で，自分を起点にして「過去-現在-未来」，つまり時制をもった時間である。個人が意識する主観的な時間であり，時間の進みは早くなったり遅くなったりする。これは錯覚というよりも，その人あるいはその個体の認識である。したがって，時計の時間とずれる場合がしばしばである。過去の人生を振り返り，未来を思い描く心理的時間をさしている。

　B系列の時間は，客観的で無機質な時計の時間である。方向性をもち，等間隔の区切りで時を刻み，休むことなくカチカチと続く。寝ていても，何かに没頭していても，それらに関係なく一様に進む。年表も時刻表もこのB系列の時間を想定して作られる。外在化され，物理的な性格をもち，過去-現在-未来という時制はない。代わりに，何かが何かの前だったり，後だったりというような前後関係がある。A系列と異なり，B系列では時を刻むその間隔は一定，等間隔である。B系列の時間は，直線的に区切られているものの，自分と関係ない，いわば「死んだ時間」である。A系列とB系列を合わせて樽味の言う「具の時間」だろうか。

　ところで，時計の時間が真の時間で，それ以外は比喩に過ぎないと考える人がいる。それは，宇宙のどこにいても時間は一様に同じ速度で進むとするニュートンの「絶対時間」の考えに近いが，アインシュタインの相対論はこの考えをあっさり覆した。時間は移動速度と重力の影響を受け，ある場所の時間は他の場所の時間より遅れたり早まったりする。B系列のみが真の時間だという議論は時代おくれである。

　これまでのA，Bの2系列と異なる時間系列が，マクタガートの言うC系列だ。時計の文字盤，カレンダー，時刻表などが見せる区切りは，それ自体は絵のようなものだ。時計の針は単なる円運動と見てもかまわない。カレンダーは等間隔に区切られた枡目であるし，時刻表は数字の羅列として見ていっこうに差し障りはない。このような羅列，C系列の時間は，時間の変化を表示しない「時間以前の時間」，もしくは「デザインとしての時間」である。

　メトロノームは，それで時間を測らなければたんなるカチカチである。とき

第Ⅱ部 事例編

にそれは客観的な時間（B系列）としてはたらくこともあるが，見方を変えれば雑音（C系列）とみなすこともできる。（C系列のうち，区切るにつれ何らかの要素に増加が見られる場合がある。たとえばカレンダーの数字は1～31と変化するが，メトロノームの場合はカチカチにつれ音が大きくなるわけではない。何らかの増加要素をもつ場合がD系列である。そこで，この時間系列を合わせてC/D系列と呼ぶのが正しいが，合わせて「C系列」と呼ぶ場合が多い。）

「時間以前の時間」，「デザイン（図柄）としての時間」というC系列の時間は，そもそも「時間」なのか？ 今この疑問は棚上げにしておく。ただ，言えることは，この時間系列がたいへん意義をもつということだ。

## 5. E系列の時間

### (1) E系列の時間とは

では，「素の時間」はこの時間系列のどこに入るか？ 「時間のない時間」や体内時計などの「生きた時間」は，マクタガートの時間論のどこに入るか。答えは，どこにも入らない。「具の時間」がA系列やB系列に入ったとしても，「素の時間」はマクタガートの時間系列には入る場所がない。そこでE系列の時間が要請される。

まず例を使って押さえておこう。

クラシックの演奏会。18時30分開場，19時開演。地下鉄を乗り継ぎ時間内に到着。間に合い時計を見てほっとする。それまで腕時計（B系列）が主役だった。指示通りの席に落ち着き一息つくと，こんどは気持ちは演奏への期待感に変わる。時計からの解放。演奏が始まる。ここからは自分の時間（A系列）である。チラチラ腕時計を見ている人はいない。聴いている自分にも，演奏するオーケストラの団員にも，それぞれ自分の時間（A系列）が流れる。第1ヴァイオリンには，第1ヴァイオリンの演奏個所があるように，その弾き手にとっての時間（A系列）だ。

一方，それらを支えている「時間」がある。楽譜である。そこにはメロディ

とともに，小節が区切られ，時間が書き込んである。これは，静止画像（C系列）だが，この時間系列なくしてあなたの時間（A系列）はない。なぜなら，この楽譜というC系列の時間を基に演奏が進み，演奏が進むにつれあなたの時間（A系列）も動き出す。時計の文字盤も，楽譜も，じつはマンガも，それ自体はC系列だ。

　しかし，これで演奏会の時間のすべてが揃ったと言えるのか？　演奏会の帰り道，「素晴らしいひとときだった」というつぶやきを聞くことはないだろうか。英語でも"We had a great time!"と，「時」や「時間」で表現する。それは，たんなる言い草か。

　「素晴らしいひとときだった」と言うのは，演奏会が時間通り（B系列）に始まったからではない，自分だけの固有の時間（A系列）に浸れたからではない。また，楽譜（C系列）がすぐれていたわけでもない。この「素晴らしいひととき」の正体は何か？　それは，団員同士の息の合った演奏と，聴衆として個（A系列）を超えて一体化（シンクロ）して感動したひとときである。演奏会全体が一つの空気に包まれ呼吸したとき，私たちはそれを「素晴らしいひととき」と呼ぶのではないか。演奏者同士が，そして演奏者と観客が，そしてまた観客と観客が，みなが同調，同期化した状態を通して感動という経験を引き取るのではないだろうか。

　この「ひととき」こそ，樽味が患者の話に引き込まれて聴いた「素の時間」であり，池澤が神楽に立ち会って意識の底で感じ取った「時間のない時間」であり，日々ぼくらの感動する体験とともにあるあの「生きたひととき」ではないか。私はそう考えて，それを「E系列の時間」と呼んだ。コンサートにおいて一番大事な時間は，自分だけの時間ではない，時計の時間でももちろんない，また動かない楽譜でもない。それは他でもない「生きていてよかったと実感する，過ぎ去ったあのひとときの時間」である。「素の時間」を経験しているとき，それは「素の時間」としては知覚されない。

## (2) E系列の時間の特徴

「E系列の時間」は，対話的，相互作用的（インターアクティヴ）に創られる時間である。それは，生きていることを証明し続けるリズム（区切り）と言ってもよい。したがって，たいへん広い領域をカバーする。人と人の間においては，音楽やダンスや祝祭における相互行為や応答を始めとして，身体内でおこる相互作用として心臓の鼓動，呼吸，脈拍なども入る。

これらはすべて環境からのフィードバック（専門的にはネガティヴ・フィードバック）をもとにしたインターアクションである。高所では酸素は減るので，脈拍は変わる。体内時計は，視交叉上核という頭部にある小さな箇所で太陽の光に反応し身体全体に散らばる体内時計をリセットする（明石，2013）。

「E系列の時間」は，おしなべて環境と相互作用し同調（専門的には，エントレインメント，同期化）するという性格をもつ。環境と同調するのだから空間も含まれる。「インターアクティヴ」あるいは「対話的」という点でE系列はどれも共通性をもつ。

E系列のコンセプトの射程は長い。ここでは，「素の時間」＝「時間のない時間」＝「E系列の時間」という等式の範囲にとどめたい。樽味の「素の時間」は，耳を澄まして相手の語りを聴くという対話的コミュニケーション（ナラティヴ）の中に特別な時間が流れることを示した点において画期的だ。また，神楽の舞という「時間のない」時空間では，時計と明らかに異なる時間が流れることを見いだした作家の感性も素晴らしい。

そして，「素の時間」と「時間のない時間」は，表現においてお互いとてもよく似ている。「時間のない時間」に「具」を代入して，「（具の）時間のない時間」とすれば，それはそのまま「素の時間」になる。2人はほぼ同じものを観ていたのだ──神楽と対話という異なる領域で！

E系列の時間は，相互作用的に生成される時間を理論化したものである。それは，他者や環境と同調，同期化（synchronize）するという特徴をもつ。同調に「過去-現在-未来」がないように，E系列の時間には時制はない。また，刻みの間隔は時計のように一定とは限らない。相互作用するもの同士がリズムを

表3　A〜E系列の時間とメタ時間

| 「時」＝メタ時間（有時） | | | |
|---|---|---|---|
| A系列の時間 | B系列の時間 | C/D系列の時間 | E系列の時間 |
| 主観的な時間 | 客観的な時間 | 静止した時間 | 相互作用がつくる時間 |
| 内在化された時間 Time-internalized | 外在化された時間 Time-externalized | デザイン（図柄）としての時間 Time-designed | 同期化した時間 「素の時間」（檜味） 「時間のない時間」(池澤) Time-entrained |
| （例：記憶，自伝） | （例：時計） | （例：カレンダー，楽譜，マンガ） | （例：語り聴く，舞う） |

刻むからだ。順序や方向や目的らしいものもE系列の時間には存在しない。しかし，E系列の時間という理論によって，「素の時間」も「時間のない時間」も同じ枠内で説明可能となる。マクタガートの系列時間を応用することで，広く時間世界を見渡せるのだ（表3）。

## (3) E系列の時間の意義

　すべての時間は，何らかの「区切り方」である。A系列は，経験や記憶に残るイベントによって区切られ，B系列は，1分を60秒，1時間を60分というように等間隔で区切られる。C/D系列は，なんらかの枡目によって区切られる。そして，E系列は，「私＋あなた」という"まとまり"が会話やダンスその他のインターアクションを区切っていく。A系列の区切りの単位が「個」であるのに対して，E系列では相互作用するシステムが単位（ユニット）をなす。「時の間」と書く時間とはそのような単位が刻むリズムのことだ。したがって，時間が存在するからそれを記述するのではない，むしろ，記述するところに時間が生まれる。ナラティヴの認識論から見れば時間は一つの言語（記述形式）である。

　それを社会構成主義と言ってもよい。社会構成主義とは，「リアリティが言葉によって成り立っている」という静止した話ではない。今ここで発する質問や言葉のやりとりが，すぐ次の瞬間にどんなリアリティの創造に関わっていく

かという，動きに照準を合わせた理論のことだ。それは，「いまここ」から未来に向けて，新しい物語（意味やアイデア）が，協働をとおしてどのようにしたら生まれていくかについての「構え」，「姿勢」のことである。

「物語」とは，発話され記述されたものから生まれる意味や経験であろう。時間を記述としてみれば，時間は客観的事実という「動かぬ前提」から，どのように立ち現れ，どのように創造され，書き換えられていくかという「動く物語」へとその定義を変える。どのようなリズムでもって「区切り」を入れたら，つまり「記述」したら，どのような時間が生まれてくるのか。時間は与えられていてどうしようもないものから，今ここで生成され無限のヴァリエーションの中で「形となる」（in-form）ものへとその姿を変える。キューバ人が音楽やダンスによって次から次へと新しいリズムを創造していくのは，まさに「時間をつくっている」からに他ならない。記述され上書きされる生きた世界，それは人生ばかりではない——時間もまた記述し直される対象となる。

## 6. 時間とメタ時間

　E系列の時間，つまり「生きた時間」は，空間や環境を含んだ考え方であった。空間や環境を後ろに控えた時間があるということは，そこに文脈（コンテクスト）が存在することを意味する。メタ時間を想定するということは，時間の中で起こるあらゆる出来事が「時」の風景ということになる。

　私たち人間にとって大きな意味をもつ時間の概念。人間そのものの見方に影響を及ぼしている。時間の多様性（系列時間）と多層性（メタ時間）を考慮することで新たな視界が開ける。たとえば，一つひとつの系列時間を「声」に喩えれば，A系列からE系列に至る「声」のヴァリエーションは，時間の多声性（ポリフォニー）を示すだろう。時と系列時間の関係を，階層性で捉えれば，時は，系列時間よりも抽象度が高いものとして捉えることで，論理階型（ベイトソン，2000）をもとにした時間論へと道が拓かれる。

　さらに，メタ時間と系列時間との関係，系列時間同士の関係は，何が何の背

景（コンテクスト）になるかの考察を可能にする。A系列とB系列は，お互いが対称的（symmetrical）な関係，あるいは，補い合う相補的（complementary）な関係になってもよい。また，B系列がA系列のコンテクストになり，C系列はB系列のコンテクストになり，E系列はC系列の，そしてA系列はE系列のコンテクストになるなどのぐるぐる舞いの関係を示すかもしれない。それらは，場合によって自由自在である。

表3のA，B系列の2つは，時間のもつ「性質」，「本質」を表現しているかに見える。これに対して，C，E系列は，方向性をもたない時間なので，たんに「関係性」を語っているかに見える。さらに，A系列を外在化すればB系列になるので，B系列を内部観測したものがA系列である。E系列を外在化したものがC系列になるように，C系列の内部観測がE系列にあたり，時間同士の関係を語る言語につながる。

A系列とE系列は「生きた時間」と言えるが，それに対しB系列とC系列は，いわば「死んだ時間」である。B系列は，増長すると時間に追われる「時間の奴隷」をつくり，A系列を重要視しすぎれば，「自閉的」となる。

医療人類学者，アーサー・クラインマン（Kleinman, A.）は，2014年3月，京都大学での「人間的感性は21世紀まで生き残れるか」という講演で，「人間らしさ」，「人間的なもの」が世界から急速に消失していく今日への危機感を訴えた。この世界から人間的感性を奪っていくものとはいったい何か。失われつつある「感性」（sensibility）と「自分らしさ」（subjectivity）を，いま一度取り戻すためにはどうしたらよいのか。その感性は，作家・池澤夏樹が「かつて人々はこのような時間を生きていた」という「時間のない時間」に，また樽味伸が見届けた「素の時間」の中に，そのヒントがあるのではないだろうか。

〈ブックガイド〉

ベイトソン，G．／佐藤良明（訳）　2000　精神の生態学　改訂第2版　新思索社
　⇨この大著は，1973年に出版されたベイトソン（Bateson, G.）の40年にわたる研究の中から主要論文を集めたもの。デカルトからの脱皮を目指し新た

第Ⅱ部 事例編

　　　　な科学の認識論をうたった20世紀におけるもっとも重要な書物の一つ。ナ
　　　　ラティヴの視点も，精神の生態学という観点によって下支えされている。
　樫味伸　2006　臨床の記述と「義」　星和書店
　　　⇨才能豊かな精神科医・樫味伸が遺した論文の数々を同僚や先輩らが集めて
　　　　出版したもの。33歳の若さで世を去るまでの10年足らずの短い年月で書か
　　　　れ，精神科臨床における記述の問題を考察した優れた論集。中でも「素の
　　　　時間」の論文は，著者のオリジナリティと記述のバランスが絶妙である。
　野村直樹　2010　ナラティヴ・時間・コミュニケーション　遠見書房
　　　⇨拙著の紹介になるが，これは2部構成になっていて，第1部はコミュニケ
　　　　ーションという考え方についての基本講義。どこが押さえどころなのか説
　　　　明を施してある。そして，第2部が応用編で，コミュニケーションやナラ
　　　　ティヴの観点から「生きた時間」とは何かについて論じている。新しい時
　　　　間系，E系列の時間を紹介している。

〈引用文献〉
明石真　2013　生物の時間学——体内時計と現代生活習慣環境　こころと文化，
　　**12**(1)，22-30.
ベイトソン，G./佐藤良明（訳）　2000　精神の生態学　改訂第2版　新思索社
フランクル，V.E./池田香代子（訳）　2002　夜と霧　みすず書房
藤原みどり　2013　たよりない時間——アール・ブリュットの制作現場から　こ
　　ころと文化，**12**(1)，54-63.
郡司ペギオ幸夫　2008　時間の正体　講談社選書メチエ
橋元淳一郎　2006　時間はどこで生まれるか　集英社新書
入不二基義　2002　時間は実在するか　講談社現代新書
岸本寛史　2013　緩和医療における時間——患者時計　こころと文化，**12**(1)，
　　31-37.
牧原浩・志村宗生・志村由美子・松本由美子　1985　精神分裂病の家族療法の経
　　験から　臨床精神医学，**14**(1)，9-16.
McTaggart, J.E. 1927 *The Nature of Existence. Vol. 2.* Cambridge University
　　Press.
野村直樹　1998　語りから何が読み取れるか——精神病院のフィールドノートか
　　ら　文化とこころ，**2**(3)，5-22.
野村直樹　2010　ナラティヴ・時間・コミュニケーション　遠見書房
野村直樹　2012　ナラティヴから見た時空　N：ナラティヴとケア，**3**，51-60.
大澤真幸　1992　行為の代数学　青土社

滝浦静雄　1976　時間——その哲学的考察　岩波新書
樽味伸　2006　臨床の記述と義——樽味伸論文集　星和書店

## 「時間を語る」に対するコメント

森岡　正芳

　文章に快い時間が流れている。ときおり立ち止まっては考え，また進み，再び佇む。そのとき野村直樹の眼には何が映っているのだろう。フィールドに出て，ときおり訪れる「素の時間」を感じ取る野村の息遣いがそのまま反映しているような文体である。活きた時間を作っていくことは，臨床ナラティヴアプローチの基本である。時計時間だけではなく，多層時間の中で人は生きている。これについては，クラシック演奏会を鑑賞する野村の例がわかりやすい。「素晴らしいひととき」が達成されるまでの多層時間の混入。

　ここで，物語と時間という根本的なことをあらためて考えさせられる。ナラティヴは意味の行為であり，その特徴は個人や家族の経験が，時間の流れの中に位置付けられるところにある。いくつかの時間的に異なる経験が結合する。広範な出来事や意図がその中に組み込まれ，意味をもつ。それによって，主訴に関わる問題はかえって一時的なものとしてとらえることが可能となり，将来への見通しや方向づけを得る。

　ナラティヴは時間を描くといわれるが，描かれた時間とはどのような時間だろうか。人の体験は生きられる時間に即して，時間的な順序がある。とくに病いや障害の体験では，発端としての出来事がまず思い起こされ，語られる。その出来事は，病いのきっかけや原因に重ねられ，この出来事を起点にして，現在に至るいくつかの出来事が綴られる。このストーリーは，その人の病いの体験世界そのものである。

　物語ることを通じて，できれば時間を動かしたい。語ることを通じて，客観的事実という「動かぬ前提」は体験的に揺れる。出来事がどのように立ち現れ，どのように創造されるのか。聞き手はその動きを共体験する。時間は「動く物語」へとその定義を変える。この発想は，まさにセラピーの原動力であり，共

通要因の一つである。

　とはいっても，過去の事実は変えられない。しかし過去に対する見方や解釈の仕方は変えられる。人は明日に向かう今を生きている。心理療法は未来に向けて今日をどう生きるかに方向づけられるのが基本である。いかに未来が現在において構成されるか，すなわち時間の回復が臨床ナラティヴの実践的な枠組みである。

　ところが時間は曲者。時計の時間に私たちは順応して生きている。たとえば学校である。決まった時間に登校して，時間割通りに，授業を受ける。中には学校がしんどい生徒がいる。できれば気が向いたら登校し，しんどくなったらさっさと去りたい。しかし学校はなかなかそうはいかない。年間の計画にもとづいて，授業は日々進んでいく。この時間進行の秩序は強力である。社会生活のルールとして従わざるをえない。一方で，ナラティヴの時間は，時計の時間とは異なる。少なくとも時間は単一の次元のものではない。

　野村は，医療の場に体験入院という形で入り，フィールドノートを作っていく日本では稀有な人類学者である。「1日は1週間よりも長い」（フランクル，2002）入院の時間。野村が患者のライフストーリーを集めたのは，すべて「入院」以降だった。このように述べる野村は，一方で，その資料を十何秒かの微視的なコミュニケーションに区切り分析する試みを行っている。この断片にその人の人間関係パターンが集約される。それを野村は「縮図的に示された時間」と名づけている（牧原・志村・志村・松本，1985）。家族や小集団の反復される関係パターンはその瞬間に現れる。

　臨床の時間は複数の時間系列の錯綜体である。同様に，ナラティヴの時間にも複数の時間系列が混在している。ナラティヴのストーリー次元だけ見ると，疾患の原因を探し，ストーリーを構築するという意味で，A系列の直線的な時間をもつ。ナラティヴは一方で聞き手を含む関係の中で意味を生み出す。パフォーマンス次元の時間はまさにE系列の時間，相互作用の時間である。

　一方，プロットの働きは，時間性からみると独特である。プロットはストー

リーと区別して用いられる。ストーリーが出来事を時間軸に沿って記述していくのに対して，プロットは語り手の視点から出来事の間に意味的な関連づけが行われ提示される。

　プロットは反復可能なもので，むしろ時間による変化がない。ストーリーの背後にあって，反復し個人の世界を絵のように布置するものである。そういう意味でC/D系列の時間性を含む。このように，ナラティヴは多様な時間性を含みこむ。

　野村は以上のように時間の多次元性について述べているが，中でも「素の時間」という言葉が印象的である。精神科医・樽味伸（2006）の言葉である。「精神病院の入院患者と接し，病的行動に彩られた日々の中で，一時的にせよ，自然でやりとりの確かさを感じる瞬間がある」「会話の焦点がしっかり合って，患者がふっと「素」にもどる瞬間，そのあと患者との間ですっきりした，そして少しだけ親密な時間が流れる」。このような樽味の実践には，クラインマンを翻訳した精神科医・江口重幸が，深く共感の意を示している（江口，2014）。野村も「私は体験入院によってはじめて「患者時計」（岸本，2013）の存在に気づいた。自分の「時計の針」を「患者時計」に合わせることができたとき，彼らの内面に関わるストーリーを自然に聴くことができた」という。病いが語られるまでには時間がかかる。そして語りを聞きうけとる他者との出会いが欠かせない。現場に入り時間の流れにしばらく身を任せる。立場が違っていても，臨床の現場にはいるときの共通のスタンスである。

〈引用文献〉
　江口重幸　2014　パイオニアに聞く――病の語りを聞く　質的心理学フォーラム，**6**，68-95.

# 3 人生の転機における物語の生成

野村　晴夫

## 1. 物語が働く諸局面

### (1) 経験を組織化する物語

　物語という言葉はあいまいで，いろいろな意味に使われる。だからこそ，様々な場面で様々な人がこの言葉を使い，アカデミズムの垣根を越え，また，臨床家の学派を越えて，この言葉が流布したとも言えそうだ（野村，2002）。だが，この言葉が交わされているときにふと気がつくと，どのような意味で使われているのか，その場に集まった人の間でも定かではなかったりもする。

　こうした多義的な物語は，その働く局面も，様々だ。日常的に不断に働いていると言われる一方で，非日常的に限定して働いているとも言われる。前者の物語が働く局面は，たとえば思考，知覚，判断にわたる基本的な原理としてのものであり，物語は，人間の幅広い経験の組織化を司り，不断に働き続けている。これは，いわば経験の組織化を担う物語である。

　サービン（Sarbin, 1986）によれば，物語は，諸事象を理解するための「根元的メタファー」である。この提起の根拠の一つは，ミショッテ（Michotte, 1963）による因果性の知覚の実験であった。実験の被験者に求められていたのは，提示された2つの幾何学図形の運動を見て，それを報告するというものだった。その結果，被験者は，一方の矩形が他方の矩形の「邪魔をしないように移動した」と答えて，図形の運動を人間の行為に模したり，または，一方が他

方の動きを「引き起こした」と答えて，図形の運動に筋書きをあてはめたりしていた。すなわち因果性を知覚していたのである。これらの古典的な実験結果に基づき，サービンは，人間は流れゆく経験に物語様の構造をあてはめて分節し，経験を組織化すると結論した。つまり物語は，流れゆく時間を分節し，経験を体制化する原理の役割を持つと想定された。彼の主張の論拠に挙げられた研究例から推測すると，ここで言われている物語による経験の組織化とは，知覚的な体制化やスクリプトに近い。

　さらに，より長い時間軸に置かれた人生経験全体についても，こうした物語による経験の組織化が働き続けているという指摘もある。たとえば社会学者の井上（1996）によれば，「私たちはいつも自己と人生に関する物語をつくり，語り，そのことを通して自分を納得させるとともに他者からの確認や批准を求めている。その過程で物語は絶えず推敲され，書きかえられていく」（p.19）。さらに哲学者の野家（2005）によれば，「物語りは直接的体験を受容可能かつ理解可能な経験へと組織化する」（p.317）。目の前の出来事に加え，その連鎖としての人生経験にわたって，心理学を含む人文社会科学諸領域で，物語を私たちが世界を経験するために不可欠な基本原理とみなす主張が見受けられる。そして，この物語の働きは語り手本人には意識されにくく，いわば内的な筋立て，および生活や人生の脚本として機能していると考えられる。

### (2) 経験を意味づける物語

　物語が働くもう一つの局面は，平素の生活の通常性に生じた例外的な逸脱性を理解可能な形にし，再び通常性を取り戻す局面であり，物語は，一部の限定された経験の意味づけを担い，過渡的に働いている（e. g., Bruner, 1990）。こちらは経験の意味づけを担う物語である。こうした物語は限局的に働いており，たとえばやまだ（2000）は，人生の物語が必要とされる局面について，「自己と他者の亀裂や，前の出来事と後の出来事とのあいだの裂け目が大きくなったとき，それらをつなぎ，意味づけ，納得する心のしくみが必要なとき」（p.85）であると述べている。

このような局面の代表例として，喪失体験における物語の必要性が注目されている。たとえば西平（2002）は，喪失感から回復するためのグリーフ・ワークにおいて，不可解で断片的な記憶の無秩序性に，何とか筋を作ろうと記憶を配列すること（そして同時に一部の記憶を筋から切り捨てること）が，物語の働きの本質であると見て取っている。したがって，この物語の働きは，時間的な断絶や矛盾をはらみ得る生活史上の転換的な局面，すなわち転機（transition）で殊に必要性を増し，実際に文字として物語化され，ときには他者に対して語られるので，本人に意識されることも少なくない。

### (3) 経験の意味づけが求められる局面

以上の通り，多義的な物語概念を整理するために，便宜的にその働く局面を二分してみた。むろん，経験の組織化原理としての前者の物語は，通常性を回復させるために，経験の意味づけとして表出される後者の物語に影響するであろうし，また，意味づけられて表出された物語が，経験の組織化原理としての物語に影響することもあるだろう。2つの物語は，双方向的に働いている。本章では，臨床上の物語の働きという本書のテーマに鑑みて，とくに通常性に生じた逸脱から通常性を回復させるという，経験の意味づけを担う物語に焦点を絞りたい。

生活者の実感として，私たちは経験のすべてを字義通りの物語として語っている訳ではない。では，経験の意味づけを担う物語は，どのような局面で必要になり，どのように生成されるのであろうか。出来事間のつながりを見出せず，自分の経験を理解しがたいといった，物語が必要とされる転機となる局面は，心理臨床に加えて，日常生活にも存在するだろう。そこで，物語の生成過程を，心理臨床の事例，および生涯発達上の転機を調査した事例から探ってみよう。生涯発達の中でも，中年期は，職業や育児を中心とした家庭生活から，夫婦や自分自身，地域社会への参加を中心とした生活に向かう転換点となり得る。また，高齢期は，身体機能の衰退や，退職，家族との死別といった複合的な喪失経験が転機となり得る。そのため，本章では，人生を意味づけるための物語の

必要性が高まる可能性がある中年期から高齢期に着目する。

## 2. 心理臨床における物語の生成過程

### (1) 臨床事例における語りの展開

　平素の通常性に生じた逸脱に気づくには，通常性というあたりまえの日常が，実はあたりまえではないという違和感が前提とされるだろう。心理臨床では，こうした違和感が高じて心身に失調を来たし，本人や，ときには周囲の望みから来談に至る場合が少なくない。しかし，その違和感は必ずしも言語化できるとは限らず，ましてやその違和感に関連する出来事を他者に理解できるよう語ることができるとも限らない。自他に理解できる物語の探究が，通常性に生じた逸脱からの回復に通じる可能性を，筆者が担当した心理臨床の事例から検討してみよう（野村，2006）。

　発達に遅れを持つ小学生の息子から，いわれない暴力や暴言を向けられ続けていることに悩み，相談室に来談した40歳代の母親は，初回面接で断片的に子どもの問題行動を列挙していた。しかし，それらの行動の経緯や背景は，尋ねても語られず，宙を見据えるのみだった。母親の目には，子どもの行動は，予測することのできない突発的なものとして映っていて，困惑を通り越して茫然としていた。一問一答式に，問われれば子どもの問題を答えはするが，一つひとつの出来事の因果関係はもちろん，時間的な順序関係もあいまいであった。問題行動の生じたときのことを問うと，「頭の中が真っ白になってしまって」パニック状態だったと答えていた。子どもの問題行動の背景にある子どもの思いや，その行動を引き起こしていたと思われる状況を，筆者は推測しながら伝えていたが，母親は，「そんなこともあったかもしれません」と，淡々と応じていた。

　こうしたやり取りが何回か繰り返された末，やがて母親は，子どもを叱って口論になった挙句，子どもが言い返せなくなった末に暴力が生じるというパターンに気づく。その一方，口論にまで発展させず，一度叱ってからしばらく時

間を置くと，息子は落ち着き，暴力を振るわないこともわかってきた。息子の暴力が収まると自分がすっきりしたという，時間的関係も語られていた。面接場面では，当初断片的だった子どもの問題行動が，その因果関係や時間的順序関係の連鎖の中に位置づけられるようになってきた。母親の語りは，出来事間の関係や，それに対する自分の考えや思いを含む物語として，展開していった。

息子の問題行動が，ゆえなくして生じるものではないことに気づくと，母親はそれに圧倒されることも減り，並行して，息子の問題行動も軽減した。すると，母親の語りは，両親を含む教育者家庭で厳格に育てられた自身の生い立ちから，さらには細かいことを気にし過ぎるという自身の性質へ及ぶ。そして，夫婦関係も含む自身の生い立ちを語る中で，子どもの問題行動は自発的に語られることが減り，筆者が話題にしても，「そんなことがありましたね」と気に掛けられなくなっていた。

## (2)物語の生成とセラピストの関わり

子どもの問題を契機として来談した母親は，やがて一人の女性として，自分の生い立ちや職歴，さらには夫婦関係のあり方に目を向け始めていた。子どもの問題行動に関する物語の探求は，自身の前半生の物語の探求へと展開し，さらには後半生の生き方が模索されていった。一連の過程で，筆者は，心理臨床の諸理論を，クライエントの物語の展開に応じて参照していた。たとえば，当初，息子の問題行動の因果的・時間的な構造化が図れるよう，行動療法の応用行動分析を参考にしていた。その後，面接場面でのクライエントとセラピスト間の関係を，クライエントの生い立ちにおける対人関係の読み解きに活かすためには，精神分析療法における転移分析を参考にした。

このように，家庭内の問題に由来する悩みは，日常生活に生じた違和感として始まり，当初は語ることの困難だった問題の因果関係や時間的順序関係を持つ物語が生成されていった。そして，この物語の生成過程には，セラピストからの心理臨床諸理論を参照した働きかけが関与しているだろう。森岡（1994）によれば，出来事の順序関係や因果関係が不明瞭で，断片化されている限り，

その出来事に随伴する強い情動が解離されて残るという。心理臨床場面で扱われることの少なくないトラウマ記憶には，とくにこの指摘はあてはまるだろう。ハーマン（Herman, 1992/1996）が「外傷性記憶は通常の成人型の記憶のように言語によって一次元的な（線形の）物語にコード化されない。もしされればその人が生きつつある人生物語の一部に化してしまえるだろうに」（邦訳, p.53）と述べるように，出来事が生活史に織り込まれることは，過去の出来事に随伴する情動が，現在の生活を脅かさないようにするために必要と思われる。

## 3. 生涯発達における死別の物語

### (1)死別体験の意味づけ

　物語が必要とされる局面は，心理臨床に限らない。いわゆる「通常性からの逸脱」の局面の多くは，日常生活の中で対処され，必ずしもカウンセリングや心理療法等の専門的援助にはつながらない。こうした生涯発達の過程で出会い，対処される「通常性からの逸脱」の中でも，転機としての喪失体験は高齢期には避けがたい。

　転機が，高齢期にどのように生活史に位置づけられているかを探った調査では，転機の様々な語り口が見出されている（野村, 2005）。ある80歳代の女性は，老人ホームへの入居とともに，夫との死別を自身の転機として挙げていた。夫は，自宅の玄関先で卒倒し，そのまま数日の内に亡くなった。突然降りかかったかのようなこの別離には，振り返れば予兆があったそうだ。連れ添ってから一度も家事をしたことのなかった夫は，卒倒する前日に，はじめて家事を手伝い，彼女に日頃の感謝を表していた。それは彼女にしてみれば偶然ではなく，死を前にした必然であり，夫はどこかで死を予期していたのではないかと思っている。

　さらに彼女は，その体験を「夫（つま）病みて七夜長し百合の花」という俳句がもっともよく表していると語る。また，病気がちだった夫のことを「病気の問屋」とおもしろおかしく語るなど，体験は詩歌や慣用句に託され，比喩化

されていた。そして，「子どもにも守られ，死んだ子どもにも守られ，夫にも守られ，両親にも守られ，あたし守られてる人」との言に現れているように，特定の宗教信仰を超えて，死別した夫や子どもが，今の彼女を支えている。こうした転機を彼女は，自伝にも著していて，そこでは，自分と夫の両家の生家についての歴史にまで言及されている。直接は与り知らない生家の歴史に，自身の生活史を位置づけることは，みずからの経験が長大な歴史の一幕であり，その帰結として現在が招かれていることを示すかのようであった。転機となった死別体験は，孤立したエピソードとしてではなく，過去から現在に至る時間軸上に，様々な因果の語り方で織り込まれ，組織化されていると考えられる。

　高齢期における幸福感は，喪失体験を含む人生に対する有意味性が担い（Wong, 1989），その有意味性は，ライフストーリーの意味づけによって得られるという（Wong, 1998）。彼女の意味づけられた物語としての過去は，現在の幸福感を支えているのだろう。

## (2) 定型化された物語

　上掲の女性は居住する老人ホームを訪れる身寄りもなく，生活史を語り聞かせる相手には乏しく，この調査面接のように生活史をじっくりと語る機会ははじめてだった。しかし，自伝にも載せた体験を含み，整理された生活史をよどみなく語る様からは，夫との死別体験に代表される様々な転機が，すでに彼女の人生の物語として，定型化されているように筆者には推察された。死別の物語は，たしかに，聴き手や調査目的といった，語りの状況に応じた編集は施されるものの，すでに彼女の人生全体の物語に安定した居場所を得ていると思われた。

　臨床や調査のインタビュー場面では，生活史についての語りが，今まさに生成されていると感じることがある。言うなれば，即興的な物語である。その一方で，これまでにも繰り返されてきた語りが，今もまた繰り返されていると感じることもある。それは過去にも他の場面で語ってきたり，語るために準備されたりしていた定型的な物語である。上掲の事例における転機を含む生活史の

語りは，インタビュー以前にも自伝の執筆等によって準備されていた点では，彼女の定型的な物語であった可能性も拭えない。自他に理解可能なまとまりを持った物語を語ることは，語り手に安心感をもたらすだろう。では，こうした定型的な物語は，どのように生まれるのであろうか。物語の前駆的な発露を捉えることは，物語の働きの全体像に迫ることに通じるだろう。

## 4. 死別の物語の発露

### (1) 自然に思い出される記憶からの接近

　上述の面接場面でインタビュアーに語られたような生活史の物語が整理される以前には，より未分化な状態があるのではないだろうか。それは，他者に語るために準備される以前の状態であり，物語的な構造化を施されてはいないと思われる。こうした状態を捉えるために，筆者は日常生活場面で生じた断片的な記憶想起を日誌に記録してもらう方法を採った（野村，2014）。インタビュアーの存在や，調査研究という作為性を完全に払拭することはできないまでも，より日常的な場面設定で想起された記憶を収集しようと図った。この調査で用いた日誌法では，不随意的記憶想起（involuntary memory recall）と呼ばれる，思い出そうとする意図なく自然に思い出され，意識化される個人的経験に関する記憶（Ebbinghaus, 1885/1978）を集めた。私たちの記憶は，みずから思い出そうとするものばかりではない。日常生活の中の回想はむしろ，そのような意図を伴わない。そして，人生の物語が生まれ，さらにはそれが他者に向かって表出される以前には，このようないわば「内なる語り」としての不随意的想起が生じている可能性が高いと考えられた。以下に挙げるのは，調査で出会った60歳代の女性の例である。やはり夫を亡くしながら，10年近い年月を経て，ようやくその体験を表出し始めた彼女の語りと，そのインタビュー後の不随意的記憶想起は，死別の物語の発露について教えてくれる。

　彼女が死別体験について人に話すのは，インタビューの場がはじめてだった。「私はまだ，これいつになったら言えるんやろうなあって，思いながら抱えて

## 3 人生の転機における物語の生成

ます」と話す。同様の体験をしている人が，この種の体験を語り，さらには，語ることで胸中が軽くなると言うのを聞いても，「言うと，なんか大事なものが壊れそうで」とためらっていた。今までに死別体験は人に語るべきものと思っていた様子で，むしろインタビュアーである筆者から，無理に言葉にしないことを勧められて，意外そうに驚いた様子であった。そのインタビューでは，死別について断片的に言葉少なに言及しながら落涙し，言葉に詰まっていた。その後の1週間の不随意的想起の日誌には，やはり夫のことが現れていた。買い物に行ったスーパーで夫の好物を見ては，「声が聞きたい，返事してよ」と日誌に綴り，また，空に浮かぶ雲を見ては，夫の入院中の病室から見上げた雲を思い出し，「胸が痛くてたまらない」と綴っていた。しかし，日誌を持参した2回目のインタビューでは，どこか晴れ晴れとした表情を見せ，初回とは見違えるようであった。初回のインタビュー後の1週間，自分でも夫のことをよく思い出していたと言う。ただし，その思い出し方は，「前みたいにこう，なんて言うんですかね，ぐーっとくるんじゃなくて，もう少し軽やかに（笑），くるようになりました。」と言う通りに変化していた。他の誰にも話さないのは，以前と同様であったが，「懐かしく思い出せる」ようになったそうである。この変化は本人も自覚しており，不思議がりながらも，初回のインタビューの影響などに思いをめぐらせていた。

### (2) 懐かしく思い出せるようになる

　彼女が夫のことを思い出すとき，それは一片の情景のようであり，出来事が連なった物語のようにはなりにくそうだった。その想起も，何が引き金となって生じるか，自分でもわかりにくく，さらに夫についてインタビューで話したことで，想起する傾向がさらに高まっていた。個人差はあるが，一般に，死別の悲嘆から立ち直っていく過程では，故人を想起し，故人に語りかける頻度は減りながらも，長期にわたって続いていることが知られている。夫との死別から20年経ても，遺された妻は毎週のように夫を想起し，語りかけているという (Carnelley, Wortman, Bolger, & Burke, 2006)。思い出そうという意図とはかかわ

りなく，圧倒するかのように思い出される記憶は，それが物語の素材となるほどには対象化されていない。生々しくよみがえる過去の体験は，過去でありながら現在の一部になっていたのかもしれない。2回目のインタビューで表されていた「懐かしく思い出せる」という感覚は，過去が現在と分節され，体験が対象化されつつあることを示しているのではないか。死別体験が物語になる以前には，このような過程が想像される。

## 5. 物語の探求，物語からの解放

### (1) 経験の組織化と意味づけの往還

　本章では，物語の生成過程を心理臨床，および生涯発達上の転機としての死別体験から探索してきた。両者は，日常性や場面構造の点で様々に異なるが，物語が働く局面としては，重なり合うところも少なくない。いずれも名状し難い「通常性からの逸脱」のような経験を筋立て，みずからを，そして周囲の他者を納得させようとする局面である。その際に活用される社会文化に流布した筋立てとして，従来，宗教や神話が果たしていた役割の一端を，今日の一部の文化圏では，心理臨床の諸理論が担っていると考えられる。以下では，生成された物語が辿る帰趨と，物語の生成に立ち会う心理臨床家の留意について，筆者の若干の雑感を述べて本章を閉じたい。

　物語を，字義通りに人生を意味づけて語る意味に取るならば，私たちの日常は，物語を語ることよりも，行為を為すことが中心である。しかし，「通常性に生じた逸脱」によって日常の行為が滞ると，再帰的に自分の行為が意識され，人生の物語が必要になる。そして，「通常性に生じた逸脱」を自他に納得させてくれる物語が探し求められ，やがては生成されると，その逸脱を含み込んだ新たな通常性が成立する。すると，その物語はもはや頻繁に参照されることはなくなるのではないだろうか。役割を終えた物語は，意識される必要もなくなり，語り手は物語から解放される。したがって，「気にならなくなる」ということが，物語の結末であろう。「良い自己物語は，たえず繰り返される必要は

ない」(Wilson, 2002/2005, 邦訳 p.289)のであって，適応的無意識に委ねられることが，物語の帰趨にふさわしい。本章の冒頭では，組織化の原理としての物語と，通常性からの逸脱を回復させる物語を試みに二分したが，通常性からの逸脱を回復させるために生成された物語が意識されなくなれば，それは組織化の原理として，意識されずに働く物語になったともみなせるだろう。意識されない組織化の原理としての物語と，意識される人生の意味づけとしての物語は，往還しながら働いていると推察される。

## (2) 語られないこと・語り得ないことへの配慮

こうした往還の過程で，一部の人は心理臨床の場を訪れる。臨床上，クライエントの物語に着目することは，ともするとクライエントに自己開示を伴う明細な語りを促すことのように思われやすい。しかし，筆者は，ナラティヴアプローチによる臨床における物語の重視は，語られないことや語り得ないことへの配慮を必ず伴うものと思っている。実践上は，クライエントがある種の話題についてこれから語るか否かについて話し合い，その選択をクライエント自身が決められる機会を設けることもある（野村，2006）。もしもセラピストによって促され，「語らされて」しまうと，セラピストの見えないところで，クライエントはその収まりをつけなければならない。上掲の調査インタビューでも，はじめて死別について断片的に開示した体験が，インタビュー終了後にも波及している様子がうかがえるが，臨床インタビューである心理臨床では，その余波には，なおのこと注意したい。語り得ない経験を，精緻に明細化するのではなく，その経験にいわば呼び名を与えて保留しておく臨床の方向性も，あり得るだろう。その方がクライエントには安全な対処策であり，解決や解消が困難な問題と「間を置く」，もしくは「悩みをそっと置いておく」（増井，1999）ことに通じるだろう。実際に，死別の物語の開示は，必ずしも遺族の情緒的な回復に通じるとは限らない（Baddeley & Singer, 2009）。その過程には，聴き手との関係，本人の性格特性，死別の経緯など，様々な要因が複合的に関与している。臨床に携わる者は，物語を開示させようとする勇み足を慎みたい。

第Ⅱ部　事例編

〈ブックガイド〉

ブルーナー，J.／岡本夏木・仲渡一美・吉村啓子（訳）　1999　意味の復権——フォークサイコロジーに向けて　ミネルヴァ書房
　　⇨心理学が必ずしも十分に関心を払ってこなかった物語の働き，意味づけの行為に注目を促している。普遍的な物語の働きに目を向けることで，臨床場面と日常生活場面を連続線上で捉えられる可能性を教えてくれる。

ウィルソン，T.／村田光二（監訳）　2005　自分を知り，自分を変える——適応的無意識の心理学　新曜社
　　⇨語りは，語り得ぬことを背景にしてこそ，その意味が浮き彫りになる。語り得ぬこと，すなわち無意識の持つ力を，社会心理学の立場から根拠を示しながら解説している。自己物語と意識との関連について示唆するところが大きい。

〈引用文献〉

Baddeley, J. L., & Singer, J. A. 2009 A Social interactional model of bereavement narrative disclosure. *Review of General Psychology*, **13**, 202-218.

Bruner, J. S. 1990 *Acts of Meaning*. Cambridge : Harvard University Press. （ブルーナー，J. S.／岡本夏木・仲渡一美・吉村啓子（訳）　1999　意味の復権　ミネルヴァ書房）

Carnelley, K. B., Wortman, C. B., Bolger, N., & Burke, C. T. 2006 The timecourse of grief reactions to spousal loss : Evidence from a national probability sample. *Journal of Personality and Social Psychology*, **91**, 476-492.

Ebbinghaus, H. 1885 *Memory : A Contribution to Experimental Psychology*. Columbia University. （エビングハウス，H.／宇津木保・望月衛（訳）　1978　記憶について——実験心理学への貢献　誠信書房）

Herman, J. L. 1992 *Trauma and Recovery*. New York : Basic Books. （ハーマン，J. L.／中井久夫（訳）　1996　心的外傷と回復　みすず書房）

井上俊　1996　物語としての人生　岩波講座現代社会学第9巻　ライフコースの社会学　岩波書店　pp. 11-27.

増井武士　1999　迷う心の「整理学」——心をそっと置いといて　講談社

Michotte, A. E. 1963 *The Perception of Causality*. New York : Basic Books.

森岡正芳　1994　緊張と物語——聴覚的総合の効果について　心理学評論，**37**, 494-521.

西平直　2002　「物語る」ことと「弔う」こと——グリーフ・ワークとしての〈自己を物語る〉こと　発達，**91**, 66-72.

野家啓一　2005　物語の哲学　岩波書店
野村晴夫　2002　心理療法における物語的アプローチの批判的吟味——物語概念の適用と運用の観点から　東京大学大学院教育学研究科紀要，**42**，245-255.
野村晴夫　2005　構造的一貫性に着目したナラティヴ分析——高齢者の人生転機の語りに基づく方法論的検討　発達心理学研究，**16**，109-121.
野村晴夫　2006　クライエントの語りの構造——臨床事例に基づくナラティヴ・プロセスの検討　心理臨床学研究，**24**，347-357.
野村晴夫　2014　生活史面接後の「内なる語り」——中高年の不随意的想起に着目した調査　心理臨床学研究，**32**，336-346.
Sarbin, T. R. 1986 The narrative as a root metaphor for psychology. In T. R. Sarbin (Ed.), *Narrative Psychology: The Storied Nature of Human Conduct*. New York: Praeger. pp. 3-21.
Wilson, T. 2002 *Strangers to Ourselves*. Belknap Press of Harvard University Press. (ウィルソン，T.／村田光二（監訳）　2005　自分を知り，自分を変える——適応的無意識の心理学　新曜社)
Wong, P. T. P. 1989 Personal meaning and successful aging. *Canadian Psychology*, **30**(3), 516-525.
Wong, P. T. P. 1998 Sprituality, meaning, and successful aging. In P. T. P. Wong & P. S. Fry (Eds.), *The Human Quest for Meaning: A Handbook of Psychological Research and Clinical Applications*. N. J.: Lawrence Erlbaum. pp. 359-393.
やまだようこ　2000　人生を物語ることの意味　やまだようこ（編著）　人生を物語る　ミネルヴァ書房　pp. 1-38.

第Ⅱ部　事例編

## 「人生の転機における物語の生成」に対するコメント

森岡　正芳

　心理学において，ナラティヴは2つの局面をもとに展開してきた。野村晴夫の言葉を借りると，その一つは，ナラティヴは物事をとらえ，理解する根元的メタファ（root metaphor）である。認識の基本的な図式，物事の生起変遷を理解する台本として人は，ストーリーという枠組みをもつ。これについては，認知心理学で早くから研究が進んでいる。ナラティヴのこの局面は，「世界を経験するために不可欠な基本原理」である。そしてこの図式は意識的に修正を加えるのは難しい。進化心理学や，比較心理学からの知見と結びつくものである。

　それに対して，二つ目の局面とは，ナラティヴが平素の生活の通常性に生じた例外的な逸脱性を理解可能な形にし，再び通常性を取り戻すはたらきをもつことである。ナラティヴは，一部の限定された経験の意味づけを担う。人が生きるにあたって，例外的に身に生じた出来事をうまく処理し，理解可能なものに変形するナラティヴである。生活史上の転換的な局面，すなわち転機において，とくに際立ってくるナラティヴである。

　臨床では，後者の経験の意味づけを担うナラティヴに焦点づけられることが多い。ナラティヴの働きがもっとも明確に現れるのは，生活，人生の変わり目，移行期である。進学，就職，結婚，転職その他人生の移行期に，自らをふりかえり，これから先の展望を描くときにストーリーをもつ。臨床ではむしろ，生活の変化移行をきっかけに心身の変動が顕在化し，来談・来院されることが多い。とくに離婚・死別など家族や仲間関係が大きく変わるとき，その事態に対してだれもが，すぐさま応じることができないのは自然なことである。その意味を個人史においてふり返る時間，それは個人によっては相当な期間が必要とされる。喪の作業に要する時間のことである。ナラティヴ心理学の基盤を作ったブルーナー（Bruner, J. S.）は，話すということそれ自体が，通常でないもの

(unusual）を通常のものと識別する行為でもあると述べる（Bruner, 1990）。

したがって，臨床という場だけではなく日常生活にもあり，ときどきは以前の出来事を身近な人との間で思い起こし，話題にし，その中でうまく対処され，本人も気がつかぬうちに問題自体が気にならなくなり，解消していることも多い。通常でないものは，通常のものごとの流れの中に埋め込まれていく。いやな出来事もそれを過度に誇張しないことで，心の中に収まっていく。

一方で出来事は，言葉として現れず潜伏することもある。逸脱にともなう「違和感は必ずしも言語化できるとは限らず，ましてやその違和感に関連する出来事を他者に理解できるよう語ることができるとも限らない」。このように野村が述べるように，語られなかった違和感こそ，臨床的サポートを進めるセンサーの役割を果たすものとなる。

野村があげた例でも，発達に遅れをもつ小学生の息子の予測できない行動に苦しむ母親は，脈絡を把握できない語りを野村の前で，くりかえされたようである。それがあるとき，「子どもを叱って口論になった挙句，子どもが言い返せなくなった末に暴力が生じる」というパターンに気づく。その一方，「口論にまで発展させず，一度叱ってからしばらく時間を置くと，息子は落ち着き，暴力を振るわないことも」わかってきた。自分がなぜこんな理不尽な仕打ちを受けなければならないのか。当初は断片的で理解不能の行動に対して，そこにくりかえされる物語を読み，理解の可能性を開くのが，語り聞く場の特徴である。

野村のもう一つの例は，人生の転機といっても死別に関わる課題が扱われている。この例から野村は重要な問いを発する。「定型的な物語は，どのように生まれるのであろうか」という問いである。

定型の固まったナラティヴを動かす方向へとナラティヴアプローチは関心を寄せてきただけに，定型的なナラティヴそのものがどのように構成されるかについて，十分に議論してきたとは言い難い。定型なのか，新たな代わり（オルタナティヴ）の物語なのかということの判断は，そう簡単なものではない。代替えの物語が文脈に関係なく，突如現れるということもありえるが，定型と代

## 第Ⅱ部　事例編

替えの物語は別々のものとして現れることはない。相互に力動的な関係がある。

　夫との死別を自身の転機として，老人ホームに入居された女性は「夫との死別から20年経ても，遺された妻は毎週のように夫を想起し，語りかけている」と，野村は事例（Carnelley, Wortman, Bolger, & Burke, 2006）を引用している。この女性はむしろ定型の物語をくりかえし想起することによって，癒されているようだ。それが生きる支えになることは自然なことでもある。癒しや支えになるかは物語の想起の仕方にもよるであろう。そもそも物語へと経験が組織化されていくには，生（なま）の事実素材との距離が必要で，また語り聞く関係の中でその距離が生まれる。

　「気にならなくなる」ということが，物語の結末であろうと野村は述べる。物語をくりかえすこともなくなることが，安心（心が安らぎ安定すること）の姿であろう。「実践上は，クライエントがある種の話題についてこれから語るか否かについて話し合い，その選択をクライエント自身が決められる機会を設ける」。配慮の行き届いた野村のこの態度が，安心を生むのは言うまでもない。

　「良い自己物語は，たえず繰り返される必要はない」（Wilson, 2002/2005, 邦訳 p.289）。個人が生きていく核になる自己物語はこのようなものである。

# ④ 夢の聴取とナラティヴ

廣瀬　幸市

## 1. 夢を媒介するクライエントとの対話

　本章では，臨床ナラティヴアプローチのエッセンスに則って，夢を媒介しながらクライエントと対話するに当たってはどのようなことに留意しなければならないかを，考えていくことにしたい。

　臨床ナラティヴアプローチの観点からすれば，セラピーの対話にはイメージ構成物（imaginative constructions）を含むことになる（Morioka, 2014）。そのイメージ構成物の扱いについては，描画，箱庭，夢，その他の表現療法，あるいはボディワーク，ドラマ，音楽など広く芸術療法の領域に関わるセラピストが習熟していると思われる。本章ではそれらの数多ある媒体のうちの一つとしての夢について，その個別の扱いに関して考察しようというのではない。そうではなくて，数多あるイメージ構成物といかに付き合うかということについて，夢を代表として取り上げることで考えてみたいのである。イメージ構成物はそれぞれに特異性を有しているので，個々に配慮しなければならない点が微妙にずれるのではあるが，多くに共通する関わりについて論じていきたいと考えている。

## 2. イメージを聴くために

　臨床ナラティヴアプローチでは，クライエントとセラピストとの間で主題（テーマ）を共有する"対話の三角形"を維持することが肝要であることは，第Ⅰ部解説編3第3節で確認できていることだろう。この"対話の三角形"を維持しようとすることは，言葉の二重指示性（double directionality）[1]が十分に働く第三の領域を共有できるようにすることを意味している（森岡，2009）。この意味において，「ストーリー」があてがわれることが多い三角形の頂点に，イメージ構成物が充てられても何ら不思議はない。一見，クライエントがセラピー・ルームにやってくる際に抱えて持ってきたテーマ（主訴）に直接結びつかなさそうに見えるイメージ構成物も，それを巡ってクライエントの語りが展開していくような聴き方がなされたならば，それは立派に"対話の三角形"を構成する。けっして，本筋から離れていく雑談ではなく，クライエント自身も気づいていなかった側面へと思わず知らず語りを進めるきっかけになり得る。しかし，それは何時でも誰に対してもそのようになる訳ではない。それでは，如何にしたらイメージ構成物を用いた面接においてそのような対話が可能にな

---

(1) 20世紀初頭ロシアのフォルマリズムの流れを汲むバフチン（Bakhtin, M. M.）は，対話において意味は一義的に決まるのではなく，発話状況によって変わり得ることを喚起している。対話場面においてある言葉がメッセージを持つときには，次のようなことが同時に成立している。つまり，ある発話は，それが指しているテーマや対象あるいは話題によって意味が決まってくる一面と，話し手と聞き手との関係の中で言語的あるいは非言語的に為された身振りを文脈や解読コードを手掛かりにその意味を限定してメッセージが受け取られる一面とである。発話状況では，発話者の言葉の指示対象だけでなく，発話が向けられる相手を対象として指し示している。これを言葉の二重指示性（double directionality）と呼んでいる。日常会話は勿論のこと，治療的対話においても，聞き手の位置にいるのは目の前のセラピストであるが，これが十分に機能していると，セラピーの進行に伴って，やがてクライエントの心の内に見守り手としての観察主体がそこに位置づくようになる。このとき，聞き手の自己も二重化する。

るのであろうか。

　真っ先に思いつくのは，媒介とするイメージ構成物に対するセラピスト側の習熟の度合いであろう。描画や箱庭であれ，ボディワークやドラマであれ，それぞれのアプローチの具体に十分に通暁していることで，クライエントの表現してきたものへの対応において有効に働きかけられるであろうことは想像に難くない。この点において，セラピストがクライエントと構成する"対話の三角形"の媒体（メディア）について十分に学んでおくことが大切であることは言うまでもないことである。それらを学ぶ各種心理療法と臨床ナラティヴアプローチは矛盾しないどころか，それらの各種のアプローチをクライエントと出会う現場体験において，一つのこととしてつないで結びつけるのである。

　次に指摘できるのは，イメージ構成物を媒介にしてクライエントとの会話に二重の対話空間（double dialogical space）を維持することの大切さである。この対話空間は，具体的なクライエントとセラピストが会話しているという意味で「自己と他者」によって構成されている，と言えると同時に，クライエントは自分が語った物語を自分でも聞くことになるという意味で，あるいは物語を聴いているセラピストから問い返されることによって漠然としていた自分がはっきりとみずからのうちに存在するようになるという意味で，「自己と自己」によっても構成されているとも言える。このような二重性を森岡正芳は，ウィニコット（Winnicott, D. W.）の概念である「可能性空間（potential space）」と重ねて考えている（Morioka, 2010）。可能性空間はウィニコット理論の鍵概念の一つで，「乳児と母親のあいだ，個人の内界と外界のあいだ，空想と現実のあいだに広がる，潜在的 potential であるが可能性 potential をはらんだ仮説的な体験領域」（藤山, 2002）とされている。ウィニコットによって見通されているように，人間の本性からして，心の治癒においては「仮説的な体験領域」が欠かせない。

　そして，見落とされがちだが大切なこととして，この体験領域がクライエントとセラピストとの間でうまく維持されるための隠れた要因に，セラピストがクライエントの主体を措定している（大山, 2009），ということがある。この辺

りのことは夢を聴取した事例を通して考えてみたい。

## 3. 夢について

　セラピーを通してクライエントが生成するイメージ構成物の中で，夢はクライエントがみずからの意思で作り上げることの難しさにおいて際立った特性をもつ。夢は，聴き方によってはクライエントの思惑を超えた語りが生成してくる可能性に恵まれた媒体の典型例である，と言えるだろう。そうであるからこそ，フロイト (Freud, S.) を創始者とする深層心理学的アプローチでは「夢は無意識の王道である」と見なしているのであるし，フロイト以前から夢に対するアプローチが数多く存在するのであろう。その系譜を辿ったならば，到底この小節では概観しきれない。したがって，夢に対するアプローチの仕方を限定して紹介せざるを得ないのだが，夢と取り組むに当たって留意すべきことを考える上で，言語からのみ夢を捉えるものではないアプローチを2つほど紹介したい。

### (1)夢へのアプローチについての視座

　一つは，仲 (2002) がまとめた「心身的共鳴モデル」である。彼は，古代ギリシアのインキュベーション儀礼とフロイトおよびユング (Jung, C. G.) の夢理論の検討から，「夢は一つの創造的で治療的な人格変容の場である」という仮説を提示している。その人格変容は，クライエントとセラピストの身体面・心理面における inter-personal な変容であるとし，これら「身体的な共鳴」「心理的な共鳴」の2側面は本質的に分かち難く表裏一体となっている故に，心理療法過程においては「心身的共鳴」となっていると論じた。

　また，ポスト・ユング派のミンデル (Mindell, A.) は，夢と身体の共時関係に働きかけるところからドリームボディ・ワークを始めたが，夢と身体を統治するドリームボディが，対人関係の背景あるいは深層に同時に布置されていることに気づいて，プロセス指向心理学[2]を創始してその臨床領域を歴史的・政治

的テーマに取り組むワールドワークにまで拡大している。彼は量子物理学の考え方をメタファーとして，心（psyche）が開放系（open system）であると捉えており，クライエント，セラピストが第三の身体の分肢であるような，「間身体」的場を想定している（藤見，2007）。

以上，夢を捉える視座はクライエント個人内に止まらず，セラピー・ルームあるいは社会・文化にまで拡大して考えられることがわかった。しかし本章では，夢を巡って対話を維持する中で，いかにクライエントとの会話を物語的に構成的聴取することができるか，という観点から考えてみたい。

### (2)事例の提示

本章で提示するのは，「自分自身のことについて話したい」と来談された中年期女性Ａさんとの面接事例である。Ａさんとは1年以上40回に亘ってお会いしたのだが，その過程全部を提示することは紙幅の関係で到底できない。そこで，初回夢を巡って会話した部分を中心的に取り上げたい。

Ａさんは，申込み以前から「カウンセリングを受けてみたかった」と初回面接で語られ，これまでの日常生活で「溜め込んで溜まったものの棚卸し作業をしたい」と箱庭療法などの非言語的な表現療法を希望された。そこで，受理する前にクライエントに依頼することの多いバウムテストと風景構成法をＡさんにお願いした。それらから，自他の境界が若干脆弱であるが，非言語的な表現療法を控えなければならない程の心配はないものと判断した。しかしながら，

---

(2) アーノルド・ミンデルは，人間の背後に「ドリーミング」と呼ばれる広大な無意識体が存在し，それが個人に「ドリームボディ」として共時的に働き掛けて，身体に夢や病気を引き起こす，と考えた。プロセス指向心理学では，このドリームボディに付き添い，それが治療的なプロセスを個人の上に展開するのをサポートしようとする。既存の多くの心理学体系のように，病をただ治療すべき対象と見なすのではなく，「病や夢はそれ自身に目的を持つ」ものとして目的論的な立場から，それらを扱っている。プロセス指向心理学は，ユング心理学における夢の概念を身体性にも拡張したものと見なすことができる。

第Ⅱ部　事 例 編

　Aさんの生成する物語についていくに当たって導きの手がかりが必要だと感じて，Aさんの心的世界を窺うのに適した夢によるアプローチを提案した。Aさんは同意され，次回から夢の記録を持参されるようになった。初回夢は大部であったため，前半部分のみを扱うこととするが，それは以下のようであった。

　　夕方遅く，末っ子と二人で帰宅する。(築50年くらいの木造の家) 玄関前に立つ。砂埃が薄く乗った格子戸の前に蛇がいる。驚きながらも少し予感していたようで，「居るような気がしてた」と思っている。蛇を見ると，お腹辺りが極端に膨らんでいて「赤ちゃんがいるんだ」と気付く。「どうしよう…」絶対的に嫌な感じに別の感じが混じり込んでくる。

　セラピストはAさんが記述してきた上記のメモを見ながら，彼女の報告に耳を傾けつつ，自分なりの連想を浮かべていた。一通り聴き終わると，まず始めに夢の舞台の雰囲気を尋ねた。Aさんはすらすらと夢の世界を次のように表現された。楽しい気持ちで帰宅したわけではないこと，すっかり日没が過ぎた夕刻，街に色が無くなるころ，夜の海や深い暗闇のようにちょっとシーンとして寒い感じであること，それはAさんには馴染みのある暗さで，それほどは気にならないとのことであった。セラピストは木造の家のことを訊いてみるが，はじめての場所だとの回答であった。次に，蛇の登場をAさんが予感していたことについて尋ねると，Aさんは夢の中で驚いてはいるが，そこに居ても珍しいことではないとも感じていて，見た瞬間に「やっぱりな」と予測していたことを思い出したのだと語られた。次に，蛇のお腹が膨らんでいることに気づいた感覚について訊いてみたところ，Aさんは蛇を好きで見ていたわけではなく，立ち往生していて気づいたのだと話された。そこでセラピストは「別の感じ」と表現されたことの内容を尋ねてみた。Aさんは，それは夢の中では気づかなかったが，夢を書いていて気づいたのだと前置きしてから，お腹の中に赤ちゃんがいる蛇について語られた。それは，蛇は元々「絶対イヤ」だが，怖いものに対する「どうしよう…」ではない，とのこと。お腹に赤ちゃんがいることでやっつけたり追っ払えないので，Aさんはますます立ち往生していまい，迷う

ことになる。一思いに嫌いになれない感じでますます困るのだ，とも語られた。セラピストはこの夢に対して自分なりの連想も湧いていたが，それはAさんには伝えず，夢の世界をAさんと一緒に味わうという態度でセッションを過ごした。

これ以降もAさんは毎週3，4つの夢を持参されたが，記録を書くに当たっていったん自身の身体感覚に沈ませてから，言葉に浮かび上がってきた表現を精選して記述されていたことが特徴であった。セラピストとの間で夢を話し合う際に，セラピストが驚くくらい連想が深くまで及んでいて，ほとんど付け加えるコメントが見つからないほどであったので，以降もセラピストはAさんに夢の感触を確認する問いかけをしていただけであった，と記憶している。

夢の聴取を始めた初期のころ，Aさんは面接日までの日常において，前回のセッションで話し合ったイメージやコメントについて思い出して「それとずっと一緒にいる」ことをされていて，次のセッションで再び触れたりしていた。そのような取り組みは，後になってAさんに次々と新たな気づきをもたらした。この初回夢についてもそうであった。

## 4. 夢の聴取について

前節で提示した事例を素材にしながら，夢を聴取する対話であらかじめ押さえておかなければならないと思われる諸点について，考えていくことにしよう。

### (1)初回夢について

夢を分析することでクライエントが意識できないことに取り組んでいこうとするアプローチは，フロイトからつながる深層心理学的アプローチでは根幹におかれることが多いが，とりわけ初回夢（initial dream）という考え方は，夢分析を主なアプローチにしているユング派では重要である。ユングは夢がもつ予見的働きを考慮し，夢が展望を語ってくれるとする見方から，心理治療（セラピー）の開始時に報告される夢（初回夢）を重視した。

第Ⅱ部　事例編

　夢分析に熟練しているセラピストなら心配しないだろうが，そうでないセラピストが夢と取り組む場合には，そのように最初から全体を予見するようなものを目の当たりにしたら，大いに戸惑うだろうことは容易に想像できる。しかし，そうであってもクライエントと夢に対する解釈を共同制作するようなつもりで取り組んでみたらどうだろうか。セラピストが夢を扱うことに慣れてくれば，あらかじめ仮説としての自分なりの解釈を持っておけるようになるだろう。しかし，その場合でもその解釈をクライエントに最初から伝えて"予断"を与えてしまうことはまったくセラピューティックでないのだから，むしろクライエントに上手に連想を尋ねられるようになることの方が大切である。
　Ａさんは夢をセラピーで取り扱うのははじめてであったにもかかわらず，その取扱いにフィットしていて，自身で連想を深めていく方法をすぐに習得された。その様子は初回夢の取扱いにも表れていて，初回夢が報告された次のセッションでＡさんみずからあらためて話し合う機会を持っただけでなく，その後に見た夢との関連でも，折に触れて蛇のテーマに言及されるところがあった。職場の同僚，仕事上で出会う関係者，子どもの関係や交友関係の人々との関わり等で，表面には出さない彼らの背後の攻撃性や悪意に敏感に傷ついていたＡさんは，夢を通してそれと同じものを自身も持っていることを洞察されていった。さらに，セッションを重ねていった後半のころには，男性の攻撃性の象徴をいつの間にか身に付けている別の夢を見るようになった。そして外界においても，自身の劣等な側面に取り組もうとして，自分の子どもの問題と現実的に向き合うことでその作業を行おうとした。このような心の課題をユングは「影（シャドゥ）」と象徴的に表現したのだが，Ａさんはセラピーを通して初回夢に現れている「影」の問題に取り組んで，みずからの影と馴致していかれた。
　どのクライエントもＡさんのように夢に真剣に向き合って心の作業ができるとは限らないが，Ａさんが初回夢に表れていた「影」のテーマを温め続けて後続する夢との関連で連想をさらに深めていった取り組み方を，セラピストの方からクライエントに働きかけていくようにすることはできるのではないか。その働きかけの工夫にこそセラピストは腐心する必要があるように思う。初回夢

4　夢の聴取とナラティヴ

の指示している"テーマ"が何であるのかは，セラピーが順調に進めばやがて明らかになってくるのだから，予測しきれること自体に重きを置くより，クライエントが躓いていることが心のテーマとしては何であるのかを必死に考え続けようとするセッションを重ねていき，その模索の手がかりとして夢の伝えようとしているメッセージが何を意味するのかを探ろうとする方が有益であろう。

### (2)夢と向き合う態度について

　臨床ナラティヴアプローチでは，セラピストが夢をどのように受け止めているかが会話の進行に与える影響が大きいと思われる。クライエントはセラピストから夢によるセラピーを提案されることになる訳だから，人によっては"半信半疑"か，それ以下の状態であろう。理性偏重の現代では致し方ないが，そうであるからこそ，セラピストが夢を意味あるものと受け取って，そこから今セラピーで取り組んでいる問題に何らかの見通しを立てようとする姿勢があれば，クライエントもすっきり理性で納得できなくともセラピーを続けていこうと動機づけられようというものである。

　そうでなければ，夢の世界は覚醒した理性の目からは不合理なことが多く，ときに馬鹿げたものと思われるものが少なくなく，どうしても軽く取り扱ってしまいがちになる。しかし，セラピストが夢の辻褄の合わない部分に目を留めるのではなく，夢は理性を超えたところから送られてきたものと心することができたなら，夢を聴取するセラピーに真摯さを維持することができるのではないだろうか。夢の表現に慣れてくると，クライエントに"あること"を伝えようとしたら，このような荒唐無稽な表現でもしなければ伝えられないだろう，という視点が自然と生まれてくることが多い。クライエントのテーマがよくわかってきだしてからようやく見えてくるような視点から，夢のメッセージがやって来ているのだ，と考えてみたらよいのではないだろうか。

　そのような領域のテーマは，以前ならスピリチュアリティ（霊性）や宗教性と関連することとして扱われることが多かったが，現代のセラピーでは話が通じない者と見なされてしまいかねない。Aさんのセラピーにおいては，彼女が

自然と身につけておられた人生態度に助けられて，セラピストが夢のメッセージ性を説明する必要がなかった。しかし，多くの現代的心性を持つクライエントと会っていく場合は，素朴な構えでは不十分だろう。セラピストは各自でそのような領域とも程よい関係を構築しておくと，目の前のクライエントとのセッションで実際にそのようなテーマが生じてきたような場合にも，適切な対応ができる心の準備が整えられるかもしれない。

## (3) クライエントと語り合うことについて

　夢を巡ってクライエントと語り合う段階にいたっては，夢を用いないセラピーとほとんど変わりないが，会話の進め方に若干の工夫が必要だろう。それは，先にも触れたが，夢にはその時点のクライエントの意識できる思惑を超えた"テーマ"が現れてしまうことに関係するものである。クライエントは来談するまでに，可能な限り意識できる問題をチェックしている方が多く，それでも自力解決できないのに困って専門的援助を求めている場合がほとんどだろう。そのようなクライエントのニーズには，合理的な解決法の提案がもっとも満足度が高いことは疑う余地がない。しかしながら，"診断"によって解決の道が開かれていくような場合や，連携の方途を提示することで大半の困難が解消される場合ならいざ知らず，そのような"魔法の手"が見当たらない場合が実際の個々の面接の局面のほとんどを占めているのではなかろうか。そのような場合，クライエントの点検済みの問題設定からなぜ行き詰まりが生じてきているのか，今一度考え直してみるべきではなかろうか。しかも，できればクライエントとともに，である。深層心理学的アプローチの知見からは，それはクライエントが意識できる範囲に拘泥して，意識できない観点を含んだ検討ができていない場合が多いことがわかっている。

　そのような内容をクライエントとともに検討していく場合，夢を用いないセラピーと同様，クライエントと共同作業していく姿勢をセラピーの中で示し続けることは大切である。2節で触れたように，セラピストはクライエント本人が気づいていないうちから彼らが主体性を持つものと暗黙に前提して対話を進

めていく。このような対話の進め方は，社会構成主義に基づく様々なアプローチと相性がよい。しかも，クライエントは自己語りをしているうちに物語の主語であったに過ぎないレベルから，本当に彼らの人生の主人公になっていくことも多く見られるのだから，このような姿勢を心がけるだけで問題解決に至ってしまうことも少なくないだろう。しかし，クライエントやクライエントの抱えるテーマが重い場合など，セラピストの"善意"を示すだけの態度では通用しない局面にも遭遇してしまう。そこを持ち堪えるためには，そのようなセラピストの姿勢が何をもたらそうとしているのか，理解しておく必要がある。それを端的に言えば，次のようになろう。

　セラピーの対話でクライエントの語る動機や意図に焦点が向けられるのは，聴き手であるセラピストが語り手であるクライエントに先行して主体の連続性を措定している（大山，2009）からである。セラピストはクライエントの語りの"背後"に一貫して関心を向けるが，その応答や介入は，クライエントの主体の一貫性に先行的に配慮しつつ，その一貫性を目指したものに必然的になっている。そうであるからこそ，「心理療法の目的は，主体の成立ということ」（大山，2009）と言える。このような主体はセラピーの中で会話を続けている語る行為の主体といったレベルや，語られた物語の中の主人公として機能する主体のレベルに止まるものではない。語りを通したそういった二重の主体の生成を通じて，クライエント自身が自分の根っこと確実につながっているような感覚（大山，2009）を持って，自分の人生の中で自身が自分として機能する確実な感覚を持てるようになるところまで練り上げられた主体と言うべきものである。この辺りは，次項とも関連するので，そちらで考えていくことにしよう。

## (4)セラピーの全体について

　前項で考えた主体に関しては，具体的に考えることで理解の助けになるかもしれない。Aさんとのセラピーを考えてみると，Aさんもセラピーを通して主体を形成したと見なすことができる。Aさんがセラピーの中で取り組んだテーマは幾つかあり，それらを本章で全て示すことはできないが，初回夢に表れた

「影」の問題を始めとして，発達課題として知られるテーマにも取り組まれた。その取り組みによって，Aさんが"自分の足で歩く"ようにして主体的にみずからの人生を受け取り直して生きるようになったということが，このセラピーを通して目指されていた主体というものであった。

　このような意味における主体ということを考えると，夢を媒介にしてセラピーを進める場合にとくに留意したいこととして，次のことを指摘しておくのが大切だろうと思われる。つまり，クライエントに夢を通してそれまで避けてきた課題に取り組むよう"促していこう"とするならば，セラピスト自身もみずからの課題に取り組んでいかなければならない，ということである。大抵，不思議なことに，そのクライエントと会っている時期に，長いこと避けてきたみずからの課題が浮上していることが多い。セラピストがその機会を能動的に受け止めて主体的に取り組んでいかなければ，そのクライエントとのセラピーもどういうわけだか進展していかないか，途中で停滞してしまうことが多いようである。

　このようなセラピーの中で生じてくる不思議なことに身も心も開かれていることが，夢を媒介としてクライエントと対話を進めていく臨床ナラティヴアプローチにおいては，ことさら大事であるように思われる。

＊

　以上，本章では夢を媒介しながらクライエントと対話するための留意点を考えてみた。現代は若者ばかりでなく，大人もインターネットによる非思考空間に覆われてみずから考えることができなくなり，安易な反知性主義に傾いている。セラピーにおいてイメージ構成物が作る第三の領域は，二重の対話（"自己と他者"と"自己と自己"）空間となっているが，この空間において，クライエントは振り返る〈私〉を取り戻すことができ，そしてセラピーの人間関係を通して，やがて観察主体を育むことができるようになっていく（森岡，2009）。

　現代という可能性空間が機能しづらい時代にあって，夢をセラピーの中で扱うことがその機能をより有効にするのか，あるいは逆効果となるか，見通しづらい。それでも，セラピーの中で夢への取り組みを実践している者としては，

現代の風潮に流されてみずからの行方がわからなくなってしまっているクライエントに些かなりとも貢献していきたいし，私の行っているような地道な取り組みが他の実践者に伝わって，そういう人たちの成果がやがて積み上がってくるのを期待したい。

〈ブックガイド〉

クォールズ-コルベット，N., & マクマキン，L.／山愛美・岸本寛史（訳） 2003 「女性」の目覚め　新曜社
　⇨本書は，クライエントのレイラとセラピストのコルベットとの共著という珍しい形態だが，レイラの夢一つずつに双方からの記述があって，セラピー場面ではどのような対話がなされたのか想像しながら読むとセラピー全体の流れを追体験できる。夢を文献で学ぶことが難しい中で，貴重な一冊。

森岡正芳　2005　うつし――臨床の詩学　みすず書房
　⇨イメージを聴取していく前に，臨床ナラティヴアプローチの基本的な対話を運行していけるようになることが大切である。本書を通して，セラピーの場が治癒的に働くようにするためにセラピストが了解しておかなければならないエッセンスが学べるだろう。

〈引用文献〉

藤見幸雄　2007　プロセスワーク3――プロセスワークと関係性　臨床心理学，**7**(3), 393-403.

藤山直樹　2002　可能性空間　小此木啓吾（編集代表）　精神分析事典　岩崎学術出版社　p. 69.

森岡正芳　2009　対話空間を作る――インタビュー実践としてのセラピー　質的心理学フォーラム，**1**, 39-48.

Morioka, M. 2010 Constructing the Double Dialogical Space, Sixth International Conference on the Dialogical Self, 30 Sept. 2010, Athens Greece.

Morioka, M. 2014 The imaginative area created in the psychotherapeutic dialogue, Eighth International Conference on the Dialogical Self, 21 Augt. 2014, Hague Netherland.

仲　淳　2002　心理療法過程におけるセラピストの夢について　心理臨床学研究，**20**(5), 417-429.

大山泰宏　2009　新版　人格心理学　放送大学教育振興会

第Ⅱ部　事例編

## 「夢の聴取とナラティヴ」に対するコメント

森岡　正芳

　廣瀬は「主体」という言葉に深い意味をおいている。「聴き手であるセラピストが語り手であるクライエントに先行して主体の連続性を措定している」（大山，2009）。ナラティヴはこの次元に降りて主体を支える。それはどういう主体なのだろうか。

　ナラティヴはたしかに出来事をつなぎ語る主体を前提とする。第Ⅰ部解説編1にて「ナラティヴの構造で見落としてはならないのは，出来事を選び，筋立てて示す主体＝私が必要であるということである。この私は，…（中略）…相手との関係をはかりつつ，体験の出来事を選び，つなぎ，語る。」と述べた。端的に言うとこの私は体験の意味を作っていく主体である。臨床や対人援助の場面で，この私を支えることが治療的に意味をもつ。

　臨床の場ではまず自分をふりかえり向き合う場を作る。セラピストや援助者は，この場を安全で保護された場であるように維持する。臨床対話を生むところ，すなわちセラピー関係にある人と人の間には何かの媒介物をおくのがよい。それが，対話を喚起する。物語はまさに間にあって，対話領域を作る。この点で廣瀬が述べていることは，臨床ナラティヴアプローチにとって，基本的なことである。

　第Ⅰ部解説編で述べたように，言葉は基本的な媒介物である。対話を構成するために言葉は話題，テーマ，対象を指示するが，同時にその言葉は聞き手にも指し向けられる。言葉の指し示す対象は同時に二重である。言葉の二重指示性を支えにして，二者の間に主題化できるものを育てていく対話は，セラピーの基本形である。

　間に置かれる媒介物はセラピーにおいて多様である。中でも，描画や夢がサイコセラピーにおいて，媒介性を発揮する。この媒介性は，心の体験領域を広

げる。対話はまた自分との対話でもある。自分が相手に話していることを自分も聞いている。語る私と語りの内容に現れる私との間に心的距離が生まれる。これも語り手に体験を冷静にとらえ，少し遊び心が生じるような余裕を与える。「セラピーにおいてイメージ構成物が作る第三の領域は，二重の対話（"自己と他者"と"自己と自己"）空間となっている」。廣瀬は森岡（2009）を参照してこのように述べる。

　イメージ構成物としても，夢は特別なはたらきをもつ。「クライエントと夢に対する解釈を共同制作するようなつもりで取り組んでみたらどうだろうか。」廣瀬の夢を介した心理療法への情熱を感じる言葉である。セラピストはそこで，いわば発生状態の主観性を支えているのである。

　事例のクライエントが報告した初回夢がとりわけ意味深い。

　Aさんの初回夢に表れていた「影」のテーマの意味を共有し，後続する夢との関連で連想をさらに深めていったその働きかけの工夫にこそ，セラピストは腐心する。廣瀬の言葉でいえば，「不思議なこと」に対して「身も心も開かれている」態度である。

　夢の中で，蛇が現れる。Aさんはそれを予感していた。Aさんはその瞬間「やっぱり」と思ったという。さらに，夢の場面でAさんは蛇のお腹が膨らんでいると気づいた。その感覚をさらに廣瀬は問う。すると，その感覚には，夢の世界で感じた立ち往生の感覚と，夢を書きながら感じた「別の感じ」とがあることをAさんは述べる。この感覚体験が蛇を追い払いたくとも追い払えないような割り切れなさの感じにつながる。夢は複合的な感覚をはらむものである。

　「イメージ構成物」は，このように言葉でのやり取りを通じてリアルに構築されていく。セラピストが報告された夢内容に対して解釈的な意味付与を行うのではなく，夢の世界をまず一緒に味わう。イメージは視覚的であるというよりも，身体感覚的で動きがある。これはイメージを共有する聴き手の側も，その場で感受される独特の身体感覚を維持しているからである。

　夢をこのように語り聴くことはその人の主体を支えている。廣瀬の述べる通り，聴き方によっては，夢を通してクライエントの思惑を超えた語りが生成し

てくる。夢はサイコセラピーにおいて可能性に恵まれた媒介物である。もちろん，夢はたんなる媒介物ではない。夢を見る主体にとって，夢は直接的な現実感をもつ。夢こそ生きられたストーリー（lived story）である。

「夜夢を見るとき，夢の現実の中に自分が生きていることがわかる。夢はそれに固有の一貫性と秩序があり，夢に独自の物事のあり方，生じ方がある。この生きられた現実，進行中のストーリーは，それに続くいかなる言葉もすべてを掴みとれない生気性を伴いながら開かれるのである。」（Petranker, 2004）

夢は独自の体験世界である。夢が他者（セラピスト）との間で，いったん語られたストーリー（told story）に変換される。夢の媒介過程とはこの変換を意味する。イメージの構成物は，この変換過程の産物である。それは言葉を介した意味生成よりもずっと身体的生命的である。

〈引用文献〉

Petranker, J. 2004 The when of knowing. *The Journal of Applied Behavioral Science*, **20**(10), 1-19.

# ⑤ 現任看護教育における
ナラティヴアプローチの実践

紙野　雪香

## 1. 臨床看護現場を取り巻く現状とナラティヴアプローチへの期待

### (1) 医療政策に伴う臨床看護の現状

　本章では，臨床看護におけるナラティヴアプローチの一つの実践のかたちを示し，その可能性について探求したい。これは，かつては臨床現場にあった，語り合う機会と場所が失われつつある危機的状況に着眼したものである。

　病院など医療施設で働く看護師を取り巻く状況は，医療費削減という国の政策に伴い，これまでにない猛烈なスピードで時が刻まれている。顕著に表れているのが，患者の平均在院日数である。一般病床のそれは，1999（平成11）年では27日，2009（平成21）年では18日と10年間で9日間短縮された（厚生労働省「医療施設（動態）調査」）。それに，先進医療の推進が拍車をかけ，病院の経営は短期間で高度な治療を行うことに向かってきた。医療を受ける立場になれば，最先端の高度な医療技術による治療を受けて，一日でも早く退院できることは何よりも望ましいことである。

　しかし，ここでは医療を提供する立場に焦点を当てていきたい。先進医療を極力最短期間で遂行する臨床現場は，スピード化，効率化，成果主義へと傾斜していかざるをえない。

　臨床現場に身をおいていた筆者は，その変化を目の当たりにすることになる。それは，看護師と患者との対話の変化である。療養中の方に寄り添うというこ

とは，そうたやすいことではない。ちょっとした行き違いをきっかけに距離が遠くなってしまうこともある。入院期間が30日間だったころは，日々関わる中でお互いわかり合えるときが訪れ，ちょっとした行き違いを修復する機会もあった。しかし，入院期間が20日間をきった今，歩み寄る期間が制限され行き違ったまま退院することもある。病棟看護師が数日間休日をとって出勤すると，入院患者の半数が入れ替わっていた，ということは日常化している。新しく入院された患者へ思考を集中していくためには，退院された患者のことをいったん置かざるをえない。短期間に濃密な対話が起こっていたとしても，いったん置かれたその記憶を再び呼び起こし，深く考えるための思考の余力は保障されていない。

　このことは，当然，看護師の対話にも影響してきた。看護師は看護実践場面を通じてお互いの看護観，患者のとらえ方や関わり方について意見交換するような事例検討を重ねることで，自信や行動力を高め，意識の変化が起こる（木村，2004）。短期間に先進医療を確実に提供するように努めることは，同時に元来看護師が重要視してきた，人と関わるということについて実体験で学び，考える機会を失う可能性を含む。スピード感のある医療現場において，看護の醍醐味を味わえず，疲労ばかりが蓄積するという現状は臨床看護における急務の課題である。

## (2)現任看護教育の課題

　看護師が看護実践について語り合う機会と場所を失いつつある現状に対して，現任看護教育での取り組みは多様である。その多くのプログラムに共通する要素として，①臨床実践に基づく経験学習を通じて，スキルの獲得・向上や学習意欲の向上をはかるもの，②自己や自己の看護実践，職場環境など対象は異なるものの看護師が内省を深める機会を有するもの，の2点が指摘されている（小山田，2009）。この2点を満たすプログラムの具体として，自己や自己の看護実践の内省に適しているナラティヴが注目されている。

　個人の生き方や考え方について，観察者や専門家など第三者のストーリーが

唯一正しいとは限らない。当事者のストーリーもやはり真実である。このようなストーリーや語りの平等性に注目する視点をナラティヴと呼ぶ（野村, 2012）。現任看護教育において考えてみると，国の政策や組織が求める看護実践だけが唯一正しいとは限らない。看護師個人の看護実践の方法や看護観もその人にとっての真実であり，国や組織が求める看護実践と同等の価値がある，といえる。

　ナラティヴの視点で自己の実践について考えることができれば，スピード化，成果主義の中にあって埋もれやすくなっている"私の看護実践"も重視され，ストーリーとして言語化することにつながると考える。"私の看護実践"が言語化されると，実践を見えやすく，明快に仕事の中核とするのに役立ち，"私の看護実践"としての主体感覚が生まれることが期待される。国の政策や組織の絶対的な"声"の中にあって，"私の声""私らしい看護実践"を取り戻すことができれば，看護師は喜びを感じ，自信をもって生きいきと実践できることが期待される。そして，臨床看護の厳しい現状が抱える課題を超えることが可能になると考える。

## 2. "私"の看護実践を語る場の創造——ナラティヴプラクティスの概要

　筆者は，看護師が自身の実践を語る場の創造に取り組んでいる。場の設定については，物語をつくること・語ることに焦点化せず，意味を共同生成する聞き手の存在を重要視することを前提としている。

　ナラティヴの視点に基づいて看護実践をとらえ直す場として，ある基幹総合病院の中に「ナラティヴプラクティス」を設定した。その目的や方法などについては表4に示す。ナラティヴアプローチの理論的背景を知ることを目標に挙げていることは，本取り組みの特徴の一つであり，看護師が語ることで実践を振り返るような既存の取り組みでは見当たらない内容である。理論的背景を知ることは，ナラティヴプラクティスという時空間を創るためには欠かせないと筆者は考えた。

　ステップ3「"私の看護実践"を活写することへの挑戦」における看護実践

## 表4 「ナラティヴプラクティス」の概要

| 目 的 | ナラティヴアプローチ（ナラティヴ論を基盤として対象に接近すること／接近する方法）の学習と実践によって，自己の看護実践の意味を見出し，より生きいきと活躍することをめざす |
|---|---|
| 目 標 | ①ナラティヴアプローチの理論的背景を知る<br>②ナラティヴアプローチの考え方を側に置きながら，自己の実践のとらえ直しを試みる<br>③②の実践の手ごたえについて考え，記述し，説明できる<br>④自己の実践を通した言葉で，ナラティヴアプローチの可能性と限界について考えることができる<br>⑤ナラティヴプラクティスを通した自己の変容について述べることができる |
| 対 象 | 勤務リーダーの役割がとれる方で管理の職に従事していない方<br>全回出席できる方（単回参加不可） |
| 方 法 | 月に1回，3時間，1年間<br>少人数によるゼミ形式（事前学習を基本としたプレゼンテーションとディスカッション） |
| 内 容 | ステップ1　ナラティヴに関する理論的背景を知る<br>ステップ2　"私の実践"とナラティヴアプローチの接点について考える<br>ステップ3　"私の実践"を活写することへの挑戦<br>ステップ4　"私の実践"を伝えるということについて考える |
| 支援目標<br>（企画運営者の目標） | ナラティヴアプローチの実践およびその成果報告において，理論的背景，それらと看護実践の接点に対する自身の見解，当該内容に関する学術的な最新情報，メンバー間で有意義な議論が展開できる時間と空間を提供すること |
| 評価の視点 | これまでの看護実践および自己に対する新しいまなざし<br>新しいまなざしが生まれるまでのメンバー間での対話のプロセス |

の記述方法については，ナラティヴの記述の4つの条件（門間・浅野・野村，2010）を基本とした。4つの条件とは，①「私」が語られていること，②（二者）関係が語られていること，③看護者は患者を見届ける倫理的証人であること，④平易な日常語で記述されること，である。

## 3．Aさんの事例

　ナラティヴプラクティスに参加したAさんの記述を紹介する。

## (1) 記述に取り組む前のAさん

　聡明ではつらつとした印象を受けるAさんは，ナラティヴプラクティスに参加している看護師たちの経験や現場に大いに関心を寄せ，感想や疑問も率直に伝えていた。Aさんの発言をきっかけに，意見交換が活発になることもしばしばであった。Aさんは，夫の転勤をきっかけに勤務していた大学病院を退職し，1歳児の母親として家事や育児を中心とした日々を送っている。「ナラティヴの勉強はとっても楽しみ。私も早く臨床にもどりたくなる」と話す。

　ナラティヴプラクティスで記述の課題に取り組むにあたり，Aさんからメールでの相談があった。まず，患者と心が通じたような，温かい涙がでそうな感動を覚えた2つの経験について簡単に紹介があった。そのときのうれしい感情は鮮明に覚えているが，そこに至るまでの状況ややりとり，風景を書き込むには記憶が薄れていると言う。いざ書き出すと「人が生きることとは……」と悩ましいほど考えさせられたBちゃんの話題になってしまい，Bちゃんの話題を通じて何かを話し合いたい気持ちがあるのかもしれないとも考える。このままBちゃんの話題でいいのか，心温まる経験を書いたほうがいいのかアドバイスを筆者に求めていた。

　Bちゃんの話題は看護師として胸を張って大きな声で話せる内容ではなかった。しかし，こういう側面にも光を当てることも看護師としての豊かな経験に迫ることだと思い知らされた気がした。いずれにしても書こうとするとBちゃんとの話題になるのであれば，そのまま書くほうが自然体であるだろうと返答した。そして，Aさんはこの話題を通して何を伝えたいのか，どういう自分・経験を見せたかったのか，この話題を看護学の視点でとらえた実践の評価ではなく，ナラティヴの視点で考えたとき，何が立ち上がってくるのか考えてほしいと伝えた。

## (2) Aさんが記述した看護実践 —— 反応のないBちゃんと後ろめたい私

　AさんはBちゃんの話題について記述し，第7回のナラティヴプラクティスで発表した。Aさんが記述した内容について，本章の目的と照らした上で一部

抜粋しゴシック体で提示する。記述の表現方法については，Ａさんの経験世界を表現する重要な要素として修正を行わないが，医療上の略語については説明を加筆した。

　「今日も仕事かぁ……」鳴りやまない嵐のようなナースコールを思い出して若干憂鬱になりながら，疲れがとれず鉛のように重い体を布団から引きはがす。行きたくないなぁ……と思いつつ時計を何度も見ながら身支度をし，もうタイムリミットだと重い体を引きずるように家をでる。病院につき白衣に着替えると不思議と気持ちはシャンとして憂鬱な気持ちは薄くなっていく。病棟にあがると，すぐにナースコールのメロディが流れては消え，またすぐ流れ……と繰り返しているのが聞こえる。個室の並ぶ廊下をナースステーションに向かって歩いていくと便や尿臭，病院独特の消毒液のような香りが鼻をつく。重症患者が多くドアの大半は開放されていて，上半身ギャッジアップされた患者さんに朝食後のケアを夜勤ナースがしてたり，コールのランプがつきっぱなしのトイレや，洗面所に経管栄養のボトルが洗わずにはずしたままになっているのをちらっと見て「今日も忙しくて余裕なかったんだろうなぁ」と思う。…（中略）…今日の受け持ちをみて，「あぁ今日も全然まわりそうにない」とため息をつきたい気持ちを抑えつつ，山のようなカルテをもって情報収集に入る。もうここからは時間との勝負。憂鬱な気持ちなんてどこかにとんで，めまぐるしく今日一日の流れを考えながら患者さんのことに集中する。

　ナースステーションから一番近い○号室は中庭側の個室で建物の影になりいつも若干薄暗い。Ｂちゃんがいたのはそんな部屋だった。Ｂちゃんは自己免疫疾患の治療目的で入院していたように思う。「思う」というのは，入院当時，日常生活が自立しており手がかかることもなく，受け持ったことがないのもあって全く印象にないからだ。そんなＢちゃんが病棟で存在感を増したのは突然のことだった。

　休み明け久しぶりに病棟に出てくると，すごく病棟全体がザワザワしている。何事かと思ったら，Ｂちゃんが頸部からのＣＶ（中心静脈カテーテル）挿入中に

## 5　現任看護教育におけるナラティヴアプローチの実践

急変したというのだ。詳しいことは分からないが，出血が激しく気道が腫れ挿管もできず，病棟で緊急気管切開し人工呼吸器にのせ，その後救命病棟へ移るが一時心停止。なんとか蘇生してICU（集中治療室）へ。回復の見込みがなくICUでの治療継続は困難といわれ病棟へ戻ってきた様子だった。

　初めて聞いた時，私は正直こんなことってあるのかと思った。でもそんなこととても口にだせるような雰囲気ではなく，医療サイドの説明は病態の急激な悪化と副作用という説明だった。実際，CV挿入に伴う同意説明書に起こりうることとして記載があり，家族のサインもあった。もし自分の身内が病院でこんなことになったら……と思うと自分の力が到底及ばない怖さを感じた。

　モニターと呼吸器と何台もの輸液ポンプに囲まれて今日もBちゃんはベッドに横たわっている。髪の毛は抜け落ち，抜けた毛は空き箱の中に大切に保管されている。首は赤ちゃん以上にグラグラで，緊急の気管切開だったため，挿管チューブが首からぴょーんと飛び出ている。顔はステロイドの影響でまんまる。手足は筋肉が落ち骨と皮だけですごく細く，でもおなかはぽんぽこりん。毎日全身にボディクリーム塗布がケアプランに入っており，皮膚はなめらかでかかとまでつるつるだった。

　大学の友人からの千羽鶴，交際中の彼氏からの手作りのプレゼントからは，病前の元気だったころのBちゃんの普通の大学生としての生活が垣間見える。その一方で，赤色が回復にいいと誰かに言われたようで，朱色の墨で文字の書かれた半紙やロッカーには一族で長寿の人の名前が書いてある紙が貼ってあり，赤いコップ，赤いバスタオル，パッケージが赤色のお菓子，持ち物の多くが赤で統一されていて，さらには部屋の四隅に盛り塩もありそれらが混在してBちゃんの部屋からは一種異様な雰囲気さえ漂っている。

　「Bちゃんおはよう！」明るく声をかけながら部屋のラジオをかける。ラジオからは，はやりのJPOP音楽が流れてくる。呼吸器の設定を確認し，CV刺入部や両手の末梢ルート（点滴）を確認しつつ，からみそうになっているルートを整理しながらいくつもの点滴を交換する。

　アイパッチ（乾燥を防ぐために目の上から当てているガーゼ）をそっとはずし，

瞳孔にペンライトをかざす。いつも通りＢちゃんの瞳孔は散大している。乾燥で充血した目に軟膏をぬりながら，瞳の大部分が黒いＢちゃんの目を見る。閉じないまぶた。決してあうことのない視線。どこにも視点のあわない目。時折瞳孔の左右差があり，少しはっとするのだけれど，といっても６ミリと５ミリといった感じで散大していることにかわりはない。その目を見るたびに「この状態で生きてるっていえるのかな」「人が生きるってどういうことだろう」「自分の身内がこうなったら」「家族にとってはどんな姿でも生きていることに意味があるんだろうな。でもＢちゃんは果たして幸せなのかな。何を望んでいるんだろう」様々な思いが胸をよぎる。

そんなことを思いながら胸の聴診をするといつも通りゴロゴロ雑音がする。「Ｂちゃん吸引するね」話しかけながら呼吸器の音消しボタンを押して，呼吸器をはずす。酸素の値を確認しつつすばやく吸引すると黄色からやや緑がかった粘調痰がひける。Ｂちゃんはその間身じろぎもせず，どれだけひいても咳込むことも反応を示すこともない。苦しそうな顔や振り払う手や咳込む音，普段あるはずのものがない。ズズズ〜という音とともに少し酸素の値が下がり，一旦吸引を終える。呼吸器をつけ酸素の値が完全に戻ったのを確認する。

規則正しく胸打つ鼓動はまぎれもなくＢちゃんのもので，Ｂちゃんの体は生きようとしている。目の前に懸命に闘っているＢちゃんがいるにも関わらず正直私にはＢちゃんから生気が全く感じられず，生きている感じがしなかった。生きている感じがしないからといって死んでいる感じもしない。ただ生かされているというのが一番近いだろうか。私たちでさえ大自然やその他のものに生かされていると感じる瞬間はある。でもそういう他者への感謝が満ちた生かされている感ではなく機械的に生かされている……ただ呼吸して排泄して心臓が動く。そんな感じ。２時間ごとに尿量をチェックし，ピトレシン（尿量をコントロールする薬）の量を微調整する。高度な医学的管理がなければつながらない命。笑顔で話しかけながら，その一方で内心生きているとは思えない自分に後ろめたさを常に感じながら私はＢちゃんの前にいた。

師長さんが「この１週間での治療費は何百万で，病棟の持ち出しだ」と医師に

話しているのがちらっと聞こえたのを思い出す。難病指定なので全て公費で家族の負担はない。意地悪くこれだけの医療費が家族負担でも，家族はできるだけの治療をして欲しいと言うだろうかと思ったりした。思ったそばから，そんなことを思う自分に嫌気がさす。看護師を志した当初，私は最先端の治療よりは，現在の医学で治せるのに貧困や様々な理由で治療を受けられず失われていく命を救いたいと思った。…（中略）…治せるのに治せないなんて，とても悲しいことだと思った。数百円で助かる途上国の命に思いをはせながら，数百万かけて救おうとしている命もあり，世界の医療格差や一人ひとりの命の重さってなんだろうと考えさせられた。命に値段をつけること自体間違っていると思うが，それでも思わずにはいられなかった。

　…（中略）…

　ブルブルと胸ポケットのPHSがなる。「はい伺います」そう言って，この時間にあの人が呼んできたってことはトイレかな？　お風呂上がりの軟膏かな？とコールの理由を考えながらBちゃんの部屋を後にする。廊下を歩く間に，今までの様々な思いはどこかへ影をひそめてまた目の前の患者さんに集中する。

　そしてまた2時間おきのバイタルチェックでBちゃんの部屋に入り，あの瞳をみると同じ事を思う。

## (3) 実践の記述を発表し，話し合いを終えた後のAさんの記述（前半）
　——ありのままの私でいられる安心感

　Aさんは，大学病院に勤務して3年たったころの経験について，ナラティヴプラクティスで上記の記述を発表し，看護師たちと話し合った。Aさんが発表を終えると誰とはなしに，「わかるよ……」「あるよね，こう思うこと……」と同じような経験やその辛さについて丁寧に対話を重ねた。Aさんはそのときの様子を振り返り，翌月の第8回ナラティヴプラクティスで次のような記述を発表した。

　　ナラティヴプラクティスは研修と位置付けられているが，いわゆる研修という

言葉からイメージされる枠にはまったものではない。その分自由でその分不安定。最初は戸惑いの雰囲気も大きかったけれど，第5回くらいからメンバーもどんどんナラティヴモードになり，みんなで波乗りしているようにのってきて，私はこの時間が待ち遠しく楽しくて仕方がなかった。

　そんな中，前回は私の実践についてみんなと共有した。今まで語ることをためらっていた内容だったが，その場では何のためらいも持たなかった。私が話している間うなずきもなくただページをめくる音だけが聞こえ，だんだん重たい空気になっていった。話し終えた後，しばらくの間沈黙がありメンバーの口数は少なかったが，私の物語を受け止めようとしてくれているのが真剣なまなざしや表情，居住まいを正すような姿勢から伝わってきた。私はありのままの自分を受け入れてもらったという安堵感をおぼえた。

　Bちゃんのことは心の中にずっとどこかあったけれど，私はこの話を今まで誰にもしたことがなかった。仲がよく苦労をともにし何でも話し合った同期にも，看護に行き詰まったときには相談し，師と仰ぐ先生にも。生きているという大前提で，回復治療へと向かって日々のケアが行われていくなかで，「生きているとは思えない」と思うこと自体看護師として許されないような気がしたし，話してスタッフにどう思われるのかも心配だった。世間一般から期待される看護師としてのあるべき姿の呪縛や，病棟での回復への大きな物語のなかで，自分の物語を語る場もなかったし，場が設けられても言えなかっただろう。

　語ることができたのは，このメンバーに出会い，この空間にいたから。この持っていき場のない思いにともに身をおいてくれる，そんな確信を抱いたからだと思う。ここでは私の出す成果ではなく，私個人に関心を持ってもらっていると感じるし，絶対に否定されない，信じてもらえる，ありのままの私でいられる安心感がある。ナラティヴという概念を一緒に学んできて，時には難解な言い回しの文献を共に読みあかし，読んで分からないことに知ったかぶりをする必要もなく，分からないことを共有し，一緒に考え，それぞれの意見を等価のものとして扱い，時には揺れ，行きつ戻りつしながら丁寧に対話を重ねてきた。対話のなかでメンバーの看護観や大切にしているものが伝わってくる。そんな時間を重ねるなかで

5　現任看護教育におけるナラティヴアプローチの実践

安心できる時間と空間が保障されているように感じる。

## (4) 実践の記述を発表し，話し合いを終えた後のAさんの記述（後半）
　　──生きはじめたBちゃん

　第7回目のナラティヴプラクティスを終えた夜，Aさんから筆者宛てに「Bちゃんが生きはじめました！」といった内容のメールが届いた。布団の中で想いを巡らしていると，はっと気づいたことがあった。その気づきは今すぐに言葉にして筆者に伝えたいことから，夜中に布団から起きだして書いたというメールだった。語りの力を十分に実感していたつもりの筆者にとっても思いがけない出来事であった。

　筆者は，そのAさんの気づきについて，次回のナラティヴプラクティスで発表しみんなで共有してほしいことを伝えた。Aさんは，興奮冷めやらぬメールを土台にして第8回目に「生きはじめたBちゃん」という記述を発表した。

　　メンバーとはBちゃんに生気を感じられなかった理由としていくつかの点を考慮した。急変前・病前のBちゃんを知らない，つまり関係性がないので過去がないために未来も見えてこないこと。看取りでも回復でもないこと。若い年齢。そのほかにも患者の意思を感じられない辛さなど，丁寧に対話を重ねた。漠然とBちゃんに生気を感じられなかった理由が自分自身で整理できたが，相変わらずBちゃんは私の中で生きてはいなかった。言葉でコミュニケーションすることだけがコミュニケーションではないと分かっていたし，モニターが伝えるHRの波形（心電図），$SPO_2$（酸素飽和度），体温，呼吸状態，1つ1つが患者さんの体からのメッセージ。それも分かっていたけれどBちゃんから生気は生まれてこなかった。

　　その日は，他のメンバーの経験世界も共有し，対話を重ね，あっという間に終了時間となった。私は家に帰ってからも興奮冷めやらずどこかわくわくしたような気分で，患者さんの傍で働きたいなぁとすぐに実践に戻りたいようなそんな感じだった。

第Ⅱ部　事例編

　帰宅後は家事や子どもの相手などいつもの日常で，体はそう動いているのだけど，でもどこかずっと頭の片隅にメンバーのみんなや先生に言われたことがあった。特に「これだけAさんにいろいろな感情を呼び起こすのだから，Bちゃんは何かメッセージを発してたんだろうねぇ。」と先生が言われたその言葉がなんとなくずっと気になって，言われたその場ではBちゃんのうつろな瞳はすごく印象に残っているけど，でも何もないなぁと思った。
　夜になって布団に入ってからも，Bちゃんやメンバーの実践を聴きながらその時自分に想起された患者さんなど，いろんな患者さんのことが次から次へと思い出されて，なんだかメンバーの語りで体がものすごく燃焼していた。どんどん目がさえて，研修中の対話の内容やBちゃんの傍で働いていたころの自分など，どんどん思いが広がっていった。「メッセージ……メッセージねぇ……」と思いながら「反応がない」という反応（メッセージ）を受け取っていたのかなとぼんやり思い，次の瞬間ハッとした。本来数ミリの瞳孔が6ミリもある。瞳孔反射のないまぶたの閉じない目，そう，普通じゃないというメッセージ。反応がないというのはゼロではなくて……そう思った瞬間とても不思議なことが起こった。
　なんと突然Bちゃんが私の中で生きはじめたのだ！！
　もはやどうして死んでいると思ったのだろうと思うぐらいに。
　それからはどんどんBちゃんからの他のメッセージも届くような気がして，Bちゃんが私に語りかけてくるようだった。生と死。180度違うBちゃん。自分でも本当にびっくりして，もう布団の中だったけれど，起きだしてこの思いを伝えずにはいられなかった。
　メンバーとこのエピソードを共有し私の思ったことを一緒に感じて欲しい，というそれだけの思いだったのに，こんな変化が起きるなんて。
　語りの力って本当にすごい！！
　私は，自分の「いまだ語られなかった物語」を，初めて他者と共有した。メンバーは私の物語を見届け，私の生きる世界に共に存在してくれた。ナラティヴプラクティスでのみんなとの対話によって，私とBちゃんとの関係性が変わり，対話を通して今まで生きているとは思えなかったBちゃんとの物語が変化し，私の

新しい物語が生まれた。

　ナラティヴアプローチの実践において，変化を志向する必要はないというが，対患者さんで考えるとどうしても変化を求めたくなってしまう自分がいる。また，無知の姿勢，ナラティヴアプローチとは……と聞くとどこかで方法論を求めたくなる自分も存在する。その思考回路自体が論理科学モードだと思いながら。また，「空間を広げる」って本で読んだ時わかるようでわからなかった。しかし，今回自分が実際に対話の力を目の当たりにして，変化は目的ではなく，後からついてくるものなんだということや空間の広がりを実感した。

　メンバーのみなさんとの出会いとこうして私の物語に立ち会ってもらい，共に新しい物語を創造できたことを感謝しています。

## 4. 考　　察
　——ナラティヴの視点に基づいて看護実践をとらえ直すための具体的な方法と効果

　Aさんはこれまで誰にも語ることのなかった実践について共有したいと考えるようになり，Bちゃんについて語ることになった。語った後，ありのままの自分を受け入れてもらった安堵感を覚えている。なぜ今まで語れなかったのかという点については，社会から求められる看護師像による呪縛，大学病院での回復という大きな物語の中では，自分のこの物語を語る場がなかったためだと考えるようになっている。高度医療が抱える様々な矛盾の中で従事者が走り続けることはいかに厳しいことであるか，Aさんの記述から生々しく伝わってきた。同時に，その姿を後ろめたく感じてきたAさんが動き始めていることも見て取れる。

　Aさんに新しい物語が生まれる感覚が芽生えるような経験は，従来の看護学の枠組みでとらえ直したときには起こりにくいと考える。実践は適切であったのかという視点，つまり，Bちゃんや家族が抱える健康問題は看護実践によって解決されたのかという看護学的評価の視点では，「後ろめたい私」について語ることは的外れである。むしろ「後ろめたい私」を一層追いつめる可能性も

ある。

　看護学生のころから科学的根拠に基づく客観的な看護記録方法を学び，実践してきた看護師にとって，ナラティヴの記述の条件にそって実践を活写することは非常に困難な作業となる。看護記録では，「私」を主語に書き出すことはなく，科学的根拠に裏打ちされない主観が記載されることはけっしてない。瞳孔反射の確認や吸引についての記述はもっともわかりやすい。看護記録では，「瞳孔反射なし。左5mm，右6mm」「黄緑色粘調性の淡が引ける」という記述になる。一方，ナラティヴの条件にそったAさんの記述はまさに「描かれた」ともいえる内容である。Aさんは，自身の気持ちを直接的に書くのではなく，微細に描いていく中に気持ちを込めている。思いをダイレクトに取り扱うことはなくても，高度医療現場が抱える矛盾の中を悩ましく生きるAさんの姿はたしかに伝わってくる。そのような記述は，ナラティヴアプローチの理論的背景を学習し，そこで培ったものがあるからこそ成立すると考える。たんなる日記ではなく，ナラティヴの記述の要件とその理論を意識して記述されている。

　Bちゃんのことを記述するには温かい聞き手の存在が欠かせなかった。そこは，後ろめたい自分を語ってもいいんだと思える，誰からも責められることはなく，言い訳もしなくていいことが十分に約束された時間と場所であった。看護師たちによってこのような空間が創られたことこそが記述が生まれるもっとも重要な要件であったと考える。ナラティヴプラクティスの中では，アンダーソン（Anderson, H.）とグーリシャン（Goolishian, H.）（1997）の提唱する，「無知の姿勢」や「自由な対話空間」についての文献を読み解き，看護実践場面における具体的なありようについて探究した経緯がある。参加した看護師一人ひとりが他者の物語に敬意を示す「無知の姿勢」によって，語り手の意味や経験が何よりも重要視される「自由な対話空間」となっていた。ナラティヴアプローチの実践ができていたと考える。

　次に，Aさんが帰宅したあと頭の中をめぐった「これだけAさんにいろいろな感情を呼び起こすのだから，Bちゃんは何かメッセージを発してたんだろうねぇ。」という言葉について考えてみたい。これは筆者の言葉であったが，A

さんに言われるまで自分がそのような言葉を発したことを忘れていた。

　第7回目のナラティヴプラクティスでAさんの語りを聞きながら，筆者はAさんにはBちゃんが生きているとも死んでいるとも感じられないのが不思議でしょうがなかった。これまでのナラティヴプラクティスの中で，他の看護師の語りや記述に述べてきたAさんの視点から考えてもBちゃんの生命を感じられるように思ったからである。これだけ豊かな記述が書けるということはBちゃんと十分に関わっているということだろうし，退職して何年もの間ずっと頭のどこかにあったということは，ずっと生きていたとも解釈できる。ここで発言した筆者の言葉は，Aさんに気づきを促すような教育的意図をもったものではなかった。「Aさんほどの人でも自分が実践の渦中にあるときには，こういう風に感じるものなんだなぁ，そういうものなんだなぁ，こんなにたくさんの感情を引き起こすのに，生きているとも死んでいるとも感じられないとはどんな感じなんだろうか。しんどいだろうなぁ」という筆者の素朴な疑問からでた言葉であった。これは，Aさんが朝起きてから病棟に着くまでの風景，Bちゃんの病室の風景，吸引の描写など，白衣を着たAさんが立ち上がる中で，無理なくAさんの経験世界を垣間見ることができたことによる言葉であったと考える。

　もしも，筆者が研修担当者という立場から，ナラティヴアプローチによる変化を強く意識していたならば異なる言葉になっていたと考える。ナラティヴプラクティスでは，筆者自身も立場や役割もいったん置き，無知の姿勢で看護師たちの語りを聞いており，そのことも看護師たちが新しい物語の生成や意味を見出すことの一助になっていたと考えられる。

　以上のことを整理すると，ナラティヴの視点に基づいて看護実践をとらえ直すための3つの具体的な方法を提示できる。

　①温かい聞き手の存在と自由に語り合える場を創造すること
　②ナラティヴアプローチの理論的背景に裏打ちされた丁寧な記述を書くこと
　③指導者自身も立場をいったんおき無知の姿勢で語りを聞くこと

　これらのことが，各臨床現場で試行され，活発に話し合われることで，"私の看護実践"の意味が生みだされる。

第Ⅱ部 事例編

　本章の内容は，科研費基盤研究（C）課題番号24593283の助成を受けている。
　奈良女子大学大学院人間文化研究科年報第29号に発表したものを修正加筆したものである。

〈ブックガイド〉

アンダーソン，H., & グーリシャン，H.／野口裕二・野村直樹（訳）　1997　クライエントこそ専門家である——セラピーにおける無知のアプローチ　S. マクナミー＆ K. J. ガーゲン（編）　ナラティヴセラピー——社会構成主義の実践　金剛出版　pp. 59-88.
　⇨私たちが取り組んだ「ナラティヴプラクティス」において，理論的背景を知るための１冊として，Ａさんたちとも何度も読み返した。「無知の姿勢」とは，「自由な対話空間」とは。各現場でどのように実践されていくのか大いに話し合われることをおすすめする。

勝山貴美子　2003　暗闇の世界はどうですか　小森康永・野村直樹（編）　現代のエスプリ433　ナラティヴ・プラクティス　至文堂　pp. 85-97.
　⇨看護実践におけるナラティヴアプローチについて考えるうえで，大いに参考にさせていただいた論文である。「無知の姿勢」からの問いのありようと，その後の語り手の変化，聞き手（著者）の変化がよくわかる。

紙野雪香・西本久美子・内本千雅・吉井輝子・野村直樹　2012　ナラティヴって？——看護実践における応用　看護実践の科学，**37**(10)，8-55.
　⇨私たちが取り組んだ「ナラティヴプラクティス」の具体的な内容や，Ａさん以外の参加者の記述も掲載している。読者の皆さまの実践の参考になれば幸いである。

〈引用文献〉

アンダーソン，H., & グーリシャン，H.／野口裕二・野村直樹（訳）　1997　クライエントこそ専門家である——セラピーにおける無知のアプローチ　S. マクナミー＆ K. J. ガーゲン（編）　ナラティヴセラピー——社会構成主義の実践　金剛出版　pp. 59-88.

門間晶子・浅野みどり・野村直樹　2010　ナラティヴ研究の可能性を探る——シングルマザーの社会的苦悩を通して　家族看護学研究，**16**(1)，21-32.

木村敦子　2004　卒後４〜５年目看護師の自己教育力の育成——院内継続教育として開催した事例検討会の効果　加古川市民病院誌，**10**(5)，7-10.

小山田恭子　2009　我が国の中堅看護師の特性と能力開発手法に関する文献検討　日本看護管理学会誌，**13**(2)，73-80.

野村直樹　2012　第7話　学習Ⅰ——親切なライオンは実在する!?　みんなのベイトソン　金剛出版　pp.61-70.

第Ⅱ部　事例編

「現任看護教育におけるナラティヴアプローチの実践」
に対するコメント

森岡　正芳

　看護実践において"私の声"を取り戻す。紙野は最前線の医療看護の現場からの切実な訴えからはじめる。「ナラティヴの視点で自己の実践について考えることができれば，スピード化，成果主義の中にあって埋もれやすくなっている"私の看護実践"も重視され，ストーリーとして言語化することにつながると考える。…（中略）…"私の声""私らしい看護実践"を取り戻すことができれば，看護師は喜びを感じ，自信をもって生きいきと実践できることが期待される。」と述べる。そしてナラティヴの視点に基づいて看護実践をとらえ直す場として「ナラティヴプラクティス」をある基幹総合病院の中で定期的にもつようになった。

　本文表4に見られる枠組みである。ナラティヴプラクティスを行うためにはこのような人と場と時間がある程度一定していて，安心保護感があることがまず欠かせない。また，看護体験を共有するわけであるから，特定の患者さんが話題に上ることが多い。そのための何らかのルール枠組み作りが必要である。もっともそのルールは，一般化した固定したものではなく，それぞれの医療現場に即して設定したい。紙野の実践では目的，目標が明確で，方法ステップも小刻みに立てられていて，具体的でわかりやすく参考になる。

　とくにプラクティスの内容には「私の実践」が強調されている。ナラティヴプラクティスは名前のある一人称形式での語り，記述が基本である。しかし医療看護，あるいは心理臨床の世界でも，一人称記述で，事例を述べるというのはかなり大胆であり，無理解，誤解が付きまとう可能性は十分にある。紙野も「看護学生のころから科学的根拠に基づく客観的な看護記録方法を学び，実践してきた看護師にとって，ナラティヴの記述の条件にそって実践を活写することは非常に困難な作業となる。看護記録では，「私」を主語に書き出すことは

なく，科学的根拠に裏打ちされない主観が記載されることはけっしてない。」と述べている。

やはり実践の持続と説得力こそ，ものをいう。記述の仕方についても，紙野の枠組みは周到である。実践の記述方法について，ナラティヴの記述の4つの条件，①「私」が語られていること，②（二者）関係が語られていること，③看護者は患者を見届ける倫理的証人であること，④平易な日常語で記述されることを基本としたという。

このプラクティスで語られた看護師Aさんの看護実践の語りが強い印象を残す。

Bちゃんは女子学生である。Bちゃんは瞳孔反応もない。医学的にはもはや回復しない。Bちゃんは入院中の突然の急変で，このような高度延命治療が施されている。交際している彼のプレゼントが病室においてある。痛ましく胸を打つ場面である。そういう患者Bちゃんが生き返る？　医学的な意味での蘇生回復ということではない。Bちゃんが看護師Aさんの中で生き始めるのである。これはいかなる事態を表すのだろう。

その前に紙野はAさんへの相談役として，看護体験を語り聞いていた。Aさんは，その場でBちゃんの看護上での迷いや悩みをエピソードで示されたように，個人的に語ってきたのだろう。こういう関係が，若手看護師を支えていくのである。

紙野はナラティヴプラクティスの場で，次のような感想を伝える。

「これだけAさんにいろいろな感情を呼び起こすのだから，Bちゃんは何かメッセージを発してたんだろうねぇ。」この言葉はAさんの心に入ってきた。その後BちゃんがAさんの心の中で話し始めるのである。

紙野はBちゃんの話題について，看護学の視点からの実践の評価ではなく，「ナラティヴの視点で考えたとき何が立ち上がってくるのか考えてほしい」とAさんに伝えている。ナラティヴの視点では，語りの今ここでの意味（its meaning now）の立ち上がりが重要である。

第Ⅱ部　事例編

　場面は異なるが本書第Ⅱ部事例編1で，岸本が報告する以下のような臨床体験は，看護師Aさんの報告と重なり合う。岸本は言葉で話すことはない患者さんのかたわらで，「語りの内容でつながることはできなくても，言葉を超えたところでつながれないかと考えて，人工呼吸器が機械的な換気を繰り返す中，こちらも意識水準を下げて，無心に患者のことを思いめぐらせながら，あるいは奥さんや娘さんから聞いた話を思いめぐらせながら，ただ横たわるだけの患者の内面に入っていこうと試みた。」という。その試みから患者とつながる別のチャンネルが開かれてくる。「聴く」ということにはまだまだ解き明かされていない謎がある。

　Aさんの冷静な記述は見事である。Bちゃんの病室の情景が，細やかに描かれている。そして看護師Aが，日々のケアを怠りなく遂行しながら，自らの心の中でつぶやく。そのつぶやきすなわち，内言内感がていねいに記述されている。「これだけ豊かな記述が書けるということはBちゃんと十分に関わっているということだろうし，退職して何年もの間ずっと頭のどこかにあったということは，ずっと生きていたとも解釈できる。」このように紙野は述べる。そして紙野の率直に相手の体験に入り耳を傾ける姿勢。そこから自ずと生まれてくる「問い」の意味深さ。Aさんとの語らいの中で生まれてくる発見。まさに無知の姿勢とそこから生まれてくる新たな産物（ニューアウトカム　new outcome）の具体例をまざまざと拝見するように思う。

　医療の現場ではまず冷静に細部の変化をキャッチする観察眼が欠かせない。ナースたちも先輩たちの経験に裏打ちされた専門の眼をいっしょに動きながら学び，またナースステーションでのミーティングなどで，患者たちの日々の様子をふりかえることで学ぶのであろう。専門職の知恵はそのようにして伝授されていく。ところが，現代はそのような熟達者が初心者に有形無形の知恵を伝え教わる時間や場所のゆとりがなくなってきた。高度でシステム化された医療の中にあって，ナラティヴプラクティスの場が少しでも広がり維持されることを願わずにはいられない。

# ⑥ 描画療法とナラティヴ
―― 作者・作品（徴候）と読者（観客）・鑑賞（解釈）が織りなす対話

角山　富雄

……よい町並みは老婆の歯のように不揃いでなくてはならない。(Eco, 2000, chap. 13)
(Or donc, une bonne ville doit avoir ses maisons mal plantées, comme les dents d'une vieille.)

## 1. 宮廷女官たち

　17世紀スペインの宮廷画家ベラスケス（Diego Velazquez de Silva）の名画「宮廷女官たち」（Las Meninas o la familia de Felipe IV）（図2参照）は，観れば観るほど不思議な絵である。画家はこの絵で何を描こうとしたのか。多くの人がその謎解きを試みてきた。20世紀の哲学者フーコー（Foucault, M.）もまた，大著『言葉と物』（Foucault, 1966）の第1章すべてをその解読に充てている。画家（作者），絵（作品），鑑賞者（読者）の関係を考える上で，この絵以上に含蓄に富む素材はない。それはクライエント(Cl)―徴候（症状）―治療者(Th) の三項関係や，描画―ナラティヴ―意味解釈の関係にも通底するテーマを含んでいる。
　画面中央で王女がこちらを見ている。周囲に女官たちと犬が居る。画面左からは画家本人が絵筆とパレットを手に，やはりこちらを見ている。画家の左側に大きなキャンバスがあるが，裏面しか描かれていない。画家はキャンバスに何を描こうとしているのか？　おそらく，それは王女や女官たちが見ている何

第Ⅱ部　事例編

図2　『宮廷女官たち』Las Meninas o la familia de Felipe IV（Velazquez）
（出所）　The Prado in Google Earth: Home (http://www.google.com/intl/en/landing/prado/) -7th level of zoom, JPEG compression quality: Photoshop 8.

かと同じはずなのだが……。画面中央奥にドアが見える。男がそのドアを開け放ったことで暗い室内に光が射し，その光に導かれてドア左手に鏡らしき物が姿を現す。鏡には微かに男女2人の人影が映っているように見える。王と王妃だ。画家は王と王妃の肖像画を描こうとしていたのだ！　しかし，王と王妃がモデルとして立っている場所は，この絵を観ようとしてわれわれ鑑賞者が立つ場所でもある。"画家の眼に捉えられた瞬間，鑑賞者は強引に絵の中に連れ込まれる"（Foucault, 1966, p.21）。キャンバスに描かれているのは，王と王妃の肖像か？　われわれ鑑賞者の肖像か？　だが，キャンバスは裏面しか描かれていない……見えないキャンバスの上でモデル像と鑑賞者像とが交錯する……。

　絵（作品）の中に画家（作者）が居て，その視線が，画家が描こうとしているモデル（対象）だけでなく，われわれ鑑賞者まで絵の中に引きずり込む。鑑賞者の描画解釈や読みもまたおのずと画中に取り込まれる。その結果，絵の中で画家とモデル，鑑賞者の相互対話がはじまる。この絵はそういう不思議な絵だ。絵というよりはむしろ，画家とモデル，鑑賞者の三者が織りなす対話の場になっている。"画家の視線に誘われて画中に潜在的三角形が顕れる；頂点は画家の眼（これは見ることができる），底辺の一方はモデルが位置する場（これは見えない），もう一方はキャンバスに描かれているはずの像（これも見えない）"（id. ibid.）。

画家はキャンバスに王と王妃ではなく，鑑賞者の肖像を描いているのかもしれない。鑑賞者と目が合う度に，画家は絵筆で王と王妃の肖像を鑑賞者の肖像に，そしてまた王と王妃の肖像にと，上描きし続けてきたのではないか。その往復運動は画家とモデル，鑑賞者の対話そのもので，その対話が三者に共通の意味作用（representation）を生み出すのだ。この絵はそうした意味作用の枠組それ自体を描いたものに違いない。この絵の意味は，だから，鑑賞者の主観からもモデルの客観的実在性からも推し量ることができない。主観や客観を超えたところで展開される画家，モデル，鑑賞者の相互対話から流れ出てくる一つの揺るぎない意味作用，それこそがこの絵の意味なのであろう。

## 2.《折り合い》としての描画解釈，ナラティヴ解釈

このベラスケスの絵と精神療法を彩る諸表象（徴候（症状，夢）；ナラティヴ：非言語表現（仕草，描画，作品など））とを較べると，後者の意味世界が前者のそれからどれ程遠く退いたところに在るかがよくわかる。精神療法にはベラスケスの絵のような〈画家（Cl）―作品（表象）―鑑賞者（Th）〉を繋ぐ共通の意味作用がない。Cl と Th，症状などの諸表象は必ずしも同じ意味世界に属しているとは限らない。だから Cl は自分の症状や夢の意味が掴めず，Th にもそれは不明なままで，同じ言語を使いながら，Cl と Th は互いの真意を汲み取れずにあがく。両者には，症状や夢の意味，双方の真意を，勝手に解釈し合う以外に途がない。だから Th は Cl のナラティヴや仕草，描画などを媒介に，人為的に Cl の症状や内面を解釈しようとする。ナラティヴ解釈や描画解釈が精神療法で重宝される所以である。

しかし，"解釈" はラテン語の interpres（inter + pretium：等価物）を語源とし，テキストの注釈，代弁が原義だから，Th が Cl と意味を共有することとは違う。精神療法における症状解釈や Cl の内面解釈は，だから〈見えるテキスト：ナラティヴや仕草，描画など〉をフィルターにして〈見えない意味：Cl の症状や内面〉を浮き彫りにする一種の人為的な帳尻合わせ，つまり折り合い

の作業と同じなのだ。しかし解釈には主観がつきものである。臨床描画テスト解釈やナラティヴ解釈だけでなく，ClとThの合作とも謂える描画療法の場合でさえも，そこにはCl，Th双方の主観がつねに影を落とす。解釈と誤解は紙一重である。精神療法で重要なのは，精確な解釈よりも，上手に相手を誤解することだと言われる所以である。

### (1) 絵を読む──臨床描画解釈

描画の臨床解釈は19世紀以降，3種のテキスト[(1)]を基に発展したと筆者は考えている。第一は中世以来の図像学 (iconographie)，図像解釈学 (iconologie) 由来のテキスト（鳩はイエス・キリスト→平和を表し，骸骨は死を表すなど），第二は精神分析由来の象徴解釈テキスト（人物像肥大は自我インフレーション，手掌腕肥大は攻撃性の無意識的な象徴表現など），第三はモラル療法由来のテキスト[(2)]（図形模写の非整合性をモラル障害のサイン (Seguin, 1846)，人物像描写の巧緻性を知的発達のサインと見なすなど）であろう。

他方，描画テスト（人物画，家族画，樹木画など）や描画療法におけるClとThの関係は，Thの描画教示に対するClの描画・言語反応という枠組（テキスト）にそって解釈されるのがつねで，そこにはThの主観が影を落とすため，Thの描画教示に反する描画はモラル障害の証，Thに対する無意識的抵抗の証と見なされたりする。

---

（1）時代，文化，思想，理論などにおける《ものの考え方》の枠組。
（2）知的障害，精神障害などは19C以降，西欧とりわけフランスでは，モラルの歪みの顕れとして理解されてきた（Seguin, 1846参照）。「モラル：moral」は邦訳の難しい言葉である。元来，古代ローマの文人キケロがギリシャ語の「ethica：倫理」のラテン語訳に難渋して造語した「moralis」を語源とする言葉なので"心にくいこんで離れない"イメージ，《良心の呵責》に近い意味を含む。それもあって19C以降の精神療法は「モラル療法：moral therapie」と称された。「psychotherapie：精神療法」とは，だから，「psyche＝息・精神」を媒体にしてモラルの歪みをただすアプローチと考えればよいのかもしれない。

## (2)語りを読む —— 臨床ナラティヴ解釈

　ナラティヴの臨床解釈にも3種のテキストが介在すると筆者は考えている。第一は個々のナラティヴを支える時代文化テキスト（HIVやフェミニズムなどの意味概念）で，これは描画解釈における図像学・図像解釈学テキストに相当する。第二は精神分析由来のテキスト（比喩表現，言い間違いなど）。第三は言語学由来の語用論的テキスト（表現意図（intent）と表現内容（content）の解離，ダブルバインドなど）である。

　他方，ナラティヴアプローチにおけるClとThの関係は，構造化された自分語りの教示や半構造化面接などの枠組（テキスト）にそって解釈されるのがつねで，そこにもThの主観や社会通念が影を落とすため，Th（社会）の意に反するナラティヴは，モラル障害，Th（社会）に対する無意識的抵抗などの証と見なされがちである。

## (3)描画・ナラティヴ技法

　自分が描いた樹木画や家族画などを題材に，紙芝居風のお話づくりをClに促すという技法がある（角山，2005，2007）。Clが自分の絵に自分が受け容れ可能な解釈（ナラティヴ）を施すことを促す技法で，PDI（post drawing inquiry：たとえば，家族画に対して"この家族は何をしているの？"，"この中に一人仲間外れがいるとしたら誰？"などと尋ねる）技法の変法である。逆に，ナラティヴ解釈の一助として描画を用いるアプローチもある。"夢を見たが，うまく説明できない"とClが報告したとき，"その夢の情景を絵にしてみよう"と誘うのである。夢情景の描画化が進むにしたがい，夢内容の言語化が詳細になる。いずれの場合も，技法の要は，描画解釈から得られたストーリーとナラティヴ解釈から得られたストーリーとの間に生じる解離や矛盾などに着目し，そうした特徴を手がかりにCl（の徴候）をメタ解釈するところにある。筆者の臨床経験では，虐待症例や解離症例，PTSD症例の治療にこうしたアプローチが功を奏することが多かった。侵襲性を伴う過剰解釈のリスクが少ないからであろう。精神療法における対話は，語れる範囲，描ける範囲にとどめるのがコツである。

解釈の整合性にこだわりすぎると，その副作用で逆にClの自己回復力を蝕むことになりかねない。

## 3．症例を読む

### (1) 夢を絵に描く

　症例を紹介しよう。図3は自己臭恐怖に悩む女性（仮称K。20歳台）が描いた夢の情景である。自己臭恐怖は，周囲の人の目に自分がどう映っているかが気になる，という日本人に特有な対人恐怖症状の亜型で，自己臭の有無ではなく，〈周囲＝世間〉への気兼ねが恐怖症状の核だとされる。

　"臭いはしないと思ってみても，周りの人が鼻を押さえているのを目にするだけで，不安になって身体がすくみパニックになる。家族と居るときや，自分独りのときは気にならない。電車に乗っているときでも，乗客がまばらだと気にならない"。Kは当初から，自分の状態をその程度には語ることができたが，反面，自己臭恐怖があることを家族や友人に話したことはないという。昔から自分のことを人に話すのは苦手だったらしい。いつごろその症状に気づいたかも思い出せないという。現在失業中だというが，詳細は話したがらず，"自分の相談で来ているのに，自分のことを話さないのは変ですよね"と言って口ごもってしまう。就活はしているが，まだ目星が付いていないようだった。

　何度目かの面接時に，Kは"昨夜夢を見た"と語った。"言葉ではうまく言えないけど，水の上に四角いパネルがいくつも浮かんでいる……"。最近，同じような夢を何度も見るらしい。起きたときに妙

図3　『夢の絵』（自己臭恐怖症例，女性，20歳台）

な気分がしたが，細かいことは思い出せないという。ThはKにその夢の情景を絵に描いてみないかと誘ってみた。Kはしばらく躊躇っていたが，やがて楽しそうに1枚の絵を描きだした。それが図3の絵である。3人の人物像。後ろ姿，横顔，前を向いた人物像が一人ずつ。画面右上方に鳥の群れが描かれ，3人の人物像に囲まれた画面中央のスペースに，数字の刻まれたパネルが何枚も描き連ねられていた。

**(2) 絵をめぐる語り（ナラティヴ）**

　描き終わると，Kはその絵の説明を始めた。"3人の人物像は知らない女が2人，それと自分。どれが自分かわからない……海にパネルが浮いている，1枚が20 cm四方くらいかな，それを3人で拾っている……自分が拾ったパネルの数字は2で，裏返すとピアノの絵が描いてある……"。この絵をめぐって，その後ThとClの対話（PDI）が始まった。その内容をまとめてみよう。

　"数字からの連想…中学生のときの出席番号が2番で，自分の誕生日も2日。Kはピアノが弾けなかったし楽譜も読めない。TVで60歳くらいの男性がピアノを弾いているのを観たことがある。学校の音楽室に飾ってある作曲家の肖像に似てた。すごいなあ！　自分もピアノが弾けたらいいのに…でも，学生のころから音楽の授業はずっと嫌いだったし，中学生のときの合唱コンクールも嫌いだった…そう言えば，昨夜この夢の後でもう一つ夢を見た気がする，クイズ番組のTV収録を観に行く夢…でも細かいことは思い出せない…"。

　夢の絵を題材にThと対話しながら，その日のKはいつになく饒舌だった。そして，話題は数日前に見た夢の話に移行する。"夢の中で自分は寝ている…すると何かでお腹を上から圧迫される…動けない，声も出ない…すると急に身体がストーンと落下していく…誰かと話している，すると上の歯が全部折れて下に落ち，口の中に溜まっている…びっくりして目が覚めるんです…"。

　この描画セッションを境に，Kの自己臭恐怖は少しずつ収束していった。臭いが出ているのではと気になることはあるが，何とかもちこたえられるように

なったという。"自己臭が気になりだしたのは中学生ごろだったかもしれない……嫌な思い出があるから…でも，それは言えない"。……"言えるときが来るといいな"とThが応えると，"誰にも言ったことない"と言ってKは少し涙ぐんだ。

それから数カ月後，仕事がみつかったという報告とともに，KはThに面接の終結を告げることになる。なぜ自己臭恐怖にみまわれたか"自分で見当はつくけど，それを今Thと話したくない。ご免なさい，何も言わないままで…"。

## 4．不可解な絵と不揃いなナラティヴ

### (1)「夢の絵」の描画・ナラティヴ解釈

Kが描いた「夢の絵」（図3）をベラスケスの「宮廷女官たち」（図2）と較べてみよう。どちらも画中に作者の姿が描かれている。異なるのは，Kの絵には鑑賞者（Th）を画中に引き込む仕掛けが見あたらないことと，3人の人物像のどれが自分（作者）に相当するかがわからないこと（拾ったカードの番号が2で，自分の出席番号，誕生日に合致し，それがidentityを示すサインになってはいる）の2点であろう。Kの絵は，Thが画中に入ってその意味を共有することを許さないし，K（作者）に対しても自身の由来（出席番号，誕生日）を暗示するだけで，絵そのものが持つ意味の共有を完全には許そうとしない。

臨床描画解釈からはどのような読みのストーリーが聞こえてくるか。後ろ姿の人物像表現（それが自分なら）は精神病理学的に〈うつ気分〉の描画サインと解釈できる。海（水）は精神分析的に退行願望の象徴表現。画面右上方の鳥の群れは不吉な予期不安の象徴表現？（画面右側は図像学的に未来を意味し，鳥の群れはゴッホが晩年自殺直前の1890年にParis近郊 Auvers-sur-Oise（オーヴェール・スュール・オワーズ）で描いた「Champ de blé aux corbeaux：カラスのいる麦畑」を連想させる）。Kの自己臭恐怖症状の背後には，失職などに起因する対人不安や予期不安，うつ気分，退行依存願望が渦巻いていたということか。

こうした描画解釈を，夢の絵とそれを契機にKが語ったいくつかの夢話など

に関するナラティヴ解釈が後押しする。Kは自分が現在失職中であることに後ろめたさを感じている。ずっと自分に自信が持てずにいたのかもしれない。数字2のパネルを裏返すとピアノの絵が描いてあったという夢は，達成願望と現実の解離，失望，自己不信の象徴的物語とも解釈できる。続いて語られた腹部圧迫や歯が折れるなどの夢話は，性的なテーマや挫折感，PTSDの象徴表現とも解釈できる。嫌な記憶のフラッシュ・バックが怖いから"話せない，話したくない"と訴えたのではないか。自分のことを話し過ぎたら周囲からどう思われるだろう，そう考えてしまうから，余計に怖くなる。それが自己臭恐怖のカタチをとってKを苛んだのではないか。

### (2)解釈の整合性をこえて

一見不可解に見える「夢の絵」や「夢話」も，描画解釈，ナラティヴ解釈のフィルターを通して観ると，そこに一つの整合性を帯びた筋書き（臨床解釈ストーリー）が浮き出てくる。しかし，整合性があったとしても解釈は所詮解釈，Clの徴候（絵や夢話）を自己臭恐怖の病理という文脈に沿って人為的に意味づけ（解釈）した結果に過ぎない。現代イタリアの碩学，記号学者にして小説家でもあるウンベルト・エーコ（Eco, U.）は，12世紀後半の西欧史実と聖杯伝説（グラダーレ）を下敷きに，稀代のほら吹きバウドリーノと仲間たちを主人公に荒唐無稽な冒険譚を創出し，彼らの口を借りてこんなことを言わせている（Eco, 2000）。

> "この像にどんな意味があるか知らんが，仮にお前が何かの像でも造ったとして，それにどんな意味があるかは後で誰かが勝手に考えることで，どう解釈しようが構いやしないってことさ（Je me suis dit qu'une image comme ça voulait dire quelqu chose, même si je sais pas du tout ce que ça veut dire, mais tu sais comment c'est, tu fais une figure et puis ce qu'elle veut dire les autres l'inventent, pour autant ça va toujours bien）"（chap. 38, p. 643）

"ひとは自分が見たいと思ったものしか見ない"（カエサル『内乱記』）。これ

は歴史記述の場合もニュース報道，臨床記述・解釈の場合も同じで，問題は解釈の整合性が人間に何をもたらすかだ。精神療法においては解釈の整合性がClに幸（bonheur）や至福（félicité）をもたらすとは限らない。精神療法の善し悪しは，解釈や治療過程の整合性では決まらない。精神療法を一つの物語（récit）と捉えるなら，その筋書きやそこで繰り広げられるナラティヴは実際のところすこぶる不揃いなものではないかと筆者は考えている。

　"自分のことを話さないのは変ですか？"，"ご免なさい，今は話したくない"。Kは治療過程の節目節目でそんな一言を口にした。まるで"美徳は沈黙のなかで獲得される（la vertu s'acquiert dans le silence）"（id. ibid. chap. 33, p. 554）とでも言うかのように。"話さない"，それこそがKのナラティヴを特徴づける一種のimagery（比喩的表現描写）表現（Crossley, 2000）だった。ナラティヴにひとを惹きつける力があるのは，その答が見つからないときだけだ。だからKは"話さない""話したくない"と言い続けたのではないか。"私の話に耳を傾ける気があるのなら，それは隠しておきましょう。誰だって自分の夢を扼殺されるのは嫌だから（si tu veux m'écouter, cache cette chose : que nul ne tue son rêve en y mettant les mains）"（id. ibid. chap. 38, p. 642）。それに応えてThが"言えるときが来るといいな"と告げたとき，Kが涙した，その感情の発露こそがKのナラティヴ・トーン（Crossley, 2000）だったのかもしれない。ナラティヴアプローチにおける治療の要は，解釈の整合性ではなく，むしろそうしたimagery表現やトーンの方にある。だから，この物語は涙や"話さない"という言葉で，終焉（幸，至福）を予告していたのであろう。大切なのは物語の答が見つからないように話し続けることなのだから……。

　われわれはベラスケスの絵のように，作者（Cl）-作品（徴候）-読者（Th）に共通する意味世界をもってはいない。ただ，デジャ・ヴ（déjà vu）の錯覚に魅入られながら，見知らぬ街角に佇み，居心地のいい町並みに酔いしれる，その一瞬を求めることしか許されていない。それはClもThも同じだ。そのとき眺める町並みは老婆の歯のように不揃いな方がいい。精神療法という物語は，ClにとってもThにとっても不揃いな方がいいのである。

付記：本文中に引用した Foucault（1966）の訳文は仏語原典を，また，Eco（2000）の訳文はすべて伊語原典仏語訳をもとにした筆者の拙訳である。本文の文体と合わせるためあえて拙訳を用いたが，とくに Eco の小説に関心のある読者には堤康徳（2010）の名訳をぜひお勧めする。

〈ブックガイド〉

クロスリー，M. L.／角山富雄・田中勝博（監訳） 2000/2009 ナラティヴ心理学セミナー――自己・トラウマ・意味の構築　金剛出版
⇨語ること（narrate）は知ること（know）に通じる。ナラティヴ・ケアの原点はそこにある。どのように語り，知るのが生産的か。その要点が心理学の観点から，HIV 陽性事例のケアなどを交え，わかりやすく詳述されている。

寺沢絵里子　2010　絵画療法の実践――事例を通してみる橋渡し機能　遠見書房
⇨絵画療法は視覚イメージを媒体にした典型的なナラティヴ療法でもある。描くこと，語ること，知ること。クライエントと治療者が織りなす絶妙のイメージ・ナラティヴ療法の実際が多彩な症例とともに詳述されている。

〈引用文献〉

Crossley, M. 2000 *Introducing Narrative Psychology: Self, Trauma and the Construction of Meaning.* Open University Press UK Limited.（クロスリー，M.／角山富雄・田中勝博（監訳） 2009 ナラティヴ心理学セミナー　金剛出版）

Eco, U. 2000 *Baudolino.* Bompiani.（pour la traduction française Schifano, J-N. 2002 *Baudolino.* Édition Grasset & Fasquelle；堤康徳（訳） 2010 バウドリーノ　岩波書店）

Foucault, M. 1966 *Les mots et les choses: Une archéologie des sciences humaines.* Gallimard.

角山富雄　2005　自分語りの表現病理にみるファンタジーと語りの関係　日本芸術療法学会誌，**36**(1,2)，121-125.

角山富雄　2007　描画ナラティヴ法――描画とナラティヴの Schizmogenesis（分離発生）とその統合化に着目した治療技法　臨床描画研究，**22**，68-84.

Seguin, O. E. 1846 *Traitement moral, hygièn et éducation des idiots.* Comité d'histoire de la Sécurité sociale, Paris 1997.

第Ⅱ部　事例編

# 「描画療法とナラティヴ」に対するコメント

　　　　　　　　　　　　　　　　　　　　　　　　森岡　正芳

　ナラティヴは意味の行為である。言葉のやりとり，人と人の交流がどのように意味を生むのか。ナラティヴの意味作用はどのような特徴をもつのだろうか。病いの中で人はどのように語り，病いについての意味を生むのか。病いに直面して，人は生活の中でその意味をあれこれ考える。顕在化した症状や，問題，困難の表れは多様であり，個人の生活文脈においてはじめてその意味がわかってくることもよくある。

　症状として現れたものは事実である。まず事実を根拠にして症状をよく見極めることが必要である。症状という事実はそれを抱える当事者にとって，そして専門家を含む他者との相談によって，多様な意味を生む。日常ではむしろ軽く，冗談交じりに自らの病気について話題にすることもある。心理療法場面でも自ら拠って立つ理論（説明モデル）の文脈から，多様な意味解釈を症状に付与する。

　語り聴くことが意味を構築していくその働きを探求するには，解説編で述べたように三項関係に注目することが，一つの手がかりとなる（第Ⅰ部解説編3の3節(4)「第三の領域を作る」）。物語は会話する人と人の間に生じる。物語る人，その聴き手，そして物語という三項関係が基本にある。臨床ナラティヴはこの三項関係を基盤とする。会話の場面で，ストーリーを語るということ，ストーリーとして聞くということが，2人の間に第三の領域を生み出している。この領域を介してあらわれてくる主題。これがプロットであり，ナラティヴアプローチはそこに接近する。

　ところが実際には，クライエントたちはこの三項関係が成り立ちにくいのである。クライエントたちは当然のことながら，主訴とされる問題から話が始まり，話がそこにたえず立ち戻るため，会話が広がらない。せっかく生じた第三

の領域も，狭くなってしまう。

　物語にも増して，描画は三項関係を具体的に生みだすことができる。そういう意味では三項関係は自然に生じ，間の空間を描画は作りやすい。この空間を介して交わされる会話にこそ，治療促進的な意味が生まれるであろう。

　角山は謎のような文章から始める。ベラスケスの名画「宮廷女官たち」。ラカン（Lacan, J.）やフーコーがとりつかれ，熟考した作品である。絵の中心に画家がいて，モデルを見ながら描いている。モデルは誰かわからない。画家は鑑賞する私に向かって描いているようにも見える。「絵（作品）の中に画家（作者）が居て，その視線が，画家が描こうとしているモデル（対象）だけでなく，われわれ鑑賞者まで絵の中に引きずり込む。」見ている私にもイリュージョン（錯覚）を引き起こす。この絵と，絵の中の人物たちと，見ている私との間に視線が動く。そしてこの視線の運動は「画家とモデル，鑑賞者の対話そのもので，その対話が三者に共通の意味作用（representation）を生み出すのだ。この絵はそうした意味作用の枠組それ自体を描いたものに違いない。この絵の意味は，だから，鑑賞者の主観からもモデルの客観的実在性からも推し量ることができない。主観や客観を超えたところで展開される画家，モデル，鑑賞者の相互対話から流れ出てくる一つの揺るぎない意味作用，それこそがこの絵の意味なのであろう。」

　心理療法の場面における意味作用は，とらえどころがない。もちろん症状や困難の軽減に意味があることが，セラピーの大前提である。面接の場で語り聴かれることを介して立ち上がってくる体験が基盤である。そのための道具として，言葉にかぎらず様々な媒介物（媒体）を用いる。媒体を通じて第三の領域が形成される。描画は有力な媒体の一つである。

　角山の事例で，Kさんはある夢を見る。夢を見たが，うまく説明できないとKさんが報告したとき，その夢の情景を絵にしてみようと誘うことで，Kさんは夢を描く。そして絵を題材に語り合う。Kさんは珍しく饒舌だったと角山は述べる。自分を含む3人の姿。何か足元がおぼつかないボードに乗っているように見える。

「夢情景の描画化が進むにしたがい，夢内容の言語化が詳細になる。」実践の積み重ねを通しての角山の言葉は説得力がある。まさに間の空間，第三の領域が広がるのである。

この絵についていくつかの解釈ストーリーを作ることは可能である。しかし，角山は慎重に，「一見不可解に見える「夢の絵」や「夢話」も，描画解釈，ナラティヴ解釈のフィルターを通して観ると，そこに一つの整合性を帯びた筋書き（臨床解釈ストーリー）が浮き出てくる。しかし，整合性があったとしても解釈は所詮解釈，クライエントの徴候（絵や夢話）を自己臭恐怖の病理という文脈に沿って人為的に意味づけ（解釈）した結果に過ぎない。」と述べる。

「宮廷女官たち」とはちがって，視線の錯綜した往復運動があるというより，角山とＫさん，そして絵の間に固有の「あわい」がひろがる。話題は数日前に見た夢の話に移行する。身体像が崩壊するような夢である。症状にまつわる出来事を語るよりも，Ｋさんはこのことを伝えたかったのであろう。一つの夢物語と描画のそばにそっと別の夢物語がおかれる。不思議なよくわからない絵に夢の物語がつながれる。治療ナラティヴはセラピストが与えるのではない。そこにいる２人の意図を超えた何かが到来する。ナラティヴを聞き取るということはその人を受け取るということである。

# 7 エンカウンター・グループ体験を物語る
―― 日常と非日常をつなぐ試み

村久保 雅孝

## 1. エンカウンター・グループ体験をめぐって

### (1)エンカウンター・グループとは

　エンカウンター・グループ（encounter groups：以下，本文中ではEGとする）をご存じだろうか。

　EGは，アメリカの臨床心理学者であるロジャーズ（Rogers, C. R.）の創始による，集中的グループ体験の一つである。ロジャーズは，EGを「20世紀，もっとも急速に拡大している社会的発明であり，おそらくもっとも将来性のある発明であろう」と述べている（Rogers, 1970）。日本へは1970年ごろから紹介・実践されて今日に至っている。EGは様々な形態で発展しているが，ここではその源流である非構成的EG（あるいはベーシックEG）を取り上げる。

　日本におけるEGは，2泊から4泊程度の期間で，街中から離れた静かでわりと自由のきく会場で行われることが多い。普段の生活から離れた，非日常的な環境の中で，年齢や性別，社会的地位などをいったん横において，一人の人間として率直に，正直に，そして素直にそこに集った人々と語り合おうというものである。参加者は数名から10名前後であり，そこにファシリテーターと呼

---

（1）「率直に，正直に，素直に」という知見は野島一彦（跡見学園女子大学）による。

ばれる世話人がつく。ファシリテーターはEG体験者で臨床心理学の専門教育を受けている場合が多いが，だからといって場をリードするわけではなく，参加者とともに過ごす。だいたい3時間前後を1セッションとし，休息や食事をはさみながら1日に2〜3セッションが持たれる。EGでは，自己の探求や気づき，人間関係の開発，真摯で率直な出会いなどが目指されるが，実のところはそれほど肩ひじ張らず，出会いを楽しみ，穏やかに語り合い，しばし日常を離れて一息つくような時間と場でもあるようである。

### (2)エンカウンター・グループ体験の非日常性と日々の暮らし

EGは，様々な意味で非日常的な環境で，非日常的な体験として体験される。実際，EG研究の多くは，EGの過程やEG自体の効果に着目している。

しかし，そこでの体験は，そのときのEGでのことのみではなく，やはりその人の日常に影響するであろう。ロジャーズは「EG体験が，その人の普段の暮らしの中でその人の生活に寄与するのでなければ，たとえあるEGにおいてその人に豊かな体験を提供できたとしてもそれは十分なこととは言えない」といった趣旨のことを述べている（Rogers, 1970）。

このことは，EG自体の非日常性にとどまる考察に加えて，EG体験がある人の日常の暮らしを考察する方向を示唆している。筆者自身，EGにはじめて参加してから30年以上がたち，ファシリテーターを務めるようになってからも20年を超える。筆者の体験からも，EG体験は日常と円融するごとくつながっているという実感がある。

本章では，初老となったあるEG参加者の語りをとおして，その人の日常からみたEGの非日常的体験と，その人の日常への関わりに耳を傾けてみようと思う。日常とEG体験の非日常性とをつなぐ試みでもある。

## 2.「私」にとってのエンカウンター・グループ

### (1)「この道」

　初老の南さん（仮名）は，EGをはじめ様々なグループ・ワークに参加したり，個人セラピーを受けてこられた方である。20代の半ば，社命で派遣されたST（sensitivity training：感受性訓練）が始まりであった。南さんは様々なグループ体験やセラピー体験を重ねてこられた方ではあるが，それは治療の必要があってのことではなく，生きていくうえで，いわば日々の暮らしの中で促されてのことであったと振り返られる。南さんのEGとの関わりは，40年を超えている。

　筆者は2008年の冬，とあるEGで南さんに出会った。そして，EGのある人生を生きてこられた南さんに強く惹かれた。そこで，「南さんとEG」の物語を聴かせてもらいたいと申し出たところ，快諾が得られた。「南さんとEG」の物語に接するにあたって，まず，南さんにとっての「この道」を振り返ってみよう。南さんが1994年に記したエッセイである（公開にあたって一部改編）。

　　『この道』（1994年春・記す）
　　グループ・ワークなるものに参加していつも思う。どうしてみんな「この道」へ入ったのだろう。私の場合はきわめてはっきりしたきっかけがある。それは特殊な体験だった。もう25年も前のことである。社命で参加したSTがその第1歩であった。海沿いのホテルの1室に12名ほどがカンヅメになり，ともに1週間を過ごした。開始後間もなく，突っ込み型のトレーナーを先頭にメンバー全員の総攻撃にあった。いわく，肉声が聞こえない，言葉は多いが心に響いてこない，通じないから通じるように話せ，自分が上司ならあんたは雇わない，一緒に仕事はしたくない，お前はまるでオンブにダッコの甘えん坊だ，あんたは嫌いだ，等々。いたたまれなかった。休憩でトイレに行ったら，鏡の中の自分の顔がこちらを見て嘲笑っていた。自分からもバカにされ，全世界がみな敵で本当にひとりぼっちだっ

た。窓から飛び降りて，敵だらけの世界からわが身を消したかった。そして次のセッション，ふとしたきっかけで心が開いた。あれっと思って周りを見たら，みんなニコニコ微笑んでいた。南さんよかったねと，その目は語っていた。とたんに心が軽くなった。ふわふわ浮いて空に漂っているみたいな暖かな，柔らかな，心地よい不思議な気分だった。真っ暗な長いトンネルを抜け光の世界に出たようだった。涙が出た。暖かな涙だった。メンバーも泣いていた。そして数日後，世間に戻った。

　3ヶ月は輝いていた。何でもできそうな気がした。1万人の前で演説もできれば，何人もの女を口説くこともできそうだった。大会社の社長とも総理大臣とも気楽にお話しができそうだった。どんな仕事もこなせそうだった。

　6ヶ月後，あんなに楽だった生きることがつらくなっていた。人に会うと妙に緊張し，ぎこちなくなっていくのがわかった。人に会うのが恐く，仕事をするのが恐く，友達とも会いたくなくなった。2年後，すがる思いでSTに自費参加した。また楽になった。しかし3ヶ月だけだった。EGに行った。楽になった。3ヶ月でつらくなった。カウンセリングを受けた。3人目の先生とは2年半続き楽になった。6ヶ月もった。心理学の本を読みあさった。内観へも行った。森田療法の会へも参加した。精神科医の面接へも通った。アメリカから帰国直後の先生に受けた認知行動療法は，やたら費用がかかったのを覚えている。座禅の門もたたいた。交流分析も勉強した。ゲシュタルトのグループにも……。

　いつまでこんなことを続けるのだろう。もしあの時STに参加させられていなかったら……。だが人生25年前からやり直すことはできない。それにたとえあのSTがなかったとしても，いつか「この道」に入ったような気がする。

　この道はどこに続いていくのか。こんなに自分の心ばかりにつきあって，心をいじくりまわして一生を終えるのだろうか。これまでこの道を歩むために使った膨大な時間とお金，そのエネルギーに見合う何かがあったのだ

ろうか。ただ歩いただけが人生のすべてなら，あまりにもったいない。私は何かをしたい。この道を歩んだ証に何かをしてみたい。その何かにいつか出会えるのだろうか。

## (2) 南さんとの対話その1 ── エンカウンター・グループ体験を語ることへの思い

　南さんのご自宅に伺ったのは，2012年の冬であった。「南さんとEG」の物語は，筆者との対話の形で語られた。以下に対話を再構成しながら紹介しよう。その始めは，EG体験を語ることへの思いである。

> 村久保（以下，村と記す）：EG体験はとても個人的なもので，だからEG体験に注目してその過程やそこでの変化や成果を探求することに加えて，体験した人の体験談としての探求も必要なんじゃないかと思っていました。EGを語るというより，暮らしの中にEGがある人の暮らしを語るという感じでしょうか。そこからEGがどのように語られるか，ということが，EG体験の日常性を探求することにつながっていくように思うのです。
> 
> 南：その相手が私ということ，光栄ですね。始めにこの話を聞いたときに，どういう話になっていくのか，実はあまり見えてこなかったんです。ただ，EGの話ができるってことは，ちょっと楽しみだったんです。どういう話になるかはわからないんですけど，僕の人生の中でEGっていうものの位置はすごく大きいとあらためて思いましたね。EGとともにあったとすら感じます。自分の人生がね。
> 
> 村：南さんにとって，EGに出かけることがポイントポイントで意味があっただけではなく，ポイントをつなぐのもEGだったりする，というようなこともあったのでしょうか。
> 
> 南：そういうこともないではないけど，そうですね，EGは私にとっては一生ものという感じがあって，だから数回出て「EGに出たことがあります」っていう，そういう関わり方がどうもよくわからない。それで済んじゃってるのが。私は済まなかったんです。

村：済まなさの中身というのは……。

南：なんだか，20代のころは生きていて面白くなかったんですね。とくに会社で。家では楽しいんだけど，会社ではダメ。それで，どうしてダメなんだろう，どうして自分はこんなに能力がないんだろうと思ってしまう。そうすると，辛いですよね。STは今でも痛い思い出だけど，ある意味では塞翁が馬で，それがあったからEGとかを知ることもできた。それでEGに行くと楽になるんです。でも，何カ月かすると，またダメになっちゃう。それでまた出かけていく。そのうちそういう自分にも嫌気がさしてきて，でも，私は元気になりたかったんです。だから，転勤先の事情とかでままならないこともあったけど，EGだけでなくいろいろなグループ・ワークに出てみたり，個人カウンセリングのようなこともお願いしてみたりしてきました。そして，EGが自分に合っているというか，元気になれることが多いと思うようになってきたんですね。

村：私には「元気な自分」というのが南さんの理想というか，願いのようなところであったように感じます。

南：本当の自分がそういう自分であったらいいな，とは思っていました。でも，もう今は違いますね。そんな自分の歴史というか，そういうことがこうやって興味津々で聞いてくれる人を前に話せるって，やっぱりいいですね。

　このときの南さんの表情は忘れられない。本当にうれしそうであった。さあ，どんどん話しますよという感じであった。筆者もその感覚は共有できたように思う。

## (3)南さんとの対話その2 ── エンカウンター・グループで培ったこと

　南さんの40年を超えるEGとの関わりで，参加体験は30回を超える。そんなEG体験を通して培ってきたことは少なくない，その一端に日々の暮らしの中で気づくことがあるという。

南：EG には元気になりたくて行くと言ったけど，どうして元気になるんだろうって思ったの。自覚として，行く前と行った後とでは変わってる感じがするの。

村：EG でどういうことを体験しているんでしょう……。

南：たぶんね，EG では自分が得意なことをしてるって感じかな。自分の一番得意な部分を出せるというかね。得意なことをするのは，楽しいでしょ。私はね，自分の心を語ったり，そういうのが好きなんです。好きだし，人が何かを話したときに，それを自分が受け取ったことについて素直な反応ができるっていうのが，もしかして自分は得意なんじゃないかなと思って。それが出せるんですよ。一般社会では，心を語ってばかりじゃやってられないから。EG に行ったからって100％そういうふうにできるわけじゃないけど，でも，そういうのは楽しいですね。そうすると，なんだかいろんなことが楽しくなるんですね。

村：行った後で変わってるというのも，そのあたりに関係してくるようですか。

南：そうですね。周りの人は「何が変わったの」って，きっとわからないと思うんだけどもね。自分の中では，たしかに変わるんです。たとえば，スーパーのレジでお金を払うときに，レジの人と二言三言交わしたとしますね。「袋いらないよ」とか「ありがとう」とか。そういうときの感じが何か違うんです。そういうちょっとしたやりとりも楽しくて，実にスムーズにあちらもこちらも言葉が行きかって，楽しそうな感じでね。そういうのがなんだかあるんです。

村：それはなんだか，ものすごいことではないかもしれないけど，いい感じがとってもします。

南：そうですね。近ごろは，EG に行くといっても，かつてのようにすがる感じとか何かを目指してというより，EG を体験しに行く，まさに体験しに行くという感じですね。そこでの体験だけってわけじゃないだろうけど，ふとしたところでこんな感じっていいなということに気づくことがありま

第Ⅱ部　事例編

すね。

　筆者は，南さんとの対話でこうしたエピソードに触れるたび，南さんにとってのEG体験がそのときのEGにとどまることなく，日常になじんでいるように感じられた。南さんは別のところで「私の半生はEGとともにあった気がする。EGがなければまったく違った人生を歩むことになっただろうし，それはずいぶん味気ないものになったのではなかろうか」と語っているが，それはEGが特別なできごとをもたらすからではなく，EGと日々の暮らしがつながっているからこそのことと思われる。

**(4) 南さんとの対話その3 ── 南さんが出会った「証」の一つ**
　南さんは『この道』の中で「この道を歩んだ証に何かをしてみたい。その何かにいつか出会えるのだろうか。」と綴っている。その一つは「存在の確認」ということであったようである。2012年の冬，南さんとの対話はこのことを確認してひとまず閉じた。

　村：南さんは，EGで自分を活かせる感じというのを，ずいぶんはっきりと感じておられるんですね。
　南：そうでもないですよ。EGに行って，元気が出て，これで大丈夫って思ったことは何度もあります。でもやっぱりダメになる。だから私は「これで大丈夫」って感じはすごく警戒してて，どんなにいい経験でもまたどうせダメになるという思いがずっとあったんです。本当に，何度「これで大丈夫」と思ったことか。それがあるとき，EG以外のグループ・ワークに出た帰りに，「これで大丈夫だ。この気持ちでいいんだ。」と素直に思えたんですね。何か劇的なことがあったわけではないんですよ。帰りの電車の中で，ゴトンゴトンと揺られて，夜であまり景色も見えない，そのとき本当に「なんだかこれで大丈夫だ」って心から思えてね。いつもだったら「それはない」ってすぐに否定するんだけど，そのときは本当に否定しなかった。

村：何か違った大丈夫感だったんですね。
南：そうそう。これで大丈夫なんじゃないかなって思った最後の大丈夫感だった。
村：そのグループ・ワークでは何があったのでしょう。
南：特別なことは何もなかった。いや，そのときのことだけでそうなったのではないと思っています。ずっと生きてきたことが，EGにもたくさん行ってね，そのまとめみたいなことだったのかなと思っています。あのグループ・ワークは大きなきっかけだったのかなと，ね。
村：その後もEGへは……。
南：年に1回くらいは行ってますよ。大病もしたから，毎回，これが最後かもしれないと思いながら。そして，自分の存在をしっかり確認してくる。
村：そういうときに，私は南さんに出会ったのかもしれないですね。
南：そうそう，そのちょっと前だけど，あるEGではっきりとした発見があったの。平凡でいいという確信が得られた気がした。自分探しなどどうでもいい。一番大切なのは本当の自分を見つけることでもなく，自己実現することでもなく，生きていくことなんだって。家族を作り，子どもを育て，普通の社会人としてひっそりと生きている。これが本当に大事なことなんだと気がついた。平凡でいいではないか。自分のやったことのどこに文句がある。家族を作り，路頭に迷わせることもなく，ボロではあるが雨露をしのげる家を持ち，ときどき愉快に旅行したり，借金もすべて返し，子どもたちを大学まで進学させた。そのために身を粉にして働き，あまり人に威張れる仕事ぶりではないかもしれないけど，無事に定年を迎える年までやってこられた。これを立派なことと言わずに何が立派なことか，とね。自分の存在をしっかり確信した。これはうれしかった。

　南さんとの対話は2時間半に及んだ。それでも話は尽きなかった。私たちはまた会う約束をして，このひとときとはまったく違った会話を楽しむべく，ともに夕べの食事へ向かった。

第Ⅱ部　事例編

## 3. エンカウンター・グループ体験の日常性

### (1) 物語る「人」へのアクセス

　EG 体験自体は非日常的なものといえよう。単純に回数だけではいえないが，数回の参加者にとっては，非日常的なできごととしてとどまるかもしれない。しかし，冒頭にロジャーズの考えを紹介したように，EG 体験自体は非日常的なできごとだったとしても，その体験がその人の日常で活きることが EG の目指すところでもある。そうであるならば，EG 体験が日常に溶け込んでいること，あるいは EG がある日常を過ごしている人，つまり EG 体験が非日常的なできごとにとどまっていない人の物語が，EG 体験の日常性を探求していくうえでの始まりとなるように思われる。したがって，そのような人——物語る人——との出会いが重要になってくる。

　このとき，物語る人は，たんに物語を提供してくれる人ではない。聴き取る側は，物語にのみ関心を持つのではなく，物語る人へも関心を持つことが重要である。ナラティヴには「物語ること」と「語られた物語」という意味が含まれるというが，ナラティヴアプローチの実践を通してあらためて確認することは，これらのことが物語る主体とは切り離せないという，いわば当然のことである。このことは，物語る人と聴き取る人との相互作用でもある。物語る人は，聴く人を得て物語れるようになることは，おそらく確かなことであろう。物語る人は独白しているのではなく，聴く人も，けっして事柄だけを聴取しているのではない。

　物語る人に出会い，純粋にその人に関心を持つことで，物語る人の事柄としての体験と，体験からの実感をつなぐことに貢献できる。そうすることで，ナラティヴにおける語られたことの重みが確保されるように思われる。

### (2) エンカウンター・グループ体験がある日常という観点

　日常と，EG 体験の非日常性をつなぐ試みとして，本章はどれほど成功しているだろうか。EG に軸足を置いて語るというより，暮らしの中に EG がある

人の暮らしを語るというところからEGがどのように語られるか，ということが，この試みを確かなものにしていく方法の一つと思われた。そうすることが，EG体験の日常性を探求することにつながっていくように思われた。

　南さんは2時間半の中で，実に多くのことを語ってくれた。その全貌をここに記すことはできない。再構成のうえで提示したいくつかのエピソードは，本章の試みにおいて必ずしも十分ではないかもしれない。しかし，あらためて南さんのエッセイと，私との対話を振り返ってみよう。

　南さんにとって，EGは人生とともにあったといえるものであった。EGと日々の暮らしをたんに行き来するのではなく，EGでの自分が日常に生き，日常の自分がEGで元気づけられる，そういう体験を続けている様子がうかがえる。

　エッセイでは，EGなどに関わってきた「この道」を歩んだ「証」を希求する心情が述べられている。このエッセイを書いた後も，南さんはEGへの参加を続け，いくつかの「証」を手にしたのではないだろうか。その一つは，対話その3に紹介したとおりである。また，対話その1からは，EG体験を語ること自体への親しみが受け取れる。そして，対話その2からは，普段の生活でふと気づくEG参加後の気持ちの変化が語られた。EG参加回数としても，EG体験を積み重ねてきたことの質ということにおいても，豊かなEG体験を持つ南さんにとって，EGが特別なことでもあり，慣れ親しんだごく普通のことでもあることがうかがえる。

　暮らしの中にEGがある南さんがその暮らしを語るということは，ほかならず，EGとともにあった南さんの人生の一端を語ることである。筆者は，そこに同伴する得難い機会を得たという思いを強くするところであった。

謝辞：南さん，ありがとうございます。語りつくせない思いを，また語り合いましょう。私のEG体験も聴いていただけると，うれしいです。

第Ⅱ部 事例編

 〈ブックガイド〉

森岡正芳　1995　こころの生態学　朱鷺書房
　⇨書物から知識や情報を得ようとするとき，多くの場合，書き手の存在は背景に追いやられる。しかし，書き手に思いをはせながら読むと，また別の魅力に気づく。本書にはそのような趣がある。同様の趣旨で，池見陽『僕のフォーカシング＝カウンセリング』（2010，創元社）や広瀬寛子『悲嘆とグリーフケア』（2011，医学書院）も挙げたい。

鯨岡峻　2005　エピソード記述入門　東京大学出版会
　⇨ナラティヴ・アプローチによる研究の具体的な記述の方法として，エピソード記述法は大きな力となろう。本書はその入門書であり，かつ，指南書でもある。

伊藤義美・高松里・村久保雅孝（編）　2011　パーソンセンタード・アプローチの挑戦　創元社
　⇨日本における今日のエンカウンター・グループについて，様々な観点から概観している。1970年からエンカウンター・グループを企画・実践している「人間関係研究会」の創立40周年記念の出版でもある。

〈引用文献〉

Rogers, C. R. 1970 *Carl Rogers on Encounter Groups.* Harper and Row.

## 「エンカウンター・グループ体験を物語る」に対する
コメント

森岡　正芳

　グループによる体験型のワークは，臨床ナラティヴアプローチの重要な実践領域である。

　ナラティヴアプローチが個人の体験の現実に関わる一つの方法であり，聞き手とともに体験の意味を構築していく協働活動であることからすると，このアプローチは個別の面接場面にかぎらない。むしろ聞き手の積極的な関わりが生じ，しかも複数の聞き手を前にして語られるとき，そこで生起してくる体験の現実は個別面接よりさらに力動的であり，揺れ動く余地を帯びる。意味の生成的な運動の幅が広がり，結果的に「治療的な」産物（ニューアウトカム）が生まれてくることが予想される。これについては，第Ⅱ部事例編8の松本の司法領域でのグループ実践報告が参考になる。

　臨床実践はむしろ，すべて小グループ活動であるといってよいかもしれない。病院や法務関係機関，社会的養護施設などでは，多職種のミーティングも実は小グループのワークと見ることもできる。また病いや障害の当事者やその家族が定期的に集まる小グループのワークは，社会的な実践として定着して久しい。セルフヘルプグループでは，グループのメンバーは全員が参加者であり，自分の病いや障害の体験を自分の言葉で語る。まさに一人称の体験がグループのメンバーに聞き届けられるのである。

　村久保は長年エンカウンター・グループ（encounter group：EG）に関わった経験を活かし，参加者個人の視点に立ったグループ体験の意味に接近しようとする。体験者として南さんが登場する。南さんが長年参加してきたEGとは，「普段の生活から離れた，非日常的な環境の中で，年齢や性別，社会的地位などをいったん横において，一人の人間として率直に，正直に，そして素直にそこに集った人々と語り合おう」とする場である。病いや障害を共通して抱える

第Ⅱ部　事例編

人々が集まり支え合うという目的を持ったグループではない。はじめから何かを目指して集まり，その目的に沿う形でグループを作っていくものではない。そのためEGというグループの固有の特徴がわかりにくいかもしれない。

　南さん個人にとっては自分の人生を語る上で，EGの場所と体験は切り離せないものになっている。EGは日常から離れ，素の自分になっていく体験，自らの感情体験に率直になれる場である。

　インタビューにおいて語られた南さんのEG体験の歴史がふるっている。40年を超えるEGとの関わりで，参加体験は30回を超える。南さんにとっては，非日常のEG体験が「日常」でもある。南さんの手記によると，「社命で参加したSTがその第1歩」。ST（感受性訓練）での体験は鮮烈だったようだ。ふとしたきっかけで「心が開いた」。それをグループの皆が涙を流して「よかったね」と受け取ってくれたという。これが南さんのグループ原体験である。

　それはどういう体験だったのだろうか。それまでにたずさえてきた価値意識や社会的制約，これらは自分を維持するために必要な部分であると同時に，生きるにあたってときおり破り捨てたい殻でもある。その殻を破り，素の自分が生まれた。いわば，「素の自分の誕生日」という体験のようだ。STでのセッションの後の高揚感は日常生活に戻ってもしばらく続くが，それは3カ月くらい経つと変動する。

　「EGに行くと楽になるんです。でも何カ月かすると，またダメになっちゃう。それでまた出かけていく。そのうちそういう自分にも嫌気がさしてきて，でも，私は元気になりたかったんです。」南さんは，元気が落ちたらEGに行き元気になる。しかしまた落ちる。この繰り返しである。「この道はどこに続いていくのか。こんなに自分の心ばかりにつきあって，心をいじくりまわして一生を終えるのだろうか。」南さんはまるで求道者のような，心の探求への終わりない道のりを手記に吐露される。

　だが，南さんはけっしてEG体験ショッピングを重ねることに終始したのではない。その体験の意味は村久保が聞き取る中で，明確にあらわれる。村久保は「南さんとの対話でこうしたエピソードに触れるたび，南さんにとっての

EG体験がそのときのEGにとどまることなく，日常になじんでいるように感じられた。」と述べ，「EGが特別なできごとをもたらす」のではなく，「EGと日々の暮らしがつながっている」と考察している。

　EGで得た体験が持続しない。これはどうしてなのだろうか。「だから私は「これで大丈夫」って感じはすごく警戒してて，どんなにいい経験でもまたどうせダメになるという思いがずっとあったんです。本当に，何度「これで大丈夫」と思ったことか。」このように南さんは述べる。それがあるとき，「これで大丈夫だ。この気持ちでいいんだ。」と素直に思えたというときが到来する。南さんの「大丈夫」のストーリーが変化する。EG以外のグループ・ワークに出た帰りの情景がきっかけであった。

　「何か劇的なことがあったわけではないんですよ。帰りの電車の中で，ゴトンゴトンと揺られて，夜であまり景色も見えない，そのとき本当に「なんだかこれで大丈夫だ」って心から思えてね。」まさに日常の情景の中で，変化に気づく。

　とくにそのグループにおいて際立った体験があったわけではない。南さんは「特別なことは何もなかった。いや，そのときのことだけでそうなったのではないと思っています。」と語る。変化はあるきっかけのみで起きるのではない。人生を語り聞くとき，ストーリーが変化するきっかけとみられる出来事（南さんの場合，一つのグループ体験）が浮き上がって見えるが，その出来事は取り立てて言うこともない日常の時間が背景にあって意味をもつ。出来事の意味は，その最中にはわからない。後からわかる。おそらく村久保の前で，体験を語ることによって，南さんのEG体験の意味がたしかになってきたのだろう。

　ナラティヴは，「プロットを通じて出来事が配列され，体験の意味を伝える言語形式である」と定義されるが，体験の意味にもっとも力点を置いて実践と理論を形成してきたのはロジャーズとジェンドリン（Gendlin, E. T.）らのパーソンセンタード・体験過程療法とその展開形である。村久保の例を通してこの点にあらためて気づかされるのである。

# ⑧ 非行少年へのグループアプローチ
―― 「大切な音楽」についての語りによる意味生成と変容

松本　佳久子

## 1. 非行少年のグループミュージックセラピー

　非行少年が抱える問題において，近年は，人の痛みに対する共感や感情のコントロールができない，またコミュニケーション能力の低下といった感情・情緒に関する変化が見られるようになり，こういった資質面の変化への対応が課題となっている（法務省，2005）。さらには自分自身の傷つきへの"気づき"そのものが欠如しているために悩みを抱えられないことが多く，非行臨床においては，しっかり傷つき『悩みを抱える』まで成長できる働きかけが重要である（生島，2002）。

　筆者は，これまでに少年受刑者に対する矯正教育の一環として，音楽療法に携わってきた。少年受刑者とは，その被害者の生命に関わる重篤な犯罪などにより，家庭裁判所から検察に送致され，刑事裁判を受けて，最終的には少年刑務所などの刑事施設において，懲役または禁錮の実刑を受けている非行少年である。2012（平成24）年度には，少年保護事件人員137,301人中，刑事処分相当となったのは3,418人（2.5%），そして同年に刑務所に収容された者はわずか39人（法務省，2013）と，少年受刑者は非行少年の中でも非常に特殊な経過を歩んできたと言える。

　少年刑務所においては，認知行動療法や，心理劇，内観療法，役割交換書簡法（ロール・レタリング）など様々な心理療法が展開されている。しかし，基

本的に相手が「悩んでいる」ことを前提としたアプローチをしても，動機の乏しい非行少年に対してはむしろ困難であることが多い。筆者もまた，臨床過程のごく初期段階に，少年受刑者がみずから犯罪について語るのを聴くこともあったが，それはステレオタイプのような語りであり，実感が伴わず，どこか自分から切り離された語りであるように感じられた。これは，非行少年が，司法の場において事件や動機の供述を何度も繰り返すうちに，次第に周囲に了解可能なかたちへと意味づけられていき，文脈が固定化されていったことによるものではないかと考える。

このように，自己語りを繰り返すことによって現実との関係に変化が生まれるだけでなく，すでにある自己物語の文脈を補強し，固定化してしまうことがある。野口（2002）は，自己語りには，現実理解に一定のまとまりをもたせてくれる「現実組織化作用」と，現実理解を方向づけ制約する「現実制約作用」の2つの作用があるとしている。先に述べた非行少年の語りは，司法の枠組みによって方向づけられ，制約された後者の語りであると言えるだろう。

この固定化した語りの文脈をゆりうごかすためには，語り手と聞き手双方に意味生成と変容をもたらす媒介が必要であると考える。そこで筆者は，これまでに非行少年の矯正教育の一環として，「大切な音楽」についての語りを導入してきた（松本，2005）。

「大切な音楽」の語りとは，大切な人物や出来事と関係の深い音楽についての語りである。「大切な音楽」を聴取してから，少なくとも2分30秒間は自己語りの時間として確保され，その後グループで話し合うというように，「音楽の聴取」と「語り」の2つの体験過程が含まれている。このように「大切な音楽」を媒介として語ることにより，固定化した文脈をくずし，多様な意味の連関を生み出すことを目指している。次に，非行少年のグループに実際に適用した事例を挙げ，それらの過程を通じてナラティヴアプローチの可能性について考える。

## 2．少年について

マサシ（仮名）は，10代後半の少年である。注意欠如・多動性を伴うアスペルガー症候群と診断され，IQ相当値は90であり，他人に警戒心が強い反面，依存的な傾向が見られる。家族構成は，実父母と本人である。幼いころからしつけと称する暴力を日常的に受けており，小学校低学年のころから，鏡を見ながら「作り笑顔」を練習し，その「笑顔」で両親の機嫌を損ねないように生活してきたと言う。

音楽療法に先立ち，音楽経験や嗜好についてたずねるアンケートを行った。マサシは，リコーダーや，鍵盤ハーモニカなど学校の音楽教育で触れる楽器以外に，学習した経験はなかった。また，好きなアーティストは，"UBER world"，"SID"，"坂本冬美"，"松任谷由実"，"FLOW"，"ゆず"など多数挙げ，音楽に対する関心の高さを示した。好きな音楽としては，"BUMP OF CHICKEN"の「カルマ」，"FLOW"の「COLORS」，"May'n"の「ダイアモンドクレバス」など，ロールプレイングゲーム（RPG）やアニメの主題歌を挙げた。

この中でも，マサシは大切な音楽として「カルマ」を選んだ。この曲は，「TALES OF THE ABYSS」というRPGのオープニングで流れる主題歌である。このゲームの主人公は，過去の記憶を失っていたが，ストーリーが進むにつれて，本当の自分が他に存在することを知るようになる。このゲームには，生まれてきた意味や贖罪というテーマが根底にあり，これらの世界観に忠実に沿うようにして，主題歌が作詞作曲された。

## 3．事例の経過

音楽療法は，セラピスト（筆者）1名，法務教官2名，コ・セラピスト2名が担当し，各90分のセッションを月2回，全10回実施している。マサシ，ジュン，ナオキ（いずれも仮名）の3名の少年から成るグループには，表5のよう

第Ⅱ部　事　例　編

**表5　音楽療法の流れ**

| 演奏 | 第1-3回 | リクエスト曲のアンサンブル | |
|---|---|---|---|
| 大切な音楽の語り | 発表者（仮名） | 曲　名 | アーティスト |
| | 第4回 ジュン | Song for… | HY |
| | 第5回 ナオキ | Out The Ghetto | Konshens |
| | 第6回 マサシ | カルマ | BUMP OF CHICKEN |
| 演奏 | 第7-10回 | リクエスト曲のアンサンブル | |

な流れにより行った。

　前半は，グループの関係づくりのために，楽器アンサンブルによる導入を行い，中盤からは，各回一人ずつ「大切な音楽」の語りを行った。順番は，グループの話し合いによって決め，マサシはグループの最後に発表することとなった。

### (1) 導入時のマサシの様子

　はじめのころ，マサシはつくり笑顔を浮かべながら，緊張した様子で自己紹介した。ドラムセットで基本のビートを練習する場では，ぎこちない手つきでドラムを演奏するマサシに，ジュンとナオキが声援を送り，手を添えてアドバイスをした。この仲間の支えによって，マサシは安定したリズムでビートを刻むことができるようになった。その後，各メンバーのリクエスト曲を，ドラムセットを交代しながら演奏し，筆者らスタッフもキーボード，エレキベースで，これに加わった。マサシは，「ちゃんとした楽器を触って懐かしかったです。とても楽しかったです」と振り返り，感想に記した。

　第2回目のアンサンブルでは，みずからリクエストした"19（ジューク）"の「あの紙ヒコーキくもり空わって」をマイクで熱唱するなど，普段と違う積極的な姿勢に，法務教官らを驚かせた。この回の感想として，マサシは，他のメンバーが歌うのを聴いて「うまい」と感心し，また，自分も「音痴でしたが，

楽しくできました」と振り返った。さらに，第3回目の音楽活動を通じて，「（施設内で受けた）模擬テストが悪かったですが，少し忘れられました」と記した。

### (2) 「大切な音楽」の語り

第4回目は，ジュンの「大切な音楽」を聴き，大切な友だちをテーマに語った。その後，グループで話し合う場において，マサシはほとんど発言することなく対話を見守っていた。次の回ではナオキが「大切な音楽」について語ったが，マサシはこのときも，終始仲間の語りを聴く側にまわった。この時期の感想の中で，マサシは，大切な想い出をきちんと話せる仲間に対して「すごいなと思いました」と，感心する様子が見られた。

第6回において，マサシはみずからの「大切な音楽」について，次のように語った。

> マサシの語り
> 中学3年生のときに，ある親友からすすめられたゲームの主題歌です。そのときいじめがあったんですけど，その子だけが友だちだった。正直，逃げる方法みたいなのがわからなかったんですね。ゲームをやっているときは，そういう嫌なことも忘れられたので，その歌を好きになった感じですね。
>
> それからゲームも好きになって，高校生のとき一回声優になりたいと思った。そういう全部のきっかけを作ったのがこの曲。

このようにマサシは，中学時代にいじめで孤立し，辛かった時期にそばにいてくれた親友のことや，ゲームに没頭していた当時のことを想起して語った。ここから，「親友」をテーマにしたグループの話し合いが始まった。

Th（筆者）：今，久しぶりに（この曲を）聴いた感じ？
マサシ：いや，ちょいちょい流れた感じですね。

ナオキ：友だちは，マサシがここ（刑務所）に入ったことを知ってる？
マサシ：……（沈黙）。
ジュン：格好いい曲やな！　聴いたことなかった。
Th：どういうとこが好き？
マサシ：どういうとこっていうよりかは……。
ナオキ：つながり！
マサシ：そうそう，そうですね。その子に勧められたから。

　対話においては，言葉を選ぶようにして慎重に答えようとしていたマサシだったが，現在の親友との関係について質問が及ぶと，沈黙した。その様子を見た仲間は，助け舟を出すようにして口をはさんだ。ナオキが，マサシの「大切な音楽」の意味を解釈して「つながり」と言ったことにマサシは心から同調し，そこから「つながり」をテーマにグループの対話が続いた。

マサシ：ずっと聴いていました。飽きずに。
ナオキ：たとえば，マサシと俺との間に一つの音楽とかがあったら，どっちも別に好きじゃないのに，マサシとのつながりが大事やったらその曲も"いいな"って思うから。それで，いつの間にか自然に，そのアーティストを聴いてみるようになるとか。
マサシ：ああ。そういうこととか無かったら，聴いてないかもしれない。
ナオキ：惚れてた女の子とかがよく聴いていた曲とかは，何の良さがあるのかわからなかったけど，気がついたらよく聴いてるし。
マサシ：ああ。
Th：そういうことで，人の好みとか見方も変わるかもしれないけどね。でも残念やね。その子とは，今はつき合いが無い状態なんだ。
マサシ：そうですね，つき合いがもてない状況なので……はい。
Th：曲で，つながってるんやね。
マサシ：そうですね。
ナオキ：この曲で，つながりがあったと思ってるんやろ？

マサシ：そうですね。これをずっと聴いていたから。嫌なこととかよいこととかあったときもずっと聴いていたから。けっこういろいろ思い出すんです。

マサシは，やはり現在の親友との関係に触れると，「つき合いがもてない状況」であると言葉を濁したが，大切な人とのつながりを示す出来事を想起しながら，対話を続けた。そして，「カルマ」という曲の標題へと話題が移った。

マサシ：業ですね。
ナオキ：業か。
ジュン：どういう意味？
Th：運命っていうか，よくも悪くも出くわすことってあるよね。
マサシ：（うなずく）
Th：そういう大変なときに出会うっていうのも，そういうことなのかもしれないし。すごい経験したよね。
マサシ：そうですね。周りの人と全然違った。その子だけ。
Th：その子にとっても，マサシ君は違ったんじゃない？
マサシ：わからないですけど「親友」だと言ってくれていました。
ナオキ：大事にしたらええやん，この曲。
マサシ：そうですね。

このように，マサシは，「大切な音楽」の標題に因んだ「業」という言葉を使って，かけがえのない存在であった親友について語った。その後，声優になる夢を，両親からの反対や声変わりを機に諦めたことや，現在，画像処理やグラフィックソフトを使った職業訓練を受けていることから，将来はグラフィックデザインなどアニメに関連した仕事に携わりたいという新たな目標について語った。

そして，グループのメンバーそれぞれの親友に関するエピソードや，個々の友人観へと話題が発展した。このとき，マサシは，「いいですか？」と，たび

第Ⅱ部　事例編

たび口を挟むなど，積極的に対話に参加するようになり，良好な関係を保っていたころの親友とのエピソードについて語った。

　マサシはこの回の感想において，「<u>つながり</u>のことを聞いて，なるほどと思った（下線は筆者による）」「少しでも話せてよかった」と振り返った。ナオキもまた，「感じたことは，<u>つながり</u>そのものです。マサシが自分の<u>つながり</u>の誰もわからない部分を，勇気を出して教えている気がした。音楽があるから一歩進められたのかも（下線は筆者）」と，「つながり」という言葉を用いながら，マサシに対する共感を率直に示した。さらに，ジュンは，「どんなきっかけでも人それぞれ曲を好きになる理由がある」と，重要な他者と大切な音楽との関係について感じたことを述べた。

　「大切な音楽」についてマサシが語ってから間もなく，施設内の行事において，少年受刑者が一人ずつ人生における目標についてスピーチを行う機会があった。この行事には，保護者や家裁調査官などの関係者も出席しており，筆者は，少年がそれぞれ事前に選んだ「大切な音楽」を，個々の少年のスピーチのBGMとしてピアノで演奏した。マサシは，親友との想い出の曲として，グループ"嵐"による「明日の記憶」を選び，はじめて被害者としての親友に対する贖罪の気持ちについて涙を流しながら語った。この時期から，マサシは法務教官や精神科医による個別面接を希望し，そこでは，これまで開示することのなかった過去の被害・加害体験について語るようになった。

　さらに，3カ月後に予定していた観桜会においては，出演するバンドのドラム担当として，みずから参加を申し出た。練習を通じて，バンドの他の少年とも打ち解けていく様子が見られ，本番は施設のグラウンドに設けられた屋外ステージで，全収容者を前にしてドラムの演奏を堂々とやり遂げることができた。


4.「大切な音楽」の語りにおける意味の生成と変容について

　マサシの「大切な音楽」の語りと対話における意味の変化を，図4に示す。「大切な音楽」についての自己語りの段階では，マサシはいじめに苦しんで

8 非行少年へのグループアプローチ

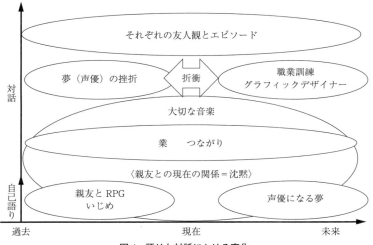

図4 語りと対話における変化

いた中で理解してくれた親友や，一緒にRPGをした場面などについて想起し，将来の夢など，全てのきっかけとなったという「大切な音楽」の意味について断片的に語った。しかし，対話の中で，親友との現在の関係についてたずねられると，沈黙を守ったまま，現実の問題について触れようとはしなかった。このように，沈黙が保たれたまま，聴き手側には，「大切な音楽」を通して友人観など個々のエピソードを背景とした連想が促され，対話の中から「つながり」や「業＝カルマ」という新たなキーワードも生まれた。この自己内外における対話の中で，マサシは声優になる夢と現実との折衝を通じて，より確実な目標へと，将来の展望における変化が見られた。問題の核心ではなく，その周辺についての語りという婉曲的な働きかけは，現実問題に直面することへの語り手の心理的抵抗を和らげ，その後の外傷的体験の開示へとつながったのではないかと考える。

　ブルーナー（Bruner, J. S.）（2007）は，ナラティヴについて，「法的ナラティヴ」と「文学的ナラティヴ」の2つがあることを述べている。「法的ナラティヴ」とは過去の現実の文字通りの記録であり，ありふれた慣習に向かうもの

である。その一方で「文学的ナラティヴ」は，現実を現実としてだけでなく，日ごろなじんだ慣習や期待をくつがえし，それを「仮定法化」してとらえるところに特色があり，「何であるか（あったか）」より「何でありうるか（ありえたか）」を問題にする。すなわち，可能なるもの，象徴的なものを見ようとするのである。これら対照的な2つのナラティヴは，実は一片のパンの両側面のような関係にある。

事件の供述などの司法の場における過去の事実の伝記的な語りは，「法的ナラティヴ」であり，過去の事実関係について，つねに一定の視点から評価しようとする語りであると言える。一方，「大切な音楽」の語りにおいては，事実関係を明らかにするよりも，出来事の背景に流れていた「大切な音楽」に着目し，語り手と聴き手双方によって重要な他者との「つながり」という連想が喚起されたり，さらに標題の「カルマ（業）」という言葉がもつ意味から，マサシが直面しなければならない問題や，「重要な他者」としての親友の「存在」と「死」についての可能性を「仮定法化」したまま語ることができた。これはまさに「文学的ナラティヴ」にあたるものと考えられる。ではなぜ，このようなナラティヴが可能となったのだろうか。

「大切な音楽」の語りとは，人生における重要な人や出来事を，それらのそばにあった「大切な音楽」に置き換えた語りである。このような置き換えを，換喩（メトニミー）的置き換えであると考える。ここでいう換喩とは，「あるひとつの現実Xをあらわす語のかわりに，別の現実Yをあらわす語で代用することばのあやであり，その代用法は，事実上または思考内でYとXとを結びつけている近隣性，共存性，相互依存性のきずなにもとづくもの」（佐藤，1992）である。つまり，「ある出来事（X）」を，近隣，共存，相互依存など様々な隣接関係にある，まさに「つながり」をもった「大切な音楽（Y）」に置き換えた語りなのである。

この「大切な音楽」の語りによる意味作用について，図5に示す。

換喩的に置き換えられた「大切な音楽」を聴くことを通じて，旋律やリズム・音色・調子といった音楽的要素に触れ，さらには標題や歌詞などの言語的

8 非行少年へのグループアプローチ

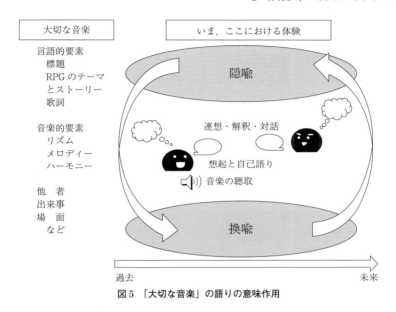

図5 「大切な音楽」の語りの意味作用

要素と絡み合いながら，過去の出来事や人を想起するという多様な感覚的要素が絡む体験過程が，「いま，ここ」において，聴き手と語り手双方において共有され，このことが過去と未来を縦横に行き来する語りを可能にすると考える。

このように，「大切な音楽」がもつ換喩意味作用がもたらす「いま，ここ」での体験過程の共有によって，意味や事実関係の曖昧性や沈黙をそのまま保つことができる。それと同時に，聴き手側にも生きることの意味や贖罪といったゲームのテーマや「カルマ」という標題の意味，そしてマサシの語りと沈黙などから隠喩的な連想が促され，重畳の意味が連関するポリフォニックなナラティヴが可能になるのである。すなわち，「大切な音楽」の語りから生じる意味の「多義性」「曖昧性」は，自己内外の対話を生み出し，新たな自己への意味づけと再構成につながるのである。

〈ブックガイド〉

ブルーナー，J. S.／岡本夏木・吉村啓子・添田久美子（訳） 2007 ストーリー

の心理学——法・文学・生をむすぶ　ミネルヴァ書房
⇨「意味」と「文化」の心理学を提唱するブルーナーが，その中心的媒体であるナラティヴにおけるストーリーの役割について，法廷，文学，自己形成（自伝）の場をとりあげ，独自の洞察を深めている。非行臨床の場におけるナラティヴアプローチを考える上で，参考としておすすめしたい本である。

〈引用文献〉

ブルーナー，J.S.／岡本夏木・吉村啓子・添田久美子（訳）　2007　ストーリーの心理学——法・文学・生をむすぶ　ミネルヴァ書房

法務省　2005　平成17年版　犯罪白書

法務省　2013　平成25年版　犯罪白書

松本佳久子　2005　"大切な音楽"についての語りの意味とその変容——少年受刑者矯正グループへの音楽療法の経過から　日本芸術療法学会誌，**36**(1)・(2)，pp. 95-104.

野口裕二　2002　物語としてのケア——ナラティブアプローチの世界へ　医学書院

佐藤信夫　1992　第3章　換喩　レトリック感覚　講談社学術文庫　pp. 140-171.

生島浩　2002　司法・矯正施設における活動モデル　下山晴彦・丹野義彦（編）　講座臨床心理学6　社会臨床心理学　東京大学出版会　p. 96.

## 「非行少年へのグループアプローチ」に対するコメント

森岡　正芳

　音楽を通じて思い起こされたことを，グループの中でともに語り，聞いてもらう。グループでは，音楽を思い出すだけでなく，実際に演奏もする。歌詞の意味内容だけでなく，音楽の演奏，パフォーマンスが直接伝えることも含めてグループで体験される。

　松本は，少年刑務所受刑者たちへの矯正教育の場で，「大切な音楽の語り」をもとにしたグループセッションを長年実践している。きわめて独創的な実践である。大切な音楽の語りとは，人生における重要な人や出来事を，それらのそばにあった「大切な音楽」に置き換えた語りである。

　大切な音楽について訊かれると，ある曲を思い出す。その曲とともに，そのころの出来事がはっきり思い起こされる。こういうことは日常でもよくあることだ。ナラティヴは自らの人生をふりかえり，想起する営みを基本とする。人生の様々な場面を思い起こすことは自分を取り戻すことでもある。私たちの心の営みとして，日々さほど意識せず行っている。

　ところが，犯罪に加害者として関わった少年たちにとって，過去を思い起こすということは，すぐに特別な状況とつながる。過去の反社会的行為が想起の中心となり，その行為に反省を促されるという文脈に拘束される。過去の語りはステレオタイプに固まったものに変質させられてしまう。

　「自己語りを繰り返すことによって現実との関係に変化が生まれるだけでなく，すでにある自己物語の文脈を補強し，固定化してしまうことがある。」松本はこのように述べている。「非行少年の語りは，司法の枠組みによって方向づけられ，制約された」語りになりがちである。

　少年たちが自分の過去の出来事を自然な形で思い起こし心におさめていくことが，グループの目標である。一人ではきわめて困難な作業も，周到に準備さ

れたグループの力を借りながら，果たしていく。

　グループで演奏を聴きそして，合奏する。大切な音楽の語りにおいて記憶を回復させる。このことが結果的に生まれたとしても，それは必ずしも，グループの目的ではない。グループの中でマサシが語りだすまでを見るとよい。第6回で自分の番が回ってくるまでマサシは，メンバー一人ひとりの「大切な音楽」を聴き，話し合う場でもほとんど発言することなく，グループ内の語り合いを見守っていた。マサシの大切な音楽は中学時代の親友に勧められた曲である。曲名は「カルマ」。そのままマサシのライフテーマを表しているようだ。それを聴いた後の松本とマサシの会話のやりとりには，あじわいがある。松本は間をとって，率直にマサシに応える。マサシにとっては，言葉を補ってもらえるような確かな自己感覚がそこに芽生えたであろう。松本の「曲で，つながってるんやね。」という言葉をマサシが受け取ったときに，自分がはっきりしたような感覚を覚えたようだ。マサシの人生での関係のつながり，その場のつながりとこれまでの家族や他の人々とのつながりが重なり合い，それまではとぎれとぎれであったかもしれない人生の時間のつながりが，そこで回復する。

　このようなことがどのようにして生じるのだろうか。一人ひとりに独自の生活，出来事があり，少年たちは今はそこから離れて集団生活をしている。ある社会的真空に身を置く。だからこそ，自分に正面から向き合い，グループのメンバーの言葉を率直に聞こうとする場が生まれる。互いに自分の体験を受け取ってもらう他者としてある。この姿勢が必要であろう。メンバーに大切な音楽という課題が与えられる。一人ひとりに固有の生活のそばにあった音楽をさがし，思いめぐらす。

　音楽がはじめにある。メンバーはそこで音楽にまず耳を傾ける。メンバーの特定の誰かの身に生じた出来事をはじめから特定しようとする聴き方ではなく，ただ音楽を聴く。緩い空気。次に出来事が語られる。音楽と出来事は緊密な意味連関を有しているというより，緩い隣接関係にある。大切な音楽と出来事のあいだに，置き換えすなわちメトニミー（換喩）の連関がある。音楽をグループでともに聴き演奏することによって，音楽に関連する出来事が無意志的に想

起される。連想が自然に生じ，それがメンバーの間で自分の言葉で交わされる。

　メトニミー連関といっても，音楽と出来事との間に近接，隣接の関連性を読むことが先にあるのではない。また音楽と出来事のどちらかがポジでどちらかがネガというわけではない。音楽は言葉と違った独特の質をもつ。音楽をいっしょに聴く。それが活きた語りを呼び起こすようでもある。かつてあのときそばにあったものとして音楽があり，音楽を通してふとその場面が蘇ってくる。そこで生まれてくる物語は，あらかじめテキスト化されたような物語ではない。今ここで語られていく生きられたストーリー（lived story）である。そこでは想像力が動いている。

**いじめ魔王の冒険**

――学校コミュニティにおけるナラティヴアプローチによる
　心理教育の試み

田代　順

## 1. 心理教育の「対象」自身に「語らせる」手法

　集団を対象とした「心理教育」においても，ホワイト（White, M.）ら（ホワイト&デヴィット，1992；シリエル&デンボロウ，2000）のナラティヴ・セラピーは，心理教育の対象を（たとえば「統合失調症」ならそれを）「擬人化-外在化」して「それ自身」に病理を語らせ，また社会復帰や回復を「妨げる」方法についても「語らせる」手法を持っている（小森・山田，2001）。

　以上の実践をベースにして本章では，学校での「いじめ」に対する「心理教育」実践（田代，2008）について，そのナラティヴアプローチの工夫と展開を論じる。

## 2. 事例の提示

### (1)「いじめ」に対する心理教育を行った中学校の概要

　筆者がスクールカウンセラー（以下 SC とする）として，「いじめの心理教育」を試行したＡ中学校は，各学年3クラスずつで全校生徒数約350名前後の中学校である。この中学校のある地域は，大都市圏郊外の住宅街である。そこの地域特性としては，いわゆる中流の家が大半を占め，地域も学校も荒れているという感じはほとんどない。このような地域・学校特性もあり，雰囲気もど

ことなく明るい「学校風土」(伊藤, 1998)を持った中学校である。

(2) ワークショップの視座

このような学校風土の中学校でも,「いじめ」の問題は生起する。ただし,陰湿ないじめではなく,人間関係の軽いあつれき,ちょっとした悪口などのような「いじめ」である。

当該中学校における「いじめ予防」への取り組みにつき,担当の教師から,SCである筆者に,「いじめ」についてのワークショップ開催の依頼があり,筆者は,本章のような,ナラティヴアプローチでのワークショップ開催のアイデアを提案し了承を得た。そのアイデアのコアをなすのは,擬人化した(外在化した)「いじめ」と教師・生徒が直接「やり取り」することを通して,いじめに対する知識を生徒が獲得するというものである。

(3)「いじめ魔王」の記者会見

このいじめ魔王の記者会見という設定は,全国の中学校に「いじめ」を流行させるために大活躍している「いじめ魔王」が多忙な中,当該中学校を訪れて記者会見を開催するというものである。体育館兼講堂のステージ上に記者会見の場が設けられている。会場から見て左側の机には,記者役4人の教師の席がある。その机にはシンポジウムの出席者名を書くように,紙が垂れ幕の形でかかっていて,そこには記者席と書いてある。それとカタカナのハの字になるようにもう一方の側にも机があり,その垂れ幕には「いじめ魔王様御席」と書かれている。生徒は,ステージ下のスペースに各学年・各クラスがそれぞれ2列縦列で座っている。司会役の教師が(以下司会とする),マイクをとり,次のように述べて記者会見の開始を宣言する。

「それでは,みなさん,全国の中学校をまたにかけ,大活躍のいじめ魔王様がお忙しい中,当中学校にわざわざ来てくれました。このせっかくの機会を利用して,いじめがどんなものかよく知っていらっしゃる,そして,いじめを全国の中学校にひろめておいでのいじめのプロ,いじめ魔王様の記者会見を開催

します。それでは魔王様，どうぞ」。

ステージのそでで準備をしていたいじめ魔王役の筆者が，魔王の扮装で魔王席に向かう（魔王は，大きな黒のとんがり帽子，柄の悪そうな黒々としたサングラス，身体全体をつつむ黒マントといういでたちである：図6）。そして，席につくなり，開口一番，次のように述べる。

「わしがいじめ魔王じゃ。気弱そうな奴ばかりの中学校のようじゃの，ここは。おりゃあああ」と気合いを入れ，思い切りふんぞりかえる。服装とそのふんぞりかえり具合を見て，生徒間に笑いとざわめきが起こる。

なお，記者会見での記者側の質問事項は，いじめ魔王が記者の質問に回答することを通して，生徒にいじめのメカニズムや構造，その進展具合（中井，1997）がよくわかるように，事前に記者役の教師らと打ち合わせを行って決めていた。

**図6　いじめ魔王**

司会：まぁまぁ，最初から威勢がいいですねぇ。活躍のほどがしのばれます。さて，まず，最初にですね，いじめ魔王様の自己紹介をお願いしたいと思うのですが……これまで，この中学校ではあまり表面に出てのご活躍はなかったように思うので。もしかしたら魔王様のこと，知らない生徒もいるかもしれないので。

筆者（以下いじめ魔王とする）：ここの中学校でも出とるぞ！　無視，仲間はずれ，ひどいからかいなんかは大好物じゃ。学校みたいに，人間の集団があるところでは，必ず，わしを必要とするものが出てくるのじゃ。

司会：では，お聞きしますが，この中学校にもいじめをはやらせたいと。

いじめ魔王：多忙な中，こうして出てきたからには大流行させたいの。この中学校でも，わしの手下になりたい者どもがすでに活躍し始めていると聞

いておるぞ。もうすでに無視されたり，ひどい言葉を投げつけられたりした者もおるじゃろう。どうじゃ，（と会場の生徒を見回す）これは，本格的ないじめをはびこらすための地道な作業じゃ。

司会：ほほう，もういじめを流行らせる作業をしていらっしゃると……。油断もすきもないですね。お仕事がお早い。それでは，記者の皆さん，なにか質問ございますか？

会場の生徒は興味津々の様子で，教師と筆者扮するいじめ魔王の「やりとり」を静かに熱心に聴いている。

記者：それでは。いじめの一番最初，クラスにいじめをはやらすために，まず最初にすることはなんでしょうか？

いじめ魔王：そうさな，最初はいじめのターゲットをだな，いかにいじめに値するかってことをまわりにPRするってことだ。友達やクラスの他のみんなから引き離すわけじゃ。いじめる相手に仲間がいたりすると，そいつらが助けたりするから，いじめが思う存分できない。だから，まず，ターゲットを一人ぼっちにするために，ささいなことを取り上げて，ほら，そいつの言葉遣いとか動きとか，あと，汚いと決めつけるとか，ブスとかバイ菌とか，おなじみのレッテルを貼り付ける作業をするわけじゃ。そうするとターゲットのかわいそうな奴は，どんどん，クラスの他のみんなから切り離されるってわけだ。こうして，一人ぼっちになり，誰もいじめを妨害しない，助けてくれないという，いじめる側にとっては理想的な「いじめられる奴」が完成するわけじゃ。

記者：でも，担任という大人もいます。先生が放っておかないでしょう。

いじめ魔王：そこは難しい所じゃ。たしかに，その時点で，担任なんかが介入してくるとやっかいだ。しかしな，我々の下準備はとてもずるくて洗練されている。一つは，担任が気づくより我々のPRが成功するほうが早いということだ。つまり，いじめが本格化できるように，すでに，クラス中の洗脳が成功してるんじゃ。たとえば，担任への告げ口を防ぐために『ちくり』は汚いことだということを，ターゲットにもクラスの他の奴らにも

## 9 いじめ魔王の冒険

徹底してPRしておくからの。そうそう，それにじゃ，担任がいじめを促進するのに協力してくれるということもある。これがこれが，ものすごく効果的で，いじめ大賞を贈りたいくらいじゃ。

記者：ええー!?　担任がいじめ魔王に協力する？

司会：これこれ，いじめ魔王ではなく，いじめ魔王様と。（生徒の笑い声）

記者：あ，申し訳ありません。それではいじめ魔王様。クラス担任がいじめ魔王様に協力するなんて，いったいどういうことですか？

いじめ魔王：ま，これはだな，担任の先生がだな，いじめられている者，すなわち我らのターゲットにだな，何気ない，けれど心ない一言を思わず言ったりすることを大活用するわけじゃ。最終的にいじめを防いでくれるかもしれない担任が，思わず，ときにはわざとターゲットに心ない一言を吐く。その機会が，我々がいじめをより本格化させる絶好のチャンスじゃ。まわりのなにもできない傍観者＝はらはらしていて，なにもできない自分に罪悪感を感じている傍観者の諸君に，大人である担任の先生もああなのだからということで，罪悪感を減らし，そのまま傍観していいのだという納得を与えてくれるわけだ。

記者：ほう，それは手の込んだ……。すごいですね。ときに教師まで巻き込んで追い詰めていくと。最初からかなり高度なテクニックを使用なさる。いじめの標的をそのように追い込んだら今度はなにをなさいます？　ほんとは恐ろしくて訊けませんが……。

いじめ魔王：こうしてそいつのクラスでの孤立，一人ぽっち化は完成したわけじゃ。もう誰も助けてくれん。味方もいない。クラスのみんなから完全に切り離されてしまうわけじゃ。そうなると一気に仕上げの段階にはいるっちゅーわけや。（生徒笑う）

記者：仕上げといいますと？

いじめ魔王：そうじゃな。つまりな，すでにクラスで孤立したターゲットは，もうほぼ無力なわけじゃ。誰も支えたり助けたりしてくれないからな。一人ぽっちじゃ。こういうのをいじめ業界用語で無力化と呼んでおる。

記者：うーん，怖い。一人ぼっちに追い込んじゃうんだ。たまりませんね。それで，その生徒を孤立させて，まわりからの支えも奪って力をそぐと。同時に本人の力も出せないようにしてしまうと。業界用語でいうと無力化……ですか。

いじめ魔王：もちろん，それだけで終わらせては魔王の名は名乗れん！　いじめられてる奴に向かっていじめ教育をしていくのじゃ。ま，ある意味洗脳じゃな。

記者：学校なだけにいじめ教育もなさると。ほんとに手がこんでますね。どうやるんですか？　いじめ教育。

いじめ魔王：教えない。（生徒笑う）

記者：そこをなんとか教えてくださいよ，魔王様。お忙しい中，わざわざ当中学校へおいで下さったのだから。

いじめ魔王：ま，それもそうじゃな。いじめ教育の目的は，「反撃・ちくりは一切無効である」ということを教え込むためにあるんじゃ。もう，ターゲットを完全に観念させるわけじゃ。誰にいっても，最後の力をふりしぼって反撃しても無駄だとな。だから，反撃には罰を与える。いじめる側がな，暴力を行使して身体に覚えさすんじゃ。反撃は無駄だし，痛い目にあうってことをな。この段階は，一番暴力を使用する。そして，そのような暴力をふるわれても誰も助けてくれないし，味方になる人もいないということを繰り返し思い知らせる。もちろん，先生をはじめとする大人にちくることなんかには，特に厳しい罰を与える。厳しい暴力でしつけるわけじゃ。

記者：なぜ大人にちくると特に厳しい罰を与えるので？

いじめ魔王：それはな，わしの手下ども，つまり，いじめる側の安全をはかるわけじゃ。やはり，この時点で大人が本格的に介入してくるといろいろやっかいでな。せっかく，ここまできちんといじめてきたのに，それが阻止されんとも限らん。心ある大人の中には，われわれのいじめをきちんと妨害する奴がいるからな。加えてだな，大人にちくることは，「卑怯であ

る」ということを暴力と言葉を通して，繰り返し，ターゲットがそう思い込むよう洗脳するわけだ。で，被害者は洗脳されてそれを取り入れてしまうわけじゃ。だから，なかなか大人に相談できない立派な「いじめられっ子」に成長してくれるわけじゃ。これで，いじめる側の支配が完成する。わしの思うつぼになるというわけじゃ。こうして，恐怖でもってわしが学校を支配するというわけじゃ。うぁぁあはははは。(高笑い)

記者：うぁぁあははははってあんた……いえ，いじめ魔王様。そこで完成なら，もうあなたの出番はないと。

いじめ魔王：バカいっちゃいかーん！　一度いじめが成長し始めたら，最後まできちんと面倒みるのがわしのモットーじゃ。まだ，やることがある。

記者：恐ろしや，いじめ魔王。暴力も使用すれば，もうほぼ完璧であると思ったけど，まだあるんですか？

いじめ魔王：こうしてじゃな，被害者，つまりいじめられっ子の世界ってのは，ますます狭くなっていくわけじゃ。もう学校では，いじめている側，つまり加害者だけを相手に人間関係を持つようになるまで孤立してしまうわけじゃ。いじめる―いじめられるの関係が唯一の人間関係になってしまうのじゃ。

記者：いや，ほんと恐ろしい。そうするとクラスメートや先生ってのは，もうほとんど遠い存在になってしまうと。

いじめ魔王：記者のくせしてなかなかするどいの，まったくその通りじゃ。付け加えて言うとだな，いじめられっ子は，しだいに，その日いじめられなかった時間が少しでもあれば幸福とさえ思うようになってくるのじゃ。しかもだ，それがいじめる側が自分に与えてくれた恩だとさえ思うようになってしまう。すごいじゃろう，いじめる側に恩まで感じるくらいになってしまうのじゃ。いじめをしっかりと見過ごしてくれてると，いじめはここまできちんと成長してくれるのじゃ。この効果，ほれぼれする。

　生徒は，水を打ったようにしんとして聴いている。いじめの構造のあまりの怖さに驚いているようである。

第Ⅱ部　事例編

記者：……。あまりの怖さに腰が抜けそうです。もうホントは訊きたくないのですが……，せっかく我が校にいらしていただいたので，思い切って訊きますが……で，その後はどうなるのですか？

いじめ魔王：そうなるとじゃな，自分がどんどん価値のない人間になったように思えてくるのじゃ。もう，ぎりぎりまで，人間性を剥奪され，いじめ魔王に支配され尽くすわけじゃ。そこで，無理難題をふっかける。たとえばじゃな，全裸で校庭を走れとか，腐ったものやごみを食うことを命じられたりする。もはや人間扱いしないわけじゃ。これに従えば従うほど，ますます，自分は人間以下になったように思えてくるのじゃ。そこで，人によっては，最後の自分の尊厳を守るためにも，自殺してしまう者も出てくる。途中で助けが入れば絶対にそうはならないのだが……助けが入らないよう，ここまでの流れをつくるわけじゃ。

記者：もうあまりの恐ろしさに身の毛がよだちます。新聞やテレビで報道される「いじめによる自殺」ってのは，ほんとはきちんと「助け」が入れば助かるんですね。あるいはその段階に至るまでに，「助け」が早ければ早いほど，どんどん助かるわけですね。

いじめ魔王：それはそうじゃ。助ける人がいればいるほど，大人にちくるヤツがいればいるほど，わしと手下の活躍の場は，どんどん，狭まってしまうからの。そろそろ，いいかの？　これでもわしは忙しいんじゃ。全国の中学校にいじめの種をせっせとまかねばならんからの。もう行くぞ！

記者：あ，ちょっとお待ち下さいませ，魔王様。最後の最後の大事な質問です。これだけはぜひお答えいただいてからお引き取りを。

いじめ魔王：なんじゃ。言うてみ。

記者：あの，いじめ魔王様の弱点を……。

いじめ魔王：弱点だと。そんなものはない！

記者：いやいや，ここだけの話で結構ですから。なんだか，すごいことばかし聞いたので，こちらもほっと一安心したいというか，あ，魔王様にも，こんなとこがなんて思いたいので……。

いじめ魔王：そんなもん，ない！　というとるじゃろうが。

記者：そこをなんとか。せっかくお忙しい中，当中学校にいらしてくれたのですから，そこをちょろっと。ここはちと弱いということがありましたら。ちょっとですよ。ちょっと弱いかなと思われるところだけでも。

いじめ魔王：たしかにな。取り立ててわし自身に弱点はないが，こうされると弱いってのはあるな。

記者：そうそう，それです。こうされると弱いってやつ。なんとか，ぽろっと教えてもらえませんかね。怖さだけだとなんかバランスが悪いっていうか……。

いじめ魔王：それもそうじゃの。じゃあ，特別に，教えてやるか。これは絶対秘密じゃぞ。約束できるな。

記者：もちろんですよ。秘密。秘密です。

いじめ魔王：そうか。これで安心して話せるな。ま，実を言うと，これも簡単なことじゃ。なに，わしがいままで言ったことと逆のことをやればいいわけよ。先生や親など，助けてくれそうな大人にしっかりいじめのことをちくり，言いつけ，助けを求めることじゃ。これが基本じゃな。それと友人がいる奴は手出ししづらいな。そいつらが守ってくれる場合があるからな。一人ぼっちに追い込めないわけじゃ。ただ，とにかく，基本，大人のしっかりとした介入が大の苦手じゃ。しかもできる限り早い時期に敏速に介入されるとまずいもまずい。大まずいのじゃ。

記者：ほぉー，これまでの話と逆のことをやれば……。とくに，早いうちに大人に助けを求めることと，友人がいるってことに，いじめ魔王は弱いっていうことですか。なるほど。これはいいことを聴きました。さすが，いじめ魔王様。本来は秘密のことまで明かしていただいて。なんて，寛大な。ありがとうございます。

いじめ魔王：ま，忙しい合間をぬって，せっかくここまで来たからにはな。しかも，全校生徒を集めてくれて，その前で記者会見まで開いてくれおった。そういうおまえらの歓待にもこたえてやらねばならん。

## 第Ⅱ部　事例編

　記者：ほんとにありがとうございます。それでは，せっかくの機会ですから，この記者会見を見ている生徒の代表者からも質問等，受けていただけますか？

　いじめ魔王：ああ，いいとも。

　記者が，「それでは」と言って，（前もって選抜しておいた各学年それぞれ男女2名ずつの）生徒代表男子3名女子3名の計6名が壇上に上がってくる。この生徒の人選も，事前の打ち合わせで，みんなの前でも話せる生徒に壇上での話し合いを了承してもらった。なお，生徒からの発言については，事前の打ち合わせはない。

　会場で見ている生徒に対して，壇上のイスを逆Ｖ字形にして，いじめ魔王を真ん中に左右3名ずつ生徒を配置する。以下，生徒とのやり取りの一部を紹介する。

　生徒：なんで，いじめなんかひろめて楽しがってんの？　信じられない。

　いじめ魔王：そりゃあ，わしがいじめ魔王だからさ。人の集団があるところ，必ずいじめありといってな。人の心の弱さや冷たさがわしの大好物でな。そういう奴は必ずおる。そういう奴にとりついてどんどん広げていく。無関心や見ているだけの人，こやつらも結局わしの味方じゃ。誰も助けてなんかくれない，関心なんか持ってくれないということをいじめられている奴に確信させてくれる強力な助っ人じゃ。自分の勢力が拡大し，思うままに人をあやつることが楽しくないわけなかろう。

と言った途端，生徒代表の一人，3年生女子が一言，「ばっかみたい」とはき捨てるように述べ，かつ切り捨てる。

　この発言は，後の生徒へのアンケートに特に書かれたぐらい，見ていた生徒にも強く印象に残ったらしい。一部生徒が拍手をする。また，いじめ魔王役の筆者としても，かなり，この一言は効き，へこんだ気分となる。この生徒の一言がきっかけで，いじめに対する生徒たちの嫌悪が奔出し，いじめ魔王への発言も攻撃的になる。

　司会役の教師が「魔王様も記者会見でお疲れでしょうから，ここらで一休み

なさってはいかがでしょうか？」と振ってくれる。こうして，当初からの打ち合わせどおり，（実際，生徒からの「攻撃」にたじたじになったこともあって）「そうじゃの，では」と言って（逃げるように）舞台そでへはける。記者役の教師たちも記者役を示す名札をはがし，教師に戻る。その間，生徒もトイレ休憩などをとる。

　司会役：では，最後にふたたびいじめ魔王様が登場なさいます。なんでも，どうしても一言言いたいことがあるとかで……。

　筆者，雄たけびとともに再登場する。（失笑，拍手がわく）

　司会役：なんか一言，おありだそうで。

　いじめ魔王：よくもよくもわしの正体をばらしまくってくれたな。こんなふざけた，わしの正体をばらすような記者会見をやる学校になんかいられるか！　もっとわしが活躍できる場がたくさんあるわい。ばーか，A中学校のばーか。いじめ魔王を，みんなでよってたかっていじめるなんて，いったいなんてところなんだ。おまえら，みんなばーか。

「わーん」と泣きながら舞台そでに逃げ去る。

　司会役：（笑いながら）捨てゼリフを吐いて，泣きながら逃げていってしまいましたねー。なんかみんなで追い出したようで。もう二度と来てほしくないですね。みなさんご苦労さんでした。

こうしていじめをめぐるワークショップを終了する。生徒たちはクラスに帰り，ただちに次の時間45分を使って，再度，本ワークショップについて学んだことを話し合う。その後，今回のワークショップに関してのアンケートに回答する。その主要な回答結果は，次の節で提示し検討・考察する。

## 3．考　　察

### (1)アンケート結果の回答から ── 生徒への心理教育効果

　アンケートの質問と代表的回答例を記す（質問項目は，このワークショップ実施後の生徒のいじめへの思い・考えが具体的に表明できるものとして，事前に筆者

と担当教師間で検討したものを採用した）。

　**質問1**：あの記者会見を思い返してみて，今，自分の思うこと／考えたことをなんでも自由に書いてください。
・どうやっていじめがいじめとなるかがよくわかった。（2年生男子）
　学年別に見ると1年生は，「いじめは怖い」という認識を新たにするものが多かった。2年生や3年生になってくると，いじめ魔王を使った，いわば「外在化」心理教育ともいうべき部分が活きてきて，いじめのメカニズムや内実を理解して，認識を新たにしたという回答が多かった。

　**質問2**：（字数の関係上）略

　**質問3**：いじめ魔王への記者会見の「やり方」「進め方」について，思うことを自由に書いてください。
・知りたいことを記者の方々が聞いてくれた。（1年生男子）
・講演会みたいなのと違って聞きやすかった。（全学年多数）
・普通にいじめについての話を聞かされるより，この方法のほうが，あきずに聞いていられる。（2年生女子）
　通常の「講演会形式」に比して，生徒にとっては新鮮で面白いものと感じられ，好評なのがわかる。また，この設定の「聞きやすさ／わかりやすさ」から，効果的に生徒へいじめの知識が浸透したと思われる。

　**質問4**：（字数の関係上）略

　**質問5**：あの記者会見で一番印象に残っていることをひとつ書いてください。
・いじめ魔王の弱点がよくわかったこと。（全学年多数）
・（代表でいじめ魔王と話した）生徒の一人が，いじめ魔王の話を聞いていて「ばっかみたい！」と言ったところ。ほんとにいじめはバカらしいと思う。
（全学年多数）
　寸鉄「いじめ」を刺すような「ばっかみたい」という生徒の発言が印象的であったという回答が多かった。これに関し，連想するのは，家族療法における「虫退治」メタファー（東，2004）である。これは，たとえば「不登校」などの問題を「悪い虫」になぞらえて，それを実際に退治することを通して，「問

題」を解消する手法である。これとほぼ同様のことが，学校というコミュニティにおいて，この「ばっかみたい」の一言で，生起したと思われる。つまり，全校生徒が衆目する中で，（いじめそのものの象徴である＝「悪い虫」である）いじめ魔王が，生徒の一言で一蹴され，しゅんとなり，退治されてしまったのである。これは非常に強い印象を生徒に与えたようである。このことは，「いじめ」が生徒にいじめられ，かつ，負かされてたじたじになるということで，これは，この学校コミュニティ全体が（象徴的に）いじめを打ち負かした瞬間でもあったと思われる。

## (2)ナラティヴセラピーの視点から

　これまで見てきたように，本章は，「いじめ」へのナラティヴアプローチによる心理教育の試みである。このナラティヴアプローチの直接のヒントとなったのは，小森・山田（2001）による精神障害者家族への心理教育である。彼らの実践は，統合失調症に対する心理教育を，スキゾーさんと名付けて擬人化された人形（外在化された統合失調症）を使用して，その人形に統合失調症の心理教育に関わることを，家族の前で話させるというものである。この小森・山田（2001）の実践は，ナラティヴセラピーの外在化技法（問題や病気を擬人化して，当事者と話し合わせる）を踏襲している。筆者の実践も，これらの技法を学校コミュニティに合うように応用したものである。

　以上のようなナラティヴセラピーにおける具体的なアプローチ法を，本章の「いじめについてのワークショップ」展開と絡めて検討する。

　①問題を外在化する。→そのために，「問題」自身に名前をつける。本章でいえば，「いじめ魔王」という形で「いじめ」を擬人化することによって，いじめという問題をコミュニティに内在・混然してしまう不可視なものとしてではなく，（擬人化という文字通りの）可視できる形にして生徒の現前に外在させる。

　②「ユニークな結果」（ホワイト＆デヴィット，1992）を予防的につくる可能性を見いだす。→（もし）問題が起こらなかった場合の結果をホワイトは「ユ

ニークな結果」と呼ぶ。本章では，予防的な心理教育であるため，問題が起こらなかったらということを話し合ったわけではない。本事例は，生徒や教職員がいじめ魔王との対話に加わり，いじめの弱点を知り，かついじめ魔王をやりこめ，当該校から「追い出す」ことを通して，いじめは，コントロールできるもの／抑制できるものとして描かれ，「ユニーク」ないじめ認識の「更新」を果たし得たのではないだろうか。これは，予防効果としては，格段に大きいものである。なぜなら，すでに一度この学校コミュニティ全体では，いじめに「勝って」いるので，これが「いじめ解決」への「経験」となり，同時に，反いじめ的なコミュニティ感覚を（すでに）世論として，この学校コミュニティが持っているからである。

### (3) ナラティヴアプローチによる，コミュニティへの心理教育の視点から

　コミュニティに対する，このようなナラティヴアプローチによる「外在化」心理教育のもっとも大きな「利点」は，心理教育の対象者への（本章の場合，「いじめ予防」の知識の）「浸透」の深さと拡がりである。その「知識」の浸透・拡がりは，個々人のみならず，それらの個々人が構成するコミュニティ全体へも，いわば「世論」を形成する形で波及・浸透する。すなわち，ナラティヴセラピーにおける「リーグ」として（＝反いじめリーグとして），いじめに対抗する「（いじめ予防の）関心コミュニティ」が，そのコミュニティに心理教育と同時に成立するのである。これは心理教育の効果としては，格段に大きい効果であろう。なぜなら，個々人への知識の浸透のみならず，同時に，その個々人の属するコミュニティが「反いじめ」のローカルな世論（＝リーグ）と文化を形成するからである。

　以上の結果，いじめの心理教育についてのナラティヴなワークショップは，学校コミュニティにおいて，当事者としての教師と生徒の結束を促し，最終的には，教師や生徒みずから，すなわち学校コミュニティみずから，（予防的に）「いじめを打ち負かした」という，いじめに対抗するコミュニティ感覚と文化を強めていったと思われる。

付記：本章は日本心理臨床学会第23回大会にて発表したものを大幅加筆修正したものである。座長の労をおとりいただいた奈良大学の前田泰宏先生に感謝いたします。

〈ブックガイド〉

ウィンスレイド，J., & モンク，G./小森康永（訳）　2001　新しいスクールカウンセリング――学校におけるナラティヴ・アプローチ　金剛出版
　⇨筆者が提示した，学校コミュニティにおけるナラティヴアプローチ法が，この本を読むことによって，理論的にも実践的にもよりクリアになる。また，学校臨床において，ナラティヴアプローチを行うためにきわめて参考になる本である。

ホワイト，C., & デンボロウ，D.（編）/小森康永（監訳）　2000　ナラティヴ・セラピーの実践　金剛出版
　⇨ナラティヴセラピーが実際，どのように「使用」されているかを，具体的な実践例とともに紹介した，いわばナラティヴセラピーの実践的入門書とも言える本。とりわけ，コミュニティへのナラティヴセラピー的アプローチの様相が，具体例とともに，よくわかるものとなっている。

モーガン，A./小森康永・上田牧子（訳）　2001　ナラティヴ・セラピーって何？　金剛出版
　⇨本書は，ナラティヴセラピーに関わる「術語」を解説したものであり，その理論的枠組みがよくわかる本である。ナラティヴセラピー全体の枠組みとなる社会構成主義の解説他，問題の外在化，ドミナント／オルタナティブストーリー，無知の姿勢など，ナラティヴアプローチの「見方」についてもわかりやすく解説されている。

〈引用文献〉

東　豊　2004　「虫退治」の枠組みで行う不登校の家族療法　日本ブリーフサイコセラピー学会（編）　より効果的な心理療法を目指して――ブリーフサイコセラピーの発展Ⅱ　金剛出版　pp.149-167.

伊藤亜矢子　1998　学校という「場」の風土に着目した学校臨床心理士の2年間の活動過程　心理臨床学研究，**15**(1)，659-670.

小森康永・山田勝　2001　精神分裂病の家族心理教育におけるナラティヴ・アプローチ　家族療法研究，**18**(2)，143-150.

中井久夫　1997　いじめの政治学　中井久夫　アリアドネからの糸　みすず書房　pp.2-23.

第Ⅱ部　事例編

田代順　2008　学校コミュニティへのアプローチ　矢原隆行・田代順（編）　ナラティヴからコミュニケーションへ──リフレクティング・プロセスの実践　弘文堂　pp.85-106.

ホワイト，C., & デンボロウ，D.（編）／小森康永（監訳）　2000　ナラティヴ・セラピーの実践　金剛出版

ホワイト，M., & エプストン，D.／小森康永（訳）　1992　物語としての家族　金剛出版

## 「いじめ魔王の冒険」に対するコメント

森岡　正芳

　ナラティヴの基本特性の一つに，想話・仮構の働きがある。フランスの心理学者ジャネ（Janet, P.）がこの働きにまず注目した。空想や遊びが人の心の世界になくてはならないものであることは第Ⅰ部解説編1で指摘されている。空想は心と事実世界との間に緩衝地帯を作り，人に生きやすい現実を生む。臨床ナラティヴアプローチの動力源というべき仮構の働きを実践的にどのように活かすのか。

　そういう意味で，田代の報告は心理社会的支援，学校での心理教育の独創的な実践例であると同時に，ナラティヴ実践の興味深い展開型である。いじめという難題，それは事態が進行してからでは，当事者だけでなく，学校の内外にも複雑な混乱を与え，その回復には多くの困難を抱えることになる。被害を受けたものにとって，その後の人生のずっと後にまで傷を残すこともある。ナラティヴアプローチは心理療法の文脈において，とりわけトラウマケアに対して積極的な意味をもつ。臨床報告，実践例の報告は多い。

　一方で，いじめは予防的な取り組みこそ欠かせない。予防教育というアプローチも導入されている。予防というときに，心理教育には工夫がいる。一つの講義やセミナーがうまくいっても，すぐにそのインパクトは減衰し，定式化してしまうこともままある。いずれにしても講義よりも，ロールプレイやドラマを用いた集団的なワークの方に効果があることが報告されている。

　仮想世界でいじめを体験してみる。いじめがどのように生じていくのかというプロセスを共体験する。そこでいろいろな発見がある。全員参加型のワークである。だからこそ参加者全員にインパクトがある。講義とは異なった効果がある。

第Ⅱ部　事例編

　田代のアイデアは即興に見えるが，実はナラティヴセラピーの「外在化」からヒントを得たもので，周到に準備されている。現場の教師たちの協力があってのことで，「いじめ魔王の記者会見」という舞台づくりまでに，相当の手間と時間をかけているはずである。とくに司会や記者役の教師との掛け合いが見どころである。またそれよりも先に学校に入り生徒たちのやり取り，言葉遣い，クラスの雰囲気などの特徴をよくキャッチすることも欠かせない。ナラティヴのワークは個別の集団（家族，学校，会社など）に固有の文脈において意味をもつ。けっして一般化はできない。

　外在化は，想像上でのやりとりではなく，具体物という仕掛け，媒介を使って「問題」を可視化する。いじめ魔王の登場は，もちろん作り物である。ユーモアがあり，しかも，いじめという代物が魔王の姿と言動に限局集約される。だから生徒たちも安心して参加できるし，しかも今から何が始まるのか興味津々となる。この枠組みの中で，しかし，魔王の語りは怖い。リアルに生徒たちに迫ってくる。

　仮構物も人がそれを操り演じると，ある現実を創り出す。いじめ魔王の言葉はふるっている。生活場面ではいじめはネガティヴなものの最たるものとして扱われ，つねに否定形でもって扱われる事象である。いじめの手管などは，ポジティヴに現れることはなくしたがっておおっぴらに言葉にされないものである。とくに，うっかりすると教師がいじめに加担してしまうといった点について，教師生徒たちが一堂に会する場では，言葉少なに扱われがちである。日常の学校文脈が重視する価値意識はドラマの中で転倒し，いじめのプロセスがポジとして克明に言語化される。これが，心理教育として抜群の効果を生む。

　いじめ魔王の舞台で聴衆は魔法にかかったように，いじめの現実にはいりこむが，ある女子生徒が，「ばっかみたい」と一声。これでこの仮想現実は霧散する。そのことはまた，いじめが作り出す恐怖もイリュージョンであることも意味する。幻滅させる効果を併せ持つ。さらに，皆に失笑を買う形で，魔王は見事に退治される。

　仮想といえども，すでにいじめに勝っている生徒たちは，このワークショッ

プを受ける前と後では違っているといえる。生徒たちの事後のアンケートでは，多数の生徒が，いじめ魔王の弱点がわかったということを，印象に残った点の第一にあげている。いじめ魔王がまさに「いじめ」られ，退散する。舞台によってふだんの学校生活とは異なる文脈が生まれ，転倒した力関係が，ふたたびここで逆転し，もとの生活に戻る。しかしそのときの生活はワークの前の生活とは少し違っている。ナラティヴによる外在化の効果である。

　ナラティヴによる仮定法的現実を積極的に構成し，そこから生じるニューアウトカムをセラピーとして活かすことは，ホワイトらのナラティヴセラピーの学派において実践されているが，田代の実践では，「もし……だったら」という問いかけをする必要はない。参加者はいじめ魔王を目前において問いかけることができるわけだから，この場面においては仮定法ではなく，まぎれもない直説法現在である。このリアリティの体験が生徒たちの後の学校生活にも活かされていくだろう。

# 10 高齢者の回想法

山口　智子

## 1. 超高齢化の中で

　わが国は，超高齢社会であり，2035年には，世帯主が65歳以上である高齢世帯が4割を超え，その4割近くが一人暮らしになると推計されている（国立社会保障・人口問題研究所，2013）。今や，高齢期をいかに健やかに過ごすのかは，個人の課題であるだけでなく，社会の課題でもある。このような状況の中で，近年，高齢者の回想法が認知症予防や介護予防として注目されている。その先駆けとなったのは，バトラー（Butler, 1963）であり，わが国では，1990年代から，施設入居高齢者へのグループ回想法の実践や研究が行われ，その後，地域回想法などへと展開している（黒川，1995；野村，1998；遠藤，2007）。

　まず，高齢者の回想に対する意味づけの転換について紹介し，次に，わが国における回想法の展開を概観し，最後に，実践と今後の課題について考えたい。

## 2. 高齢者の回想に対する意味づけの転換

### (1)ライフレヴューの提唱──ライフレヴュー（life review）と回想（reminiscence）

　1963年，バトラーは精神科医としての臨床経験から，高齢者が死の接近を意識し人生を回顧すること（ライフレヴュー）は自然で普遍的な過程であり，葛藤の解決や人生の新たな意味の発見につながると指摘した。従来，高齢者の回

想は老化の現れとして否定的にとらえられ,「老人の繰り言は老化の現れ」というのがマスターナラティヴであった。これに対して,バトラーがライフレヴューという言葉で,「高齢者の回想には積極的な意義がある」という新たなナラティヴを提示することは,高齢者や高齢者の回想に対する認識の転換を促した。その後,欧米を中心に,ライフレヴューや回想の研究,臨床実践が盛んに行われている。実践では,ライフレヴュー法と回想法は区別される場合が多く,ライフレヴュー法は人生の再評価や統合を目的として,人生全体をふりかえるのに対して,回想法は人生の再評価や統合を目的とするものではなく,テーマを決めて,楽しい思い出を語り,対人交流を深めるものであり,多くはグループで行われている。ライフレヴュー法は,つらい記憶を想起し,うつを引き起こす危険性があると指摘され,専門家が行うのに対して,回想法は専門家に限られないことから,様々な領域で実践されている。

### (2) バトラーの経歴 ── 高齢者の語りを聴く姿勢の基盤

では,バトラーは,なぜ,高齢者の回想について新たなナラティヴを提示できたのか,国際長寿センター(2010)のホームページに記載されている経歴を基に考えたい。

バトラーは,ピュリッツァー賞を受賞した『老後はなぜ悲劇なのか?──アメリカの老人たちの生活("Why Survive?: Being Old in America")』のまえがきに,自身の生い立ちを書いている。11カ月のとき,両親が離婚し,祖父母に引き取られたこと,大恐慌の影響で,祖父は農場を失い他界,7歳からの祖母との生活は,政府の食料援助を受けるなど苦しい生活であり,さらに,火災で家財を失った経験を述べている。バトラーは,それでも挫けない祖母の精神力に感銘を受け,かかりつけ医の影響もあり,医師になる道を選んだ。27歳のとき,同僚の医師たちの高齢者に対する傲慢な態度に憤りを感じ,転職している。このような経歴から考えると,祖母との生活経験が,高齢者への敬意につながり,後のライフレヴューの提唱につながったのではないだろうか。高齢者への敬意がなければ,多忙な精神科診療の中で,高齢者の言葉に真摯に耳を傾けること

は難しく，高齢者の語りも「老いの繰り言」と受け流される。傾聴の姿勢がなければ，高齢者が葛藤を解決し，人生に新たな意味を見出すような語りの変容はなかったと思われる。高齢者の回想を聴くとき，その語りを聴く姿勢が問われるのである。

(3) その後の提言──エイジズム，プロダクティヴ・エイジング，長寿革命

図7　バトラー博士

バトラーは，ライフレヴューや回想についての提言だけでなく，その後もつねに高齢社会に対する提言を続け，老年学の父と言われている。1969年，41歳のときには，エイジズム（Ageism：年齢による差別）という言葉を作り，アメリカにおける高齢者に対する差別を指摘し，社会がその改善に努めることを求めている。1983年，56歳のとき，ハーバード大学のザルツブルグセミナーでは「人口高齢化」が議論され，そのときのキーワードはプロダクティヴ・エイジングである。これは，加齢のあり方についての提言であり，重要な概念として注目され，わが国では，社会貢献と訳される場合もある。提言は，望ましい加齢とは，高齢者がケアを受ける存在であるのではなく，高齢者自身もプロダクティヴであれというものである。プロダクティヴとは有償・無償の労働，ボランティア活動だけでなく，家族のケアや自分自身のケアも含むものである。また，人類史上，はじめて経験する高齢社会の到来は，社会構造の変革を迫るものであり，「高齢化に対応するための負担は大きく，長寿は歓迎されない」と，高齢者を排除する動きに傾く危険性もある。バトラーはこれを危惧し，「長寿であることは人類の望みであり，高齢者が健康で活発に生きることができる社会では，高齢化は恩恵であり，富を創出することにつながる」（長寿革命）と伝え続けた。さらに，60歳のとき，ILC（International Longevity Center）をアメリカに設立し，その後は，世界的なネットワーク作りに貢献し，2010年に亡くなった。バ

第Ⅱ部　事例編

トラーの提言や生き方は，長寿社会のあり方，高齢者の社会的位置づけ，生き方を考えさせるものであり，高齢者の回想法もその文脈の中で考える必要がある。


## 3. わが国における回想法の展開

### (1)グループ回想法 —— 広範な実践と研究の蓄積

　わが国では，野村（1998）が，回想法の理論と技法を整理し，高齢者施設入所者のグループ回想法では支持的な対人交流によって，高齢者の行動変化をもたらしたことを紹介している。また，黒川（1995）は，認知症高齢者の回想法は，認知症の根本的治療は不可能であるが，機能低下を防ぎ，機能を向上させる可能性があることを指摘している。その後，回想法は高齢者の援助技法として，高齢者施設や病院において盛んに行われている。また，2002年に，師勝町（現北名古屋市）が高齢者の回想法を活用した事業に取り組み，その後，各地で介護予防として回想法が取り入れられている。これらの実践で用いられている回想法は，週1回か2回，計6回から8回を1セッションとして，「子どものころの遊び」など参加者が話しやすいテーマを選び，グループで思い出を語り合うグループ回想法である。五感を刺激する写真，音楽，昔の道具，食べ物なども用いられ，回想法の実践マニュアルの作成も行われている。

　国立国会図書館サーチで，「回想」を検索すると，高齢者の回想，回想法に関する博士論文は，わが国だけで，1996～2011年の15年間で18本あった。博士論文だけで，である。その他，本や論文を加えるとかなりの数になる。学問領域は心理学，社会福祉学，保健学など多岐にわたり，その多くは健常または認知症をかかえる高齢者に対するグループ回想法の効果を検討したものである。回想法の効果としては，高齢者の情緒の安定や活性化，意欲の向上，社会的交流の促進，生きがいの獲得，ケアプランの作成，スタッフの高齢者イメージの変容などである（奥村，2010；津田，2012）。グループ回想法が高齢者の援助技法として位置づけられ，効果に関する知見が蓄積された段階と考えられる。

## (2)回想法の展開――新たな視点の回想法
### ①地域でのつながり作り：地域回想法

　愛知県西春日井郡師勝町（現在，北名古屋市）では，2002年に，「思い出ふれあい（回想法）事業」が行われた（遠藤，2007）。事業の目的は，回想法による閉じこもり防止や介護予防，認知症予防と地域づくりである。内容は，回想法スクールの開催，回想法事業を支援するボランティア団体の育成，効果調査，事業評価，教材の開発，シンポジウムの開催などである。旧家の寄贈を受け，旧家を回想法センターとして整備した後は，回想法スクールは回想法センターで行われている。また，回想法スクールを卒業した高齢者は「いきいき隊」として，地域のイベントに参加し，子どもたちに昔の遊びを教えるなどの世代間交流も図っている。このように，回想法スクール終了後も，回想法でできたつながりを基盤にした地域活動を続けていくことも，事業目的の一つである。とくに，高齢者が，ケアの対象者ではなく，ボランティアとして地域づくりに積極的に関わる視点は，バトラーの提唱しているプロダクティヴ・エイジングや長寿革命の理念を具現化した試みと言えるのではないだろうか。このような活動の中で，グループ回想法は，知らない者同士が深く知りあうきっかけ，エンカウンター的な意義をもつものと位置づけられる。

### ②生活としての回想法：回想空間

　医師である小山（2011）は，高齢者介護における回想法について，医師が深く関与する場合は理論的，学術的になり，介護スタッフが関与する場合は対象者とスタッフがいかに楽しめたか，レクレーションとしての回想法が多いと指摘している。ここで興味深い指摘は，週1回の回想法を楽しみにできるのは認知症が軽い場合であり，重度の場合，回想法でよい反応ができても，その後，問題行動が出ることも多く，回想法が効果を表すのは毎日行うか，生活空間が回想を促す施設運営ではないかという指摘である。小山は施設を「大人の学校」とすることで，不穏になっていた入所者が落ち着いた事例を紹介している。

　　Kさんはかなり問題行動がある重度認知症の状態で認知症専門棟にやっ

てきた。大声を発するKさんは，同級生の認知症の入所者から「黙って授業ば（を）受けなっせ（受けなさい）」と言われ，スタッフにここでは何が行われているかを尋ね，「ここは学校ですから，授業があるのですよ」と聞いて，激変し，おとなしく授業を受けるようになった。高校の教師であったKさんは，のちには授業を担当し，高齢者住宅で暮らすまでに回復した。

　小山は，Kさんがもっとも輝いていたころの「回想空間」に入り，プライドも自信も取り戻したと述べている。この事例は，認知症の人にとっての，回想空間をつくることの意義や言葉の力を示し，人がいかに社会的な存在であるのか，意味，意味世界がいかに大切であるのかを物語る。そこは，入所者以外の人には認知症専門棟であるが，認知症の入所者には「大人の学校」であり，Kさん以外の入所者とも共有されている。もし，筆者が認知症のための施設に入所したらと想像すると，病院でもない，ホテルでもない……となれば，ここはどこか，どうふるまえばよいのか不安になり，周囲にいる人の注意をひくよう，また，自己確認のために，Kさん同様，大声を発するかもしれない。認知症をかかえる高齢者は，認知機能の低下によって，施設への入所がうまく理解できず，混乱や不安が大きくなることが想像される。施設を「学校」とすることで，入所者はかつて身につけた学校生活での処世術を生かして生活できるのである。

### ③スピリチュアル回想法

　スピリチュアル回想法は，マッキンレー（MacKinley, E.）が提唱しているもので，生きることに意味を与えるものや喜びや悲しみをもたらしたものに重きを置きながら，ライフストーリーを語る手法である（マッキンレー＆トレヴィット，2010）。この回想法は，若年性認知症になり，その体験をみずから語り，人々の認知症に対する理解に多大な影響を与えたクリスティーン・ボーデン（Borden, C.）（のちに結婚し，ブライデン（Bryden, C.）に改姓）との深い対話を通して生まれた。クリスティーンは，認知症の告知によって，大切な家族も自分もわからなくなる不安をかかえていたが，対話を通して，スピリチュアリティ

は失われないことを確認したという（章末のブックガイドも参照のこと）。マッキンレーは，この経験を基に，認知症という苦難をかかえる人との旅をともにする方法として，この回想法をまとめた。6回の対話では，①人生—生きることの意味，②人間関係—孤立すること・つながること，③希望・恐れ・心配，④老いること・超越すること，⑤宗教の信仰・スピリチュアルな関心，⑥信仰の実践・スピリチュアルな関心の実行などが話題となる。これらは，認知症をかかえる高齢者にとって，難しい問いと思える。しかし，自己を失う不安が強い初期や中期の段階では，これらは切実な問いであり，認知症をかかえる高齢者は，語ることができるのである。これは，人生全体をふりかえるライフレヴューであり，(1)で述べたグループ回想法とは目的も方法も異なるものである。スピリチュアル回想法は，認知症だけでなく，ガンなどの告知，身体機能の喪失，重要な他者の喪失を経験し，人生の意味の問い直す高齢者には有効な回想法と考えられる。

*

以上，新たな展開として，3つの回想法を紹介した。これらは，グループ回想法と同様に，ポジティヴな回想を重視し，未解決の葛藤などネガティヴな回想をこちらから引き出さない。また，ネガティヴな体験が語られる場合は，その想いを丁寧に聴くとともに，乗り越えてきた力に着目することは共通している。さらに，地域や施設という生活空間を重視し，喪失や危機に直面し，「私の人生は何か」という切実な問いに向きあうとき，有効であり，高齢者が生きている時間的・空間的布置をとらえた回想法である。

## 4．臨床実践と今後の課題

### (1) 喪失を意味づける回想

　筆者はグループ回想法に補助的な役割で参加した経験はあるが，自身が企画し実践したことはない。ここでは，筆者の沖縄の病院での臨床実践を紹介したい。

ある日，脳梗塞で左手足に麻痺が残ったＳさんは，少し左足を引きずりながら，心理検査のために，心理室に来られた。開口一番，「こんな姿になって情けない。何でこんなことになったのか」と言い，筆者が心理検査をためらっていると，「戦争で苦労したけど，戦後は子どもに恵まれて……，今も子どもや孫もやさしくしてくれて，このことだけが悩み。皆は（障害が）軽くてよかったねと言うけど，こんな悲しいことはない」と切々と訴える。そこで，筆者が〈沖縄戦はアメリカ軍が上陸して，本当に大変な思いをされたと思うのですが，そのときと同じように追い詰められたお気持ちですか？〉と言うと，表情が変わり，「ええ逃げましたよ」とじっとこちらを見ながら（筆者を見ていたのではなく，過去に戻り視点が動かなかったのかもしれない），どこからどこに逃げたのか，日時と地名を詳細に思い出しながら話し，「昼は見つかるといけないから，夜，真っ暗な中を逃げるさ。ほかの人も一緒だけど話はしない」と現在形で話された。そして，少し間をおいて，「ああ，そのときに比べたら，こんなこと，たいしたことないね。……。私は小学校のころ，リレーの選手だったの。運動会も走りましたよー。だから，余計に悲しいのかもしれないね」と。筆者は，声援を受けて走るＳさんの姿が浮かび，何事も主体的に乗り越えてきたであろうＳさんの人生と，手足の不自由さへの悲しみを感じた。心理検査を終えたＳさんは「頑張ってみるよ。ありがとね」と言いながら，退室された。

これは心理検査場面での出会いであり，筆者は一瞬，対応に戸惑ったが，「このことだけが悩み」と繰り返すＳさんに，戦争での追いつめられた気持ちと重なるかを尋ねた。安易に外傷体験にふれることは危険である。しかし，Ｓさんは，みずから「戦争で苦労したけど」と戦争を話題にし，経済状況や家族のことなど，臨床面接のインテークで尋ねる事柄を，順番にポイントを押さえて語った。その語りが，Ｓさんが「なぜ，こんなことになったのか。私が何か悪いことをしただろうか」と何度も人生をふりかえり，自問自答を繰り返した

結果かもしれないと感じた筆者は,「心理検査と言われてきたけれど, この話を聴いてほしい」という強いメッセージとSさんの持っている力を感じ, 戦争にふれた。〈追い詰められた気持ち?〉という問いに,「ええ逃げましたよ」と, ズレが生じ, そこから, Sさんの戦争の回想が展開した。〈暗闇・沈黙・逃げる〉戦争の回想から, 身体機能の喪失を「たいしたことない」と言い,〈晴れの運動会・声援・走る〉という回想が語られ, 麻痺の悲しみに新たな意味が付与された。新たな意味が語られるとき, 類似の, かつ, 対比的な回想が語られるのだろうか。Sさんとの出会いは, 1回限りの出会いである。どのような回想が新たな意味を生み出すのかは十分に検討できていないが, 印象に残る出会いであった。この事例のように, 新たな意味を生み出す回想のプロセスの検討は今後の研究課題である。

**(2) 家族をつなぐ回想──「祖父母と孫の回想法」と故郷を旅する回想法**

　高齢者は誰に自分の人生を語りたいのだろうか。筆者は, 物語を継承したい, 回想を共有したいのは孫ではないかと考え,「祖父母と孫の回想法」を試みた(山口, 2008)。これは, 孫である大学生が, 自分が話を聴きたいと思う祖父母の回想(人生の語り)を聴くものである。孫や祖父母の心理的負担が大きくならないための配慮として, 筆者が祖父母と孫に回想の目的を説明し, 実施後に, 孫である大学生から報告をしてもらう形式で行った。また, 回想法の効果を検討するために, 回想法実施の前後に, 祖父母には主観的幸福感の程度を測定する質問項目に, 孫である大学生には自我同一性の程度を測定する質問項目に回答してもらった。

　その結果, 祖父母の主観的幸福感や孫の自我同一性の量的検討では, 回想法の効果は認められなかった。しかし, 祖父母の自由記述には,「嫌な思い出を語ることにより長い歩みの末に今が幸せに感じられる」「(孫が) 将来, 不幸な出来事に出会ったときに, 昔聞いたことを思いだして力強く生きてくれれば幸い」「心のつながりができてよかった」など,「祖父母と孫の回想法」の効果を示すものがあった。また, ある学生は, 調査用紙を持参したとき,「ここには

書かなかったけど，祖母が母親に正月に実家に帰ってもいいと言った。これが一番の変化かも。祖母は私に，母を早くに亡くした嫁（母）のことを，娘のように思ってきたと話して，（祖母は）母にこれまで厳しかったので，何を言っているんだと複雑な思いで話を聞いたけど，なんか母にやさしくなった。正月に，親戚の人が来るたびに，孫が自分の話を聞いてくれたと話すので困った」と話してくれた。祖母は，孫が自分の回想を聴いてくれたことがうれしかったのだろう。嫁姑の関係にまで変化をもたらした。

　また，祖父と一緒に祖父の故郷に出かけた学生もいる。レポートの一部を紹介する。

　　〈祖父が伝えるもの〉「縁つなぎだ」そう言って津和野の旅の終わり頃，駅でぽつりと私に言いました。祖父の津和野の町への想いを，そしてその足跡を孫の世代へまで繋ごうという祖父の切な願いはこうして実現されたのでした。祖父が一体どこから来て，どこへ行こうとしていたのか，私は何も知りませんでした。戦争の時代を超えて，激変していく世の中を目の前に生き抜いてきたその面影は，今もなお祖父の姿に深く刻まれています。この旅を通して祖父は，孫に当たる私に多くの歴史とその足跡を見せました。故郷の津和野で，祖父が思い出の場所や人を私に会わせ，また挨拶をしていく姿に，老いていくという実感のなかで残そうとした祖父の生きざまを，私は拾い集めるようにして後ろをついて歩きました。津和野への旅は，そんな祖父が私に残そうとした遺言のように，これで最後になるのかもしれないという故郷への一つのけじめのようでした。…（中略）…回想法について勉強する為に試みた，祖父との一週間にわたる旅を通して，振り返るということの力強さを教わった気がしています。振り返るということは，むしろ前を向いているんだと，祖父から教わりました。…（中略）…この回想法という療法を知ってから，前向きさという言葉が好きになったのは，祖父のおかげかもしれません。ただ明るさを指すものでもなく，がんばれといっているのでもない。この言葉のあたたかさと力強さに，老

いを見つめていく人の切なさが少しでも拭われることがあればと思います。
…（後略）…（森岡，2006）

　文章からは祖父と孫の深い交流が感じられる。高齢者は，映画『野いちご』のイサク博士のように思い出の地を訪れることで，より深いふりかえりの機会を得るかもしれない。祖父母と孫が旅に出かける世代間交流では，故郷への旅，家族の豊かな交流，世代継承が促される。これは，高齢者と援助者が行う回想法ではなく，家族のつながり，絆を強めるコミュニケーションの回復である。小山（2011）は，回想をスタッフが聞くことはできるが，その出来事を一緒に思い出すことができるのは家族であり，スタッフよりも家族が聴き手になる方がよい場合があると指摘している。回想法は一つのケア技法として，援助職が行い，高齢者の大切な思い出は高齢者と援助職だけに共有されればよいのか。技法としての実践が先行することで，高齢者の大切な思い出を家族から奪う可能性はないだろうか。

### (3)臨床実践における課題──「回想法とは何か」を考える必要性

　グループ回想法について多くの実践・研究が報告されることで，「回想法＝グループ回想法」という枠組みができていないだろうか。

> 　高齢者施設での社会福祉士実習で，ある学生は終末期ケアに関心を持ち，話しかけに反応がない利用者の方と関わることにした。学生は，毎日，共通の趣味であるカメラを持参して，高齢者に手渡し，高齢者がかつて写した写真を見ながら語りかけたところ，応答が見られるようになった。また，ある学生は，僧であった利用者に施設で読経してもらう試みを始めたところ，経本をもつ手は徐々に拘縮が軽減し，声に張りが戻った。

　筆者は学生たちの真摯な関わりに感心し，過去，人生を大切にした関わりの力を再認識したが，そのとき，これらを回想法という枠組みでは考えていなかった。回想法のマニュアルができ，グループ回想法の実践やその研究報告が数

多く行われることによって，回想法がその形式に規定される。学生たちの取り組みからわかるように，認知症が進行し意欲や関心が低下した高齢者にとっては，その人が人生で大事にしてきたこと，心に響く回想が重要である。「回想法＝グループで週1回，テーマを決めて話し合う」という枠組みにとらわれない柔軟な発想が必要である。また，回想は言葉で表現されるものだけでなく，麦踏みなど動作によって，過去の役割を演じることも，その人らしさを伝える回想と考えることもできる。回想法をグループ回想法の枠を超えて，柔軟に考えつつ，高齢者にとって，だれに，どのように回想を語ること（過去の役割を演じることを含む）に意義があるのか，考えることが必要である。

## 5．回想法のもつ意義

筆者は，在宅の高齢者の回想を聴くとき，他の心理面接よりものびやかに聴いている。切迫した状況ではないし，高齢者は人生の語りの熟達者であり，「語る力と語らない力」，語りはお話という「語りとの距離感」をもっていると感じているからである（山口，2004）。また，外傷的な出来事も，時が薬となり，乗り越えてきたという文脈で語り直される「時の力」を感じるからである。「つまらない人生」「なんでこんなことになったのか？」と同じ言葉が繰り返されるとき，聴き手はより積極的な役割が託される。〈語りを聴いている〉〈一生懸命，つらいことを乗り越えてきたことを感じている〉と伝えることが語りの展開を促す。回想は語り手だけでなく，語り手と聴き手の即興の中で展開し，新たな意味が生み出されるのである。

一方，危機的な状況，たとえば，認知症の告知や障害を高齢者はどのように受け止めるのだろうか。クリスティーンやSさんのように大きな揺らぎを感じる可能性は大きい。自己を失う不安，家族に迷惑をかける不安を想像すると，高齢者の孤独や絶望が迫ってくる。このとき，誰かに聴いてもらいながら，人生を回想することの意義は大きい。目の前の苦しみや不安をかかえながらも，自己の連続性や人生の新たな意味を見出し，やり残したことに気づくことがで

きる。

　高齢者の心理的援助は，他の年代に比べてまだまだ少ない現状であるが，現在，認知症疾患医療センターには，専任の臨床心理技術職等が配置されるようになった。主に神経心理学的検査を担当することが多いが，スピリチュアル回想法など，回想法の意義が評価されることを期待したい。

　付記：本章の執筆にあたっては，「回想法——技法からコミュニケーションの回復へ」『N：ナラティヴとケア』第4号に掲載された論文（山口，2013）を改稿した。図7の写真は国際長寿センターのご厚意により，掲載したものである。

〈ブックガイド〉

ボーデン，C./檜垣陽子（訳）　2003　私は誰になっていくの？——アルツハイマー病者から見た世界　クリエイツかもがわ
　　⇨若年性認知症であることを告知された著者が，認知症によって，どのような不安や困難があるのか，内的体験を語っている。当事者の語りのもつ力を感じさせる一冊である。その後，『私は私になっていく——痴呆とダンスを』（ブライデン，C./馬籠久美子・檜垣陽子（訳），2004，クリエイツかもがわ，2012年に改訂新版も）も出版されている。

野村豊子　1998　回想法とライフレヴュー——その理論と技法　中央法規出版
　　⇨回想法やライフレヴューの理論，意義，効果などを，わが国に紹介したさきがけとなる一冊である。理論だけでなく，グループ回想法の実際を記録表なども掲載して詳細に解説している。丁寧な準備に基づく回想法の実践が感じられる。

岡本夏木・山上雅子（編）　2000　意味の形成と発達　ミネルヴァ書房
　　⇨生涯発達における意味形成の諸相を論じている。老年期については，心理療法過程における変容可能性や認知症高齢者とともに意味を見出す過程を示している。意味とは何か，意味の形成や変容に関心がある人には良書である。

〈引用文献〉

Butler, R. N. 1963 The life review: An interpretation or reminiscence in the aged. *Psychiatry*, **26**, 65-75.

遠藤英俊（監修）　2007　地域回想法ハンドブック——地域で実践する介護予防

第Ⅱ部　事例編

　　　プログラム　河出書房新社
国立社会保障・人口問題研究所　2013　日本の世帯数の将来推計（全国推計）
　　　（http://www.ipss.go.jp/）（2014年11月11日閲覧）
国際長寿センター　2010　豊かな高齢社会の実現をめざして（ロバート・バトラー博士特集号）　長寿社会グローバル・インフォメーションジャーナル，**15**．
　　　（http://www.ilcjapan.org/chojuGIJ/15.html）（2014年11月4日閲覧）
小山敬子　2011　なぜ，「回想療法」が認知症に効くのか　祥伝社
黒川由紀子　1995　痴呆老人に対する心理的アプローチ　心理臨床学研究，**13**，169-179．
マッキンレー，E., & トレヴィット，C./馬籠久美子（訳）遠藤英俊・永田久美子・木之下徹（監修）　2010　認知症のスピリチュアルケア——こころのワークブック　新興医学出版社
森岡里実　2006　祖父が孫に伝えるもの　地域と臨床，**15**，112-116．
野村豊子　1998　回想法とライフレヴュー——その理論と技法　中央法規出版
奥村由美子　2010　認知症高齢者への回想法に関する研究　風間書房
津田理恵子　2012　懐かしい記憶から引き出す生きがい——特別養護老人ホームにおける回想法の介入効果　現代図書
山口智子　2004　人生の語りの発達臨床心理　ナカニシヤ出版
山口智子　2008　世代間交流を促す「祖父母と孫の回想法」の開発——祖父母の自己語りと自我同一性の関連　平成17年度〜平成19年度科学研究補助金（基盤研究（C））研究成果報告書
山口智子　2013　回想法——技法からコミュニケーションの回復へ　N：ナラティヴとケア，**4**，39-45．

## 「高齢者の回想法」に対するコメント

森岡　正芳

　高齢者が死の接近を意識し，人生を回顧すること（ライフレビュー）は自然で普遍的な過程であり，葛藤の解決や人生の新たな意味の発見につながる。「高齢者の回想には積極的な意義がある」。回想法の草分けとして名高いバトラー（Butler, R. N.）の提唱である。

　山口はまず回想法の創始者として，引用のみされるが実際にはほとんど知られていないバトラーその人のライフヒストリーを丹念に述べる。バトラーはどういう生涯を送り，回想法に取り組むようになったのだろうか。山口の以下のような分析は重要である。

　バトラーは『老後はなぜ悲劇なのか？──アメリカの老人たちの生活』という本のまえがきに自身の生い立ちを描いている。この中で，バトラーが生後11カ月のとき，両親が離婚し，祖父母に引き取られたこと，大恐慌の影響で，祖父は農場を失い他界したこと，7歳からの祖母との生活は，政府の食料援助を受けるなど苦しい生活であり，さらに，火災で家財を失った経験についても述べられている。バトラーは，それでも挫けない祖母の精神力に感銘を受け，医師となる道を選んだ。バトラーの提言や生き方は，長寿社会のあり方，高齢者の社会的位置づけ，生き方を考えさせるものであり，高齢者の回想法もその文脈の中で考える必要がある。

　高齢者がより積極的に人生を生きていくために，回想法が使われる。介護への予防としても役立つ。回想法（ライフレビュー）という言葉はシンプルでわかりやすく，現場でも使いやすい。回想法はグループで行うのが基本である。グループでは，一人が回想の主役になると，複数の聞き手がそこにいる。聞き手が複数であるということがグループに独自の効果を生む。多面的な意味がそ

こに生まれる。

　心理社会的支援として回想法の意味は大きい。回想法の新たな展開について，山口が述べている地域回想法は，これからますます注目されていくであろう。場で回想する。そして回想が場を作る。回想が社会性をもつ。「回想法スクール」を卒業した高齢者は「いきいき隊」として，地域のイベントに参加し，子どもたちに昔の遊びを教えるなどの世代間交流も図っている。ナラティヴは実践のどのような場であってもその土地に根ざした知恵（indigenous wisdom）を重視し，探索する。

　高齢者が，ケアの対象者ではなく，ボランティアとして地域づくりに積極的に関わる。

　さらに進んで，「生活としての回想法」すなわち，生活そのものが回想法になると山口は指摘する。回想法を一歩進めた興味深い発見である。

　第Ⅰ部解説編1第3節で述べられたように，ナラティヴの構造で見落としてはならないのは，出来事を選び，筋立てて示す主体＝私である。この主体がナラティヴを遂行するにあたって欠かせない。山口の報告にあるSさんの例を通じて，回想法において，自分の人生を語ることを通じて，語り手の主体が回復していくということに注目したい。出来事をつなぎ語るという行為がその語り手自身の自己感を支える。そういう手ごたえがある。グループの中で自らの人生を回想するその語りを紡いでいくとき，それまで背景に退いていた語る「私」が，前面に出てくる。この「私」は関心をもって聴いてくれる人たちに，自分が体験してきた出来事を伝えようとする。相手にわかるように筋立てる。相手との関係をはかりつつ，体験の出来事を選び，つなぎ，語る「私」がグループによって支えられる。聞き手と共有できる意味がそこに生まれる。語る行為は，自分なりのやり方で自分自身を表現している間に，自己を成り立たせていくものである。

　人生を長く経れば経るほど，ふりかえり語るべきことも多くなるであろうが，高齢者がふりかえり，人生の各場面を思い起こし，その一コマ一コマを語ることそのものに，固有の特徴がある。人生の回想に関して，高齢になればなるほ

ど想起は時間軸が揺らぎ，空間的になり，平面化するということがあるかもしれない。そして思い出は最後に一枚の絵になる。高齢者，超高齢者たちの記憶研究は，語りと想起の関係を深く考えさせてくれ，まだまだ未知の世界が広がっている。

　生活の中で行われる回想は，それを誰に聞いてもらうかによって，語りの文脈が変わる。出来事の選択配列，筋立ても文脈によって変化する。たとえば，祖父母が孫，あるいは孫世代の人たちに語る。これは祖父母世代にはずいぶん肯定的な手ごたえがあるようだ。回想法は「世代継承性」(generativity) という課題とリンクする。

　世代間継承というと世代間での直線的なバトンの引き継ぎのイメージが強くなるが，「世代間で生成される」ダイナミズムがポイントである。前世代の暮らしぶり，社会的行為の意味は，後世代がその意味を確認してはじめてわかる。すなわち一世代ではまだ十分に行ったことの意味がわからない，位置づけができないということだ。世代間での意味構成の営みが欠かせない。すなわち語り継ぐ行為によって意味づけが補われていくものだ。回想法の実践はこのような世代間での継承にも役立つ。

# 11 障害者支援施設(知的)における「当事者支援」への視点
—— 利用者と施設職員の「物語」が出会う場所で

山本　智子

## 1.「当事者(性)」とは何か

> ゆく河の流れは絶えずしてしかももとの水にあらず。
> よどみに浮かぶうたかたはかつ消えかつ結びて
> 久しくとどまりたるためしなし。
> 世の中にある人と栖と又かくのごとし。
> 　　　　　　　　　　（鴨長明『方丈記』）

　この一文は，この世のすべてのものは生じ，滅し，変転し，永遠に変わらないものはないことを表している。つまり，人が置かれている現在の状況がどのようなものであれ，時間や空間を超え，新たな状況へと変化していくことができるという意味も含まれているものである。

　施設という場所で利用者としての「当事者(性)」を生きる人たちもまた，自分たちの固有の物語とともに「人生」という変化の流れに身を置いている。しかし，ときに利用者が生きる固有の物語と施設や職員がもつドミナントな物語とが出会い絡み合うことによって，その流れが阻害され滞るように見えることがある。そして，この滞った「流れ」がある人の「当事者(性)」と解釈されることもある。つまり，「当事者(性)」という言葉は個人を表すものでありながらも，周囲の人間の意思や決定が大きく影響する「ダイナミクス」の結果

として出現する存在である。「ダイナミクス」だから，場面や空間，状況や関係性によって形を変えるものであり，錯誤も生むし，唯一絶対の存在をもたないものである。同じ人の「当事者（性）」もその人を取り巻く環境や関係性によって大きく異なったかたちで表現され，多様な文脈で語られるものといえる（山本，2012）。

　しかし，職員は，自分たちがもつ物語が利用者の「当事者（性）」にどれほど深く関与しているかについて意識することは少ない。支援の対象である彼らの「当事者（性）」を強く固定させるものは，彼らの障害特性だけではない。彼らが生きている場所や，支援という形で関わっていく周囲の人々がもつ物語が，彼らの生活に深く入り込み影響を与えているのである。

　ここでは，障害者支援施設（知的）における利用者と職員の「語り」から，それぞれがどのような物語を形作り，それらが出会うことによって何が生まれるかについて考えてみたい。

## 2. 入所施設におけるドミナントな物語

### (1) 施錠をめぐって

　入所施設とは，1960年代に制定された「精神薄弱者福祉法」（当時）によって，18歳以上の知的障害者を入所させて保護し，彼らの更生に必要な指導訓練を行う施設として法定化されたものである。しかし，2003年に支援費制度が導入され，施設と利用者の関係は〈措置する者とされる者〉から，〈サービスする者と受ける者〉へと変化した。この契約によって，施設は利用者の意思や自己決定を最優先し，彼らが求めるサービスを提供する場所と考えられるようになってきた。さらに，2012年に制定された障害者虐待防止法によって，かつての入所施設で問題になった，職員の利用者に対する暴力事件や不適切な対応は見直され，利用者の人格を尊重する支援に変化してきた。こうして見ると，入所施設は利用者にとってずいぶんと暮らしやすい場所になったはずである。しかし，こうした変化を受け入れながらも，入所施設という特殊な場には自明の

11　障害者支援施設（知的）における「当事者支援」への視点

ものとして引き継がれてきた物語がある。つまり，私たちが住む一般社会の中では想像できにくい施設独自の物語が，施設にいる人々に意識されないままに，当たり前のものとして「場」に存在し，利用者の「当事者性」に深く入り込んでいくことがある。

　入所施設を利用する人々は，重度の障がいがあり，意思疎通が難しい人も少なくはない。しかし，意思疎通が難しいといっても，その人に意思がないわけではない。感情が適切に表現できない人もいるが，その人に感情がないわけではない。そのため，職員たちは，自分たちが支援する人たちの行動から意思を読み取り，感情に心を寄せようとする。利用者を彼らの生活社会の文脈から切り離すことなく，理解し対応したいと思いながらも，施設という構造の中では，安全を守るという最大の目的のために，それらの行為が影に隠れてしまうことがある。なぜかといえば，職員の思いとは別に，限られた人数で大勢の利用者の生活を守らなければならないと考えたとき，一人ひとりの利用者に向き合いたいと思ってもそれを許さない施設の構造や法律上の限界があるからだ。

　たとえば，入所施設は施錠をされていることが多い。はじめて施設を訪れる人は，「狭い空間に閉じ込められ，彼らには自由がない」と，その閉鎖的な空間に心を痛めるかもしれない。一方，職員はこの施錠に関して，「施錠するからこそ，利用者を事故や事件から守ることができるのだ」という。

　さらに，もし重度の障がいがある利用者が開け放たれた扉から外に飛び出し，行方不明になったり事故にあったりすれば，自分たちは職員としての役割が果たせていないことになるという。かつて，一人だけたまたま開錠されていた扉から出て行った利用者がいた。職員たちは心臓が止まりそうになるほど心配し，手分けして探したが，彼は食事の時間にひょっこりと帰ってきた。しかし，職員たちは，こういう例があったとしても「重度の知的障害がある利用者は外に出ると事故や事件に遭遇する」と確信しているかのように，鍵はより頑丈に作り替えられた。たとえ施錠しなくても，利用者は安全に出入りすることができるという物語は，彼らの障がい特性ゆえに職員には想像することが難しい。

## (2) 職員が抱えるジレンマ

　私はかつて福祉施設の職員が抱えるジレンマについて聴き取りをしたことがある。その聴き取りの中で、職員は、利用者の人格を尊重し生きる自信や楽しみを提供できるような支援をしたいと考えながらも、施設という場がもつ限界に阻まれて思うような支援ができないと語っていた。利用者の意思を尊重し、自己決定を支える支援をしたいと思いながらも、自分たちがやっていることは、措置の時代と同じような「管理・指導に他ならない」と語る職員もいた。

　あるとき、一人の職員から「施設には、利用者が日中にくつろぐフリースペースというのがあるんですが、そこで若い利用者が突然遠くのものを取ろうとして走り出した場合、自分たち職員はまず咄嗟に何をすると思いますか」と聞かれたことがある。私が答えに窮していると、「まず、その若い利用者の動きを急いで止め、元の場所に座ってもらい、『ここに座っといてね』って頼むんです」と教えてくれた。なぜ行動を制止するかといえば、その若い利用者が足元のおぼつかない高齢の利用者にぶつかった場合、大怪我をさせる可能性があるからだそうだ。高齢の利用者に怪我をさせるかもしれないという予測のもとに、若い利用者の動きを未然に止めざるを得ないのだが、その職員は「自分は何をやっているのだろうと悲しくなる」と言った。

　　そりゃあ、動きたいよねと思います。若くて自由に体は動くんですから、一日中同じ場所に座ってるのはきついですよ。本人はしたい行動を制限されてイライラもするし、不安定にもなる。なにより、ただ一日何をすることもなく、安全に過ごせればオーケーだなんて、自分だったら虚しくなります。でも、彼を自由に走らせてあげることはできない。他の人にぶつかったら怪我をする人が出てくる。それは困るわけですよ。本人の思うようにさせてあげたいと思いながらも他の人の不利益を考えるとそれは絶対にできない。

　入所施設には障害特性や年齢が異なる人々が集団で生活をしている。そのため、一人の人の意思や決定を中心に置いて支援することは難しい。異食や他害

行為，自傷行為が珍しくはない入所施設では，ある利用者の個人的な願いや思いは，他の大勢の利用者との関係の中で実現したり，実現しなかったりする。たとえば，ある入所の利用者が地域のグループホームで暮らしたいと希望しても，彼が日に何度も意識を失う発作があるとすれば，職員の目が届きにくい地域への移行が検討されることはない。彼の生きる目的や希望を叶えるよりも，彼の命を守ることが優先されるからだ。たとえ，職員が利用者の希望を叶えたいと願ったとしても，この最優先事項が入所施設のドミナントな物語として，当たり前のように職員の支援を方向づけ，利用者の「当事者（性）」に深く入り込んでくるのである。

## 3. 就労支援という場所で

福祉施設の中には，障がいがある人の就労を支援する場所がある。ここに通いながら施設が運営している仕事を通して，一般企業で働くための意欲や社会性，社会で通用する常識やマナーを身につけてもらうことを目的としている場所である。就労支援を利用する人のほとんどが軽度の知的障害者であるため，職員との意思疎通にそれほどの困難はない。しかし，意思疎通が可能だからといって，職員が利用者の真意を受け取っているとは限らない。つまり，職員がしたい支援と利用者が求める支援との間に齟齬が生じないとはいえないのだ。

### (1)「面接に行かなかった」

山下哲司さん（仮名）は28歳になる男性である。1年前からある就労支援施設を利用している。成人になってから自閉症スペクトラム障害の診断を受けている。

山下さんは幼いころから少し他の子どもとは違う印象を周囲に与えながらも生活上の困難が少なかったため，小・中学校の普通学級を経て地元の公立高校に進学した。しかし，その高校在学中に「空気が読めない奴」などと無視されたり，金品を奪われたり，暴力を振るわれたりなどの酷いいじめに遭い，結局，

高校を中退することになった。その後，長期間にわたって，家に引きこもる生活が続いたため，心配した家族がいろいろな機関に相談し，そこで勧められた医療機関で「自閉症スペクトラム障害」と診断を受けた。

　診断を受けたときには，多少の抵抗はあったものの，「今の自分の状態よりもひどくなることはない」と診断を受け入れた。しかし，「障がいがあったために，あれだけのいじめを受けたと思うと，人と接することが怖くなった」，「一生このまま何も変わることはないんだ」と不安にもなったという。しかし，家族や相談支援機関から「いつまでも家にいて，これからどうするのか」，「割り切って施設で訓練を受けたほうがよい」などのアドバイスを受けたため，就労支援施設を利用することになった。

　施設を利用しはじめたころは，同じように施設を利用している障がいがある人と自分を比較し，「なぜ，こんなところに自分が」と悩み，ふとした瞬間にいじめられていた過去が蘇り苦しんだ。山下さんだけではなく，大学や専門学校を卒業した後に離転職を繰り返し，成人になってから障害の診断を受け，施設を利用する自閉症スペクトラム障害の人も増えてきていた。中には，自分自身の障がいを受け入れることができず，「一度こんなところを利用して，おまけに障害の診断までつけば，自分の人生は終わりってことじゃないんですか。あなたは僕に何を提供してくれるのですか。僕の人生に何かを与えてくれる力はあるんですか」と職員を責める人も珍しくはなかった（森岡・山本，2014，p. 170）。しかし，山下さんは自分自身の人生を立て直したいという思いが強かったため，職員の指導を積極的に受け入れようとしていた。

　山下さんはもともと理解力が高く，ものごとを器用にこなす人であったため，多少のこだわり行動はあるものの，一般就労で十分やっていけると職員は思っていた。そのため，施設を利用して半年も経たない時期にある大企業のトライアル雇用に推薦した。職種はデータの入力であった。障害者枠での採用であるため，山下さんの特性をよく理解してくれ，人との関係に困難を抱える山下さんにとっては人との協力関係を求められない勤務条件なども申し分のない就職先と職員は思った。

トライアル雇用の期間，山下さんは欠勤も遅刻もなく，真面目に与えられた仕事をこなしていた。過去の苦しい体験をくり返したくないという思いがあり，自分自身の弱さについても理解していたため，昼食時などに生じる対人関係にはことさら気を遣った。そのため，トライアルの雇用期間が終わろうとするころ，先方の企業は，山下さんを正式に雇用するための形式的な面接を設定してくれた。面接を受けさえすれば，山下さんはその企業で働くことをほぼ約束されていると職員たちは思っていた。そのため，山下さんに「よっぽどのことがない限り大丈夫」と伝え，背中を押した。

しかし，山下さんは面接に行かなかった。そしてこの出来事は，山下さんに関わってきたすべての人を落ち込ませた。「体調を崩したから行けなかったんですか」という職員の問いに，「いえ。ただ，受けたら僕は壊れると思って」と山下さんは答えた。どうして山下さんが面接に行かなかったのか。その理由は誰にもわからなかった。

## (2) 山下さんが生きている世界

私も山下さんがなぜ面接に行かなかったのか，その理由がわからない一人であった。そのため，山下さんが施設の仕事に戻って落ち着きを取り戻したころ，「職員さんたちもよっぽどのことがない限り大丈夫って言っていたのだから，自信をもって行けばよかったね。惜しかったね」と話しかけてみた。すると，山下さんは淡々と「僕はよっぽどのことが起きる人間なんです。今までもずっとそうだったんです。だからもし，受かると思って期待して行って落ちたとき，もう僕は壊れてしまう，絶対に。壊れるくらいなら，行かないと決めたんです」と言った。さらに，「職員は今までここ（施設）で頑張ってきたことを守っていれば大丈夫，大丈夫って。絶対に大丈夫だなんて言える人いますか。今までだって僕には大丈夫だったことなんか何一つなかったんですから」と言った。

職員はトライアル就労に先立って，山下さんのこれまでの人生の中で上手くいかなかったことやいじめの原因となった「他者と良好な関係を結ぶこと」の

重要性を教え,「相手の話を聴き,相手の気持ちを考え,次に自分がどう応えたらよいのか,どう行動したらよいのかを考えるよう努力しましょう」と声をかけたそうだ。山下さんによると,職員の就労を前にした利用者に語る当たり前のこの声かけが,「努力しないと,あなたは他者と良好な関係を結ぶことが難しい人」と聞こえたらしい。山下さんは,「……努力しましょう」という言葉に強く反応し,不安になったと語った。なぜならば,山下さんがいじめられていたときの話を聞いて,「けっして,山下さんが悪かったのではない」,「いじめた人が悪いのだ」と励ました職員が,いざ就労を前にしては,「他者と良好な関係を結ぶ努力をしよう。いくら口を挟みたかったとしてもその人が話し終わるまでは待ちましょうね。嫌がられるからね」と言ったことに違和感を覚えたという。つまり,「あなたが悪いのではない」と言った職員が,「あなたは人との関係に困難を抱えている人だから,努力をしないと,また同じことが起きますよ。結局,あなたの側にその原因があったんですよ」と言っているように感じた。職員はけっしてそういうつもりでアドバイスした訳ではないのであろうが,山下さんはそう受け止めてしまったのだろう。

　さらに,山下さんはこう続けた。「それに,「努力したら上手くいく」と言うけども,僕は今まで努力をしてなかった訳ではない。努力はしてきたんです,ずっと。それでも上手くはいかなかった。今度のことは,大きなチャンスっていうのはわかったから,行けばよいんだとは思ったけれど,今度もきっとぎりぎりのところで落とされて拒否されて,やっぱり自分はしょうもない奴って思うのは,もう沢山です。したい仕事でもないのに,もうこれ以上頑張りたくないんです」と。私は山下さんの話を聴きながら,「したい仕事でもないのに」という言葉が気になった。

## (3)山下さんの行動に対する職員の解釈

　山下さんが面接に行かなかったことに対して,職員たちは「やっぱり考え方が特有だから私たちには理解できない」,「せっかくのチャンスだったのに,やっぱり将来の見通しが立たない人だ」などとため息をついた。そして,この

「やっぱり」は,「(自閉症スペクトラム障害があるから)やっぱり」を意味しているように聴こえた。つまり,職員は山下さんの行動の背景を山下さんが生きている文脈からではなく,障がいの医学モデルから解釈しているように聞こえたのだ。

たしかに,幼いころからの育ちの中で障がいを疑われなかったものの,社会の中で困難を抱え,キャリアにおける失敗経験を積み重ね,いじめられ,不適応を起こしてしまった末に診断を受け,施設を利用する人の中には,過去にこだわり,他者の言葉にこだわり,自分自身を縛り付け,語りを聴いている私たちを苦しくさせる人も少なくはない(森岡・山本,2013,2014)。しかし,自閉症スペクトラム障害と診断された人がすべて社会の中で不適応を起こすわけではない。自閉症の特徴をもちながらも周囲の理解に支えられ,社会の中で自分自身の価値を見出しながら生きている自閉症スペクトラム障害の人たちも少なくないのだ。

山下さんは自分が置かれている状況を十分に理解しているため,職員が勧めてくれる「大きなチャンス」に乗っていこうとしたのだろう。しかし,職員が考える「大きなチャンス」が山下さんにとっては「したい仕事」ではなかったとしたら,自分が壊れそうなくらいのプレッシャーを感じながら面接に行く気にならなかった理由が理解できる。職員はなぜ,山下さんの希望をしっかりと聴いた後に就職先を決めなかったのだろうか。山下さんの就労支援の中心になった職員はこう語る。

> 施設の職員にはそれぞれ役割があります。私の場合は,就労支援なので,何とかして利用者さんの特性を生かしながら社会に出すということが一番の仕事になります。山下さんはたしかに施設を利用して半年しか経ませんが,十分に一般の企業でやっていける力があると感じました。周囲の環境に恵まれていたらこんな場所を利用しなくても,ちゃんと就職していける人だと思ったから,すぐにトライアルに出てもらったんです。少しでも早く,一般社会で働けるようになる方が山下さんにとっては幸せなことだ

と思ったから背中を押したんです。(山下さんはその仕事を希望したのですか?)希望ですか? 施設では障害特性を考えて,「したい仕事」よりも「できる仕事」を優先して進めます。「したい仕事」に適性がなければ,また離職につながります。また失敗体験を重ねて,もっと辛い思いをするかもしれない。だから,「この人には無理だろうなあ」と思いながら,本人が望むならと腹を決めて後押しするなんて,そんな無責任なことはふつうの職員にはできないです。

　障がいがある人に就労を支援する場合は,その人が「したい仕事」よりも「できる仕事」が優先される。

　たとえば,ある仕事に従事している支援学校の卒業生たちに,「なぜ,この仕事を選んだのか」と訊くと,「自分で選んだ」と言う。しかし,「どのようにして選んだの」と訊けば,ほとんどが「先生に勧められたから」,「親が行きなさいと言ったから」と答える。そして,彼らの話を聴いていると,将来の夢,なりたい自分,仕事に対するイメージや意味づけがとても曖昧であることがわかる。彼らにとって,「仕事」や「職場」は自分の労働の対価として給与を支払われる労働や自己実現のための場所というよりも,学校を卒業した後に用意された次の「身の置き場」でしかない場合もある。そしてその「身の置き場」は,自らが選択するというよりもむしろ,家族からの指示であったり,他者からの誘導であったりする。つまり,リスクや困難を最小限に留めてやろうという善意のフィルターを通した情報の中から,彼らが選択している場所である場合も少なくないのだ。

　障がいの特性によっては,「したい仕事」に必ずしも適性があるとはいえないが,その人の意思や自己決定を支えることが支援であれば,そこに矛盾が生じることは否めない。職種がどうあれ,一般社会で働くという行為がその人の幸せに繋がるというドミナントな物語が就労支援の施設には当たり前のように存在し,利用者の「当事者(性)」を作り上げてしまっているのだろう。

　さらに,職員たちは,山下さんの行為の意味を彼の主観的な体験からではな

く，外側からの「言葉（障害の医学的モデル）」によって説明しようとした。つまり，面接に行けなかったという山下さんの行為は，職員たちがもつ障がいに対するドミナントな物語によって説明され，山下さんの主観的な体験世界の中ではどのような意味をもっていたのかに気づかせることができなかったのだ。

しかし，今回，山下さんの内側からの声を聴かせてもらったことは，職員や山下さんにとって新たな可能性を拓いたのではないだろうか。つまり，ホワイトら（White & Epston, 1990/1992）がいう「内在化する言説のもたらすネガティヴな効果のひとつである個人の膠着した問題を，その個人が語ることによって私たち全体の問題として捉えなおすこと」につながっていくことが期待できるからである。

## 4. 他者との関係の中で書き換えられる物語

施設には意識されていない「ドミナントな物語」がある。施設職員の「ドミナントな物語」は利用者を支援するための善意の物語であるため，絶対的な価値をもち，問い直されることが少ない。そして，職員たちの「ドミナントな物語」がときに施設利用者の生きている体験世界の中で生まれた「物語」との間でジレンマや葛藤を生じさせる。

医療人類学者であるクラインマン（Kleinman, 1988/1996）は，「疾患」と「病い」は基本的に異なった意味をもつと説明している。つまり，「疾患」とは，治療者の視点からみた事柄であり，生物医学的な構造や機能における一つの変化としてのみ再構成されるものであるが，「病い」とは「痛みや，その他の特定の症状や，患うことの経験であり，身体的な過程をモニターし続けるという生きられた経験」なのである（Kleinman, 1988/1996, 邦訳 p.4）（第Ⅰ部解説編2も参照）。たしかに，クラインマンがいうように，「疾患」と「病い」は，それを見る立場や視点の違いにより異なる意味を持つがゆえにジレンマや葛藤が生じるのであるが，本来は，「疾患」と「病い」双方の視点が補完的にその人全体の支援を形作る基盤とならねばならない。ドミナントな物語を保ちながらも，

## 第Ⅱ部　事 例 編

そこにオルタナティヴな物語の可能性はつねに存在する。たとえば，現場で出会う「語り」は個性記述的であるが故に，自然科学が求める真理とは異なり，一回性，個別性の性質をもつものである。しかし，この一回性，個別性の性質をもつ「何気ない一言」がオルタナティヴな物語を生じさせることがある。数年前の出来事ではあるが，私にそのことを気づかせた事例がある。

　「猫が飼いたい」。これは，幼いころから児童養護施設で育ち，一人で生きてきた須田郁夫さん（仮名）の望みであった。須田さんには軽度の知的障害がある。当時は一般就労しながら，知的障害がある人たちのグループホームで暮らしていた。須田さんの口癖は，「僕は一人ぼっち」，「生まれてこなくてもよかった人間」であった。人に対しても攻撃的な態度で接するため，誰からも相手にされていなかった。動物や昆虫が好きでイモリやカブトムシをとってくるのだが，ほとんどがタンスの中で干からびていた。そんな須田さんの希望に対して，「須田さんに動物の世話ができるわけがない」，「動物を飼うにもお金がいる。管理されないとお金の計算もできない浪費家の須田さんがワクチン代や餌代をどこから捻出するのか」と担当職員は許可しなかった。しかし，ある日，須田さんの希望は実現した。念願の猫と一緒に暮らすうちに須田さんの生活は一変し，自分は「孤独で生まれてこなくてもよかった人間」から，「いつまでも健康で頑張ってやらねばならない（猫の）お父さん」に変わった。大部分の職員が「須田さんにはとうてい無理だ」と考えて許可しなかった出来事は，ある職員の「やってみてから考えましょう」という言葉によって実現し，一人の人間の可能性を拓いたのである。

　私たちがもつ物語は，それがどのようなものであれ，他者がもつ物語と出会うことによって，「生きたい人生」への流れを滞らせたり，そこに新たな可能性を見出させたりする。つまり，私たちがもつ物語は個人的なものでありながら，人と人との関係の中で，つねに書き換えられてゆくものなのである。

〈ブックガイド〉

江口重幸・斎藤清二・野村直樹（編）　2006　ナラティヴと医療　金剛出版
　⇨数値的データを根拠として治療を行うEBM（エビデンス・ベイスト・メディスン）が主流の医学界の中で，多様な領域で医療に関わっている複数の著者が，患者の語りを聞き取り，患者が体験している世界からひろく援助の方法を探ろうとするNBM（ナラティヴ・ベイスト・メディスン）の重要性について丁寧に紹介している。

アンダーソン，H.／野村直樹・青木義子・吉川悟（訳）　2001　会話・言語・そして可能性——コラボレイティヴとは？　セラピーとは？　金剛出版（Anderson, H. 1997 *Conversation, Language, and Possibilities: A Postmodern Approach Therapy*. New York: Basic Books.）
　⇨本書では，クライエントとの間で彼らが生きている現実世界に迫る「意味のある対話」を導くためのセラピストの態度について深く考察されている。とくに，対人援助を志す者は，アンダーソンが提唱する「無知の姿勢」について深く学んでほしい。

〈引用文献〉

Kleinman, A. 1988 *The Illness Narratives: Suffering, Healing, and the Human Condition*. Basic Books.（クラインマン，A.／江口重幸・五木田紳・上野豪志（訳）　1996　病いの語り——慢性の病をめぐる臨床人類学　誠信書房）

森岡正芳・山本智子　2013　心理的対人援助にナラティヴの視点を活かす聴くことによる創造　N：ナラティヴとケア，**4**，2-8.

森岡正芳・山本智子　2014　発達障害概念の社会性——人は障害をどう生きるか　臨床心理学，**14**(2)，168-173.

White, M., & Epston, D. 1990 *Narrative Means to Therapeutic Ends*. Norton.（ホワイト，M., & エプストン，D.／小森康永（訳）　1992　物語としての家族　金剛出版）

山本智子　2012　語りからみた「当事者支援」という錯誤——誰が誰を支援するのか　発達，**132**，76-83.

第Ⅱ部　事例編

## 「障害者支援施設（知的）における「当事者支援」への視点」に対するコメント

森岡　正芳

　障害者支援に関わる施設には，様々な専門職員が関わっている。一方，その施設に通所する，あるいは長期間生活の場とする利用者および家族は，当事者である。当事者とは「ある事柄について直接の利害を有する人」である。障害児・者およびその家族は障害の当事者である。

　障害をもつことの苦しみは，実際になった人にしかわからないという意味での当事者性がまずある。しかし，障害をもつ人といっても一人ひとりが多様な現実を生きている。障害の当事者とは，実のところ何の当事者なのだろうか。生きている個人にとって受障という事実は，自己と切り離せないのは当然のことであるが，その障害だけをもとにその人の生きている現実を推測するのは無理がある。うっかりすると行動の限界や変動を，障害があるからというストーリーの中で意味づけてしまう。

　山本は，次のように述べる。「施設という場所で利用者としての「当事者（性）」を生きる人たちもまた，自分たちの固有の物語とともに「人生」という変化の流れに身を置いている。」

　クラインマン（Kleinman, 1988/1996）は「病い（illness）の内容はあまりにもさまざまである」と述べ，病いの意味を理解しようとするならば，病いの内容に焦点を合わせるべきではないとまで言い切っている。むしろ病いの意味の構造に注目することをクラインマンは勧める。病いの意味によって決定される社会状況や個人と家族の心理的な変化に焦点を合わせることを通じて，患者当事者にとっての病いの意味が浮かび上がってくる。

　この視点は障害に関わる対人援助職にもあてはまる。障害という対象が多様であるならば，その理解へのアプローチも多様にならざるをえない。可能ならば障害者本人とその家族も含めて，一人ひとりに，ねばり強く聞き取りを続け

たい。それによって当事者に対する多視点的な情報が集まり，いくらかでも当事者の多面性に近づくことが可能となる。

　大切なことは，そこに関わる私たち対人援助職は皆，障害者の当事者性を作る制度やシステムの一員であり，そこからのがれえないということである。いいかえると，現場ではセラピストやワーカーが有する当事者性こそ問われざるをえない。実践の場では良い意味でゆらぎ，その場に応じた柔軟な多視点をとることが対人援助職に期待される。一方で，どのような援助の場であっても，専門家視点は「科学的」に保証されたものとして理解の前提になりがちである。対人援助職がうっかりすると特権的な視点を生み固定してしまうのは，自分も問題に関わるという意味での当事者であり，それに影響を与えるシステムの一員であることを除外し，見ようとしないところからくる。専門家視点と当事者視点は必ずしも対立的で互いに排除する関係ではない。


　山本がここで事例としてあげた山下さんは，成人になってから自閉症スペクトラム障害の診断を受けている方である。発達障害者への就労支援は，支援プロセス中で，とくに職員の側が力を入れるところである。

　「トライアルの雇用期間が終わろうとするころ，先方の企業は，山下さんを正式に雇用するための形式的な面接を設定してくれた」ならばなおさらである。職員の支援ストーリーがようやく実るところであったが，山下さんは面接に行かなかった。

　山本があるとき山下さんに話しかけてみた。山下さんは「僕はよっぽどのことが起きる人間なんです。今までもずっとそうだったんです。だからもし，受かると思って期待して行って落ちたとき，もう僕は壊れてしまう，絶対に。壊れるくらいなら，行かないと決めたんです」と言った。さらに，「職員は今までここ（施設）で頑張ってきたことを守っていれば大丈夫，大丈夫って。絶対に大丈夫だなんて言える人いますか。今までだって僕には大丈夫だったことなんか何一つなかったんですから」と付け加えた。

　ここに山下さんの体験世界を垣間見ることができる。当事者の内側から見た

世界，体験の現実を伝える言葉である。一方，職員たちに失意の念がわくのは自然なことだろう。それを責めるわけにはいかない。職員たちは「やっぱり考え方が特有だから私たちには理解できない」，「せっかくのチャンスだったのに，やっぱり将来の見通しが立たない人だ」などとため息をついた。

職員たちは，就職面接に行けなかった山下さんの行為を理解しようとした。それは「やはり障害があるから行けなかったのか」というストーリーになることが多い。「やはり」という言葉は，人を対象化し，固定したストーリーを作る。このストーリーを前提として山下さんに接するかぎり，山下さんの体験世界に近づけない。職員と利用者山下さんのストーリーは平行線をたどる。固定した平行線のままのナラティヴを，それではどのように動かすか。「今回，山下さんの内側からの声を聴かせてもらったことは，職員や山下さんにとって新たな可能性を拓いたのではないだろうか。」山本はこのように述べる。

ナラティヴセラピーの学派では，葛藤（紛争）解決の実践に焦点がシフトしつつある。個人や家族内の葛藤だけでなく，組織や集団内，集団間の紛争解決にアプローチしている。

まず物語が書き換え可能であるという視点を確保すること。これは現場においては，困難な前提であることが多い。医療，教育，そして福祉，それぞれの現場では，制度システムと力関係によって行為は規定され，そこで生じる会話は施設に固有の文脈に固定されがんじがらめである。物語の書き換えなど，簡単ではない。それでも書き換えの可能性を信じる。そして山本がホワイトらの文献から引用しているように「個人の膠着した問題を，その個人が語ることによって私たち全体の問題として捉えなおすこと」である。

人が関わることによって，物語が動き出す。知的障害がある人たちのグループホームで暮らす須田さんに対して，ある職員は「やってみてから考えましょう」と声をかけた。この言葉によって，須田さんは一人の人間としての可能性を拓いた。声かけにはその言葉の意味内容だけでなく，パフォーマンスが入っている。いまだ形にならないものへの個人の身をもっての働きかけが，物語を動かす。

# 12 心理テストとナラティヴ① TAT を手がかりに

楠本　和歌子

## 1. TAT とナラティヴの接点

### (1) TAT とは

　TAT（Thematic Apperception Test；主題統覚検査）は，アメリカのマレー（Murray, H.A., 1938；1943）とハーヴァード心理クリニックのスタッフによって，1943年に発表された心理検査である。TAT にはいくつかの種類があるが，もっともよく使われている Harvard 版は，様々な人物や場面が描かれた図版31枚から成り，検査者は被検者の年齢や性別に合わせて20枚を選択する。そして，「今どういう状況で，これまで何があって，これからどうなるかということを一つの簡単なお話にして話してください」という教示に従って過去・現在・未来を含む物語を作らせ，その内容や形式から被検者のパーソナリティを読み解く投映法である。イメージの表現に必ずしも言語的媒介を必要としない描画法や箱庭と違い，TAT は，図版を前にして浮かんできたイメージを必ず言葉にして語らなければならない特徴がある。

　イメージを語る投映法と言えば，ロールシャッハ・テストを思い浮かべる人が大半で，TAT を連想する人は少ないのではないだろうか。実際，心理臨床場面における TAT の使用頻度は，ロールシャッハ・テストに比べると格段に低い。その理由の一つに，TAT は標準化された分析・解釈法が確立しておらず，それぞれの検査者が検査目的や自身の依拠する理論的立場に応じて分析・

第Ⅱ部　事例編

解釈法を採用するために，全体としての共通理解が得にくいことが挙げられる（この部分については第3節で詳しく取り上げたい）。

もちろん主要な分析・解釈法がいくつかあるのだが，近年はそれとは別に，[1]
TATが『物語』を作成させる課題であることに注目して，ナラティヴアプローチの立場から分析・解釈しようとする動きが盛んになっている（Cramer, 1996；大山，2004；海本，2005；草島，2005；粟村，2007；西河，2009；田淵，2011；中島，2012；田淵，2013）。本章では，一見繋がりがないように思われる心理検査とナラティヴの接点を，TATの現場から考察していきたい。ナラティヴアプローチは，TATにどのような解釈可能性をもたらすのだろうか。

⑵ ナラティヴとの接点

TATは，過去・現在・未来を含んだ物語を作るよう教示する。すなわち，最初からナラティヴを要請している検査と言える。ここで，本章でのナラティヴの定義について触れておく。ナラティヴとは「諸々の出来事を時間軸に沿って構造化する語り」（浅野，2001）を指し，ナラティヴの最小限の定義は「複数の出来事が時間軸上に並べられている」（野口，2009）ことである。浅野（2001）によると，構造化とは，無数の出来事の中から意味のあるものだけを選びだして相互に関連づける作業を指す。言い換えると，一定の視点（語り手の視点）から語るべき出来事を取捨選択し，かつそれらを一定のプロット（plot；筋）に沿って配列していく『選択』と『配列』の作業を指す。これにより，物語には前後の方向性を持った時間の流れが生まれ，そこに意味が生じる。これこそがナラティヴの本質と言える。

これを，TATの場面に置き換えて考えてみよう。図8は，Harvard版第1図版の略図で，少年がバイオリンを前にして悩んでいる情景が描かれている。この絵を想像しながら，以下の3つの語りを読んでほしい。

---

（1）主要な分析・解釈法として，坪内（1984），鈴木（1997），安香・藤田（1997）が挙げられる。

（a）少年。バイオリン。
（b）少年がバイオリンを前にして悩んでいます。
（c）少年がバイオリンを前にして悩んでいます。と言うのも，お父さんに買ってもらった大切なバイオリンを，うっかり落として壊してしまったからです。そのことをお父さんに打ち明けるかしばらく悩みましたが，最後は思いきって打ち明け，許してもらうことができました。

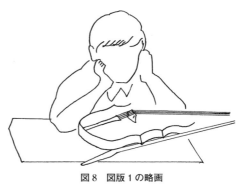

図8　図版1の略画
（出所）　安香・藤田，1997

　（a）は，図版に描かれている刺激を答えただけで，『少年』と『バイオリン』の間には何の関係づけもなされていない。（b）は，『少年』と『バイオリン』が関係づけられているものの，主人公である少年の現在の状況を述べただけで，まだ物語に時間的流れや意味は生じていない。読み手からすれば，「それで？」と続きを促したいところだろう。それに対して（c）はどうだろうか。これは，主人公の現在の状況だけでなく，過去（お父さんにバイオリンを買ってもらったこと，そのバイオリンをうっかり落として壊してしまったこと）や未来（しばらく悩んで過ごすこと，その後お父さんに正直に打ち明けること，そして許してもらうこと）の出来事も描かれている。出来事が複数作られ，それらが相互に関係づけられ，前後の方向性を持った時間の流れと意味が生まれている。（c）のような語りが，TATにおいて被検者に要請されている物語，すなわちナラティヴなのである。
　このようにTATでは，図版を前にして浮かんできた無数のイメージの中から，特定のイメージ（つまりは出来事）を『選択』し，それらを過去・現在・未来の時間軸に沿って『配列』しなければならない。ここで注目したいのは，

第Ⅱ部　事例編

ナラティヴの定義でも TAT の教示でも,『時間軸』というキーワードが重視されている点である。『時間軸』こそ，TAT とナラティヴの重要な接点であると言えるが，これは一体何を意味するのだろうか。

## 2. TAT の時間軸

　心理臨床場面でナラティヴと言うと，クライエントが自分について語るセルフ・ナラティヴ（self narrative；自己物語）を想起する人が多いように思う。そこで本節では，TAT における『時間軸』の特徴について，セルフ・ナラティヴと対比させながら考えてみたい。

### (1)誰の時間軸なのか

　まず一つ目の特徴は，TAT で語られる物語が誰の物語であり，誰の時間軸に沿って構造化されているか，という点にある。セルフ・ナラティヴの場合，語り手[2]は自分であり，語られる内容も自分についてである。そのため，「私」「僕」といった一人称で語られることが多い。それに対して TAT は，被検者は自分であるが，語られる内容は図版に描かれている主人公についてである。そのため，主人公に感情移入して「私」「僕」といった一人称で語る人もいれば，主人公とは距離を置いて「少年」「この人」といった三人称で語る人もいる。TAT では，被検者の視点とは別に，図版の主人公の視点を新たに設定し，その視点から出来事を『選択』し『配列』しなければならない。そこで語られる時間軸は，被検者が生きているリアルな人生の時間軸ではない。被検者が，主人公の人生を想像した上での架空の時間軸である。では，自分とはまったく関係のない物語になるかと言うと，そうではない。主人公の視点には自分の視点が反映され，主人公の生きる時間軸には自分の人生の時間軸が重ね合わされ

---

（2）本章では，セルフ・ナラティヴの場面では「語り手」，TAT の検査場面では「被検者」と表記している。

る。「自分についての物語ではない，でも他ならぬ自分の物語だ，というこの両者の間での微妙なバランスを物語が持っていることがTATの醍醐味」(海本，2005)であり，TATにおける時間軸は，自分の人生と主人公の人生が交錯しながら紡がれていく。

### (2) 時間軸とは何か① 2つの基準

　時間軸と言うと，我々は時計やカレンダーに示されるような，過去・現在・未来という計測的で直線的な軸を真っ先に思い浮かべる。TATにおいても，「これまで・今・これから」という直線的な軸が教示に示されている。しかし，TATにおける『時間軸』は果たしてそれだけなのだろうか。結論から言えば，そうではない。そもそも，浅野(2001)や野口(2009)がナラティヴの定義で述べている『時間軸』とは，選択された出来事を配列する際の一つの基準を示しているに過ぎない。時間軸に沿って配列する際，必ずしも計測的で直線的な時間を基準にする必要はない。配列作業を可能にするべく，出来事を『前』と『後』に分けて順序づけることができれば，他の基準でも構わないのである。

　もちろん，そのような基準が無数にあるわけではない。主には2つが挙げられる。一つは先ほどから述べている，計測的で直線的な時間軸の基準である。この基準に従ったナラティヴとは，「何かある人物や事柄の時間的経過を追ってのべたまとまった話」(土居，1977/1992)，「出来事を時間軸に従い，どちらかと言えば客観的に記述していくもの」(大山，2004)で，いわゆるストーリーと呼ばれる。

　もう一つは，「語り手の視点から出来事の間に意味的な関連付けが行われ提示される」(大山，2004)基準である。ナラティヴアプローチは，こちらの基準を重視する。この基準に沿った物語の場合，出来事がどのような配列順序で，どのような意味連関で語られるかに，語り手が構成する意味世界が反映される。同じ場所で同じ体験をしたとしても，語り手が異なれば，必然的に出来事の配列順序も異なり，そこには別々の意味が生み出される。

　ここで，たとえを用いて2つの基準の違いを説明したい。小学生の男の子が，

学校から帰宅して自分の部屋に向かう途中，誤って廊下の花瓶を落として割ってしまったとしよう。大きな物音に気づいた母親は，台所から駆けつけてくる。男の子は，母親に怒られると思って体をこわばらせていた。が，母親は真っ先にわが子に怪我がなかったかを心配した。母の態度に男の子は，怒られずにすんだ安心感だけでなく，母の愛を感じて深く感動した。そして，その夜帰宅した父親に次のように語った。

(d)「お父さん。今日ね，家に帰ったときに花瓶を落として割っちゃったの。お母さんに怒られると思って怖かったけど，お母さんは僕のことを心配してくれてね。それでとっても嬉しかったし，ホッとしたんだよ。」

(e)「お父さん。今日ね，とっても嬉しかったし，ホッとしたんだよ。」〈どうして？〉「お母さんが僕のことを心配してくれてね。」〈何があったの？〉「家に帰ったときに花瓶を落として割っちゃったの。」

(d)は，出来事が時間経過に沿って語られており，計測的で直線的な時間軸に従って出来事が配列されている。一方(e)は，男の子が父親にもっとも伝えたかった「安心と深い感動」から順に語られており，男の子の構成する意味世界を反映して配列されている。これはセルフ・ナラティヴの例だが，TATでも同様に，物語は計測的で直線的な時間軸に沿ってのみ配列されるとは限らない。語り手独自の意味世界を基準にして出来事が配列される場合だってあり得るのである。それを読み解いてパーソナリティ理解への一助を得ることこそ，ナラティヴアプローチがTATにもたらす新たな解釈可能性と言えよう。

## (3) 時間軸とは何か② TATにおけるもう一つの基準

筆者は今しがた，TATの物語は計測的で直線的な時間軸に沿ってのみ配列されるとは限らないと述べたが，正確にはこれは誤りである。セルフ・ナラティヴと違ってTATの場合，実はそのような基準は存在しない。たとえば，誰

かが「昨日お父さんにバイオリンを買ってもらったんだけど，ついさっき，うっかり落として壊してしまったんだ……」とセルフ・ナラティヴを語ったとしよう。この語りは，過去・現在・未来という計測的で直線的な時間軸に沿った配列である。しかし，TATで同じ物語をつくった場合はどうだろう。「この少年は，昨日お父さんに買ってもらったバイオリンを，ついさっきうっかり落として壊してしまいました……」という物語は，被検者が主人公の視点に立ち，架空の時間軸に沿って出来事を配列している。架空の時間軸とは，セルフ・ナラティヴで語られるような時間経過に沿った基準ではない。それは，物語的因果律に他ならない。要するに，TATの教示に示されている『今』とは『図版に描かれている状況や出来事』のことであり，そこから逆に『これまで』（＝図版に描かれている状況や出来事に至った原因）を推測したり，『これから』（＝図版に描かれている状況や出来事が，ある経過ののちに到達する結果）を予想したりする。TATの現場では，物語の中の「これまで・今・これから」という軸が，計測的で直線的な時間軸と同義であると見なされてきた。そのため，TATに関するテキストや論文には「過去・現在・未来」という語が当たり前のように使われている。しかし，ナラティヴアプローチの立場から『時間軸』を再考するならば，それらは同じ時間軸ではない。TATの『時間軸』とは，物語的因果律を指していることに注意しておきたい。

## 3．時間軸の分析・解釈

　第1節では，TATが最初からナラティヴを要請している心理検査であり，ナラティヴとの重要な接点は『時間軸』であると述べた。第2節では，TATの物語で「これまで・今・これから」として示される『時間軸』は，実は物語的因果律であること，さらにはそれに沿ってのみ配列されるわけではなく，被検者の意味世界が反映された配列基準もあることを考察した。本節では，TATが心理検査であることに立ち返り，心理臨床場面で得られた物語を分析・解釈する際に，これらの『時間軸』をどのように読み解いていくのか考え

てみたい。

　まず，従来の分析・解釈では，過去・現在・未来という直線的な時間軸を重視する(3)。主要な分析・解釈法の中でも，具体的な分析・解釈手順については安香・藤田（1997）が詳しいが，それをさらに発展させたものが藤田（2002）の「情報分析枠」である。これは，「初発反応時間」「感情」「人間関係」など10の分析項目を設定し，図版毎に反応をチェックするというものである。ここに「時間的流れ」という項目がある。「過去」「現在」「未来」が語られているかを○×でチェックし，「現在」だけでなく「過去」「未来」をも語っている被検者は時間的展望があり，「現在」しか語らない被検者は時間的展望がないと解釈する。つまり，物語の直線的な時間軸を，被検者の時間的展望の投映と見なしているのである。

　一方，ナラティヴアプローチの立場では，被検者の意味世界が反映された配列基準を重視する（大山，2004；藤本，2006；田淵，2013）。具体的な分析・解釈法について述べている文献はまだ出ておらず，今後の発展が期待されるところだが，現時点では検査者の「臨床的経験・主観」（藤本，2006）に立脚した解釈の重要性が指摘されている。と言うのも，この立場では，TATの物語が「検査者と被検者の関係性の中で紡がれる唯一独自のもの」（藤本，2006）であり，「物語になる以前のことば，被検者の表情，語り方など，物語が生成する状況」（藤本，2006）をも含み込んで作られるという理解をするため，検査者でなければ物語の意味を読み解くことができないと考えるからである。筆者は，被検者の意味世界が反映された配列基準を読み解くには，藤本（2006）の指摘する「物語になる以前のことば」，すなわち内言への注目が不可欠であるように思う。

---

（3）従来の分析・解釈では，「これまで・今・これから」という物語の直線的な配列基準を，「過去・現在・未来」という計測的で直線的な時間軸と同義と見なしている。TATの現場においてこちらの理解が主流であるため，第3節ではこの軸を「物語的因果律に沿った軸」とせずに，「直線的な時間軸」と表記する。

## (1) 内言への注目

　TAT は，イメージを語る投映法である。被検者の内界で図版を通して喚起されたイメージ（意味世界と同義である）が，物語という形で外界に言語化されて検査者に伝えられる。これを読み解く際，検査者は，物語から被検者のイメージを間接的に推測しなければならない。つまり検査者は，語られた言葉のみを分析するのではなく，言葉を手がかりにして，その言葉が発せられる以前の次元にまで接近する必要がある。

　内界の意味世界は，内言（inner speech）という形式で存在している。内言とは，「内面化された言葉，声に出されない，頭の中で展開される言葉」（中村，2014）のことである。図版を前にしてから物語を語り出すまでの間，被検者の内界では内言が展開している。「この絵は何だろう……」「こういう話にしようか」「いや，こっちの方が面白いかも」「早く言わないといけないだろうか」といった具合に。そして物語を語っている最中も，「次はこう話そう」「だんだんまとまらなくなってきたな」などと，内言が同時に進行している。物語は，内界で展開される内言と，実際に語られる言葉の相互作用によって生成されるのである。中村（2014）によると，内言とはイメージの世界であり，分節化されていない意味の塊である。そこでは無数の意味が空間的，並置的に配置されている。それを，発話の段階では一定の基準（第 2 節参照）に従って言葉にしていく。

　先ほどの（e）の語りに戻ると，男の子の内界では「花瓶が割れたときの大きな音」「怒られる恐怖」「体のこわばり」「安心と深い感動」といった，言語的なものだけでなく感覚的なものも含んだ様々な意味が並置的に配置されている。しかし，それらは無秩序に，てんでばらばらに散らばっているわけではない。体験を通して強く感じている，もっとも中心的な意味を『ドミナント（支配的；dominant）な意味』と呼ぶとしよう。内言では，ドミナントな意味が心の空間の中心に配置され，それを取り巻くようにして網目状に他の意味が並置されている。男の子にとってのドミナントな意味は「安心と深い感動」であり，その周辺に「花瓶が割れたときの大きな音」「怒られる恐怖」「体のこわばり」

第Ⅱ部　事例編

が並んでいるのである。そして男の子は，何よりもドミナントな意味を父親に伝えたかった。そのために，出来事が起こった順序で語るより，それとは逆行する順序であっても，中心に置かれた意味から語ったのである（もっとも，誰もがドミナントな意味から語り始めるわけではないし，最後までそれを語らない人もいる。また，ドミナントな意味そのものを自覚していない人もいる）。

　TATにおいて，被検者の構成する意味世界が反映された配列基準を手がかりに，そこから遡って意味世界を読み解くことがパーソナリティ理解の一助となる。その読み解き方とは，内言に注目し，ドミナントな意味を中心とした意味の配置を解釈することに他ならない。実際の事例をもとに試論してみたい。

## (2)事例の提示

　クライエントは，健二さん（仮名）という40代の男性である。会社員である健二さんは，職場の人間関係に悩んで，当時筆者が在籍していたカウンセリングルームに来談した。彼は非常に理知的で，感情を抑えて事実のみを淡々と話す方であった。数年前に心身症の一つである重篤な身体疾患に罹患しており，感情が言語化される代わりに身体化している様が窺えた。健二さんとの面接の中盤，彼が人と関わる際の特徴を知るために，筆者の提案でTATを導入した。結果をその後の面接で取り上げ，ともに考える治療的意義を重視していたので，検査は筆者自身が担当した。図版は，Harvard版のうち21枚を使用した。[4]

### ①時間軸の推移

　まず筆者が示したいのは，健二さんの物語が直線的な時間軸から，被検者の構成する意味世界が反映された配列基準へ移行する様子である。図版1（図8参照）では，健二さんはいつもの淡々とした口調で次のように語った。

　【図版1】「えー，バイオリンが弾けなくて，上手に弾くことができずに悩んでいる。自分はこれでバイオリン弾きが向いているかどうか，本当に上

---

(4) 1, 2, 3BM, 4, 5, 6BM, 7BM, 8BM, 9BM, 10, 11, 12M, 13MF, 14, 15, 17BM, 18BM, 19, 20, 12BG, 16（提示順）。

達するのかどうかっていうことを悩んでいる。演奏して，ちょっと怒られてってことがずーっと続いてまして，で，現在悩んでて。未来については，いろいろ悪戦苦闘ありながらも，それなりに認めてもらえるバイオリン弾きになったと。こんな感じでいいですか。」

図9　図版5の略画
（出所）　安香・藤田，1997

　この物語は，現在（図版に描かれている状況や出来事），過去（現在に至る原因），未来（現在から到達する結果）の出来事が，物語的因果律に沿って直線的に配列されている（TATの場合，過去→現在→未来よりも，現在→過去→未来の配列の方が圧倒的に多い）。この後，図版4までは同じ調子でそつなく語っていたが，図版5（図9）から変化を見せ始める。

【図版5】「えーと，ドアを開けたら花瓶が置いてあった。この部屋には誰もいないはずだったんですが，明かりもついていて花も活けてあったんで，人の気配と言うか，誰かが帰ってきてしばらく経つんだなあと。……すみません，もう思い浮かばないです。」

　教示をしっかりと理解し，検査に意欲的だった健二さんが，図版の現在の状況しか語れなくなってきたのである。その場にいた筆者が見ていると，彼はうっすらと涙を浮かべ，次々と提示される図版に心が揺さぶられている様子であった。出来事の配列には健二さんの構成する意味世界が反映されることを踏まえると，図版5の時点で心的動揺が隠しきれなくなり，直線的な軸に沿った物語を構成できなくなったと読み取ることができる。さらに物語は変化を見せる。

【図版9BM】（図10）「疲れて集団で寝ているところですね。午前からずっと農作業をしていて，やけにかき入れどきと言うか大変な時期だったんで，

第Ⅱ部　事例編

**図10　図版9BMの略画**
（出所）安香・藤田，1997

ちょっと昼ごはん食べて，その休憩と言うか，かなり身体が疲れてしまったんで。……と言いながらも不自然ですよね……。ちょっと変えまして，縁起が悪いかもしれませんが，亡くなっている絵かなと思います。人の上に人がこんな感じでいるっていうのは不自然なんで，血の痕も見られたりするんで……亡くなってる人たちを見てこの男が驚いてると言いますか。そういう絵かなと思います。」

　ここでは，物語を語り直している。最初の物語は，直線的な時間軸に沿っており，心的動揺から立ち直って図版1で見せた調子に戻ったかのようである。しかし恐らく，語った物語と内言とのズレが大きく，健二さんは語り直さざるを得なかったのだろう。2番目の物語は，現在の状況しか語っておらず，図版から感じ取った「死」の意味の大きさが窺える。健二さんの構成する意味世界（前後の出来事を作る余裕がないほど「死」のショックを受けている）を反映しているからこそ，物語を構成できず，絵の説明で終わってしまったと読み取ることができる。

②ドミナントな意味
　次に筆者が示したいのは，全図版を通しての健二さんのドミナントな意味である。図版1の物語と，次の2つの物語を続けて読んでみてほしい。

　　【図版11】（図11）「岩場に虫がいるとかですかね（笑）。それぐらいしかわからないです。童話で，虫が鶴みたいな首の長い鳥みたいな生き物と対話をしているところですかね。自分の現状を変えたいといいますか，『どうして俺はこうなんだ！』みたいなことに対して，この人はいろいろと問いかけをしていて，最終的には道は開けるんですが。そういう一場面かなと

思いました。」

【図版15】(図12)「……たくさんお墓があって……神父さんがお祈りをしています。……戦争で多くの人が亡くなって，お祈りしながら『この戦争って一体何だったんだろうか』『本当にやるべきだったんだろうか』『いつまで続くんだろうか』『神よ救いたまえ』と祈ってるところかなと思います。」

これらの物語から健二さんの構成する意味世界を読み解こうとするとき，どのようなプロセスを辿ればいいのだろうか。筆者は，まずは検査という枠を外して，物語をじっくりと読み味わうことが大切であると思う。次に，そのときの健二さんの表情や語り方，その場の雰囲気といった言葉以外の要素も含めて読み重ねていく。そしで内言の次元を想像し，「イメージが言葉へと凝縮していく瞬間への立ち合い」(大山, 2004)を行う。具体的には，物語から受ける様々な意味(言語的だけでなく感覚的なものも含む)が，空間に並置的に置かれているイメージを持ち，それらの内どれがドミナントな意味か，ドミナントな意味を中心にどういった要素が周辺に配置されているのか，連想をはたらかせるのである。(5)これが，検査者の「臨床的経験・主観」(藤本, 2006)に立脚した分析・解釈のプロセスの一つであるように思う。

**図11　図版11の略画**
(出所)　安香・藤田, 1997

**図12　図版15の略画**
(出所)　安香・藤田, 1997

---

(5) 内言の次元を想像するにあたって，筆者と臨床心理士1名で物語から感じ取ったイメージについて話し合い，臨床的妥当性を備えていると判断されるまで協議を行った。

第Ⅱ部　事例編

　健二さんの物語に話を戻すと，上記3つの物語に典型的に表れ，全図版通して読み取れる健二さんのドミナントな意味は，「自問自答し続けている状態」である。この意味を中心にして，前後に背景や結末を補足的に配列している。実際に健二さんは，職場の人間関係に15年近く悩んでおり，自問自答しながら解決策を見出そうとしてきたが，結局は答えが出せないまま現在に至っていた。葛藤し，停滞している状態がドミナントな意味となり，それを中心にして，出来事を配列していたのである。

　これは一つの試論に過ぎず，分析・解釈法の精緻化は今後の課題であるが，従来の投映仮説に基づくパーソナリティ理解ではなく，物語としてTATをとらえ，語りから被検者の意味世界を読み解こうとするナラティヴアプローチの立場が，TATの分析・解釈に新たな可能性をもたらすことは間違いない。

## 4. TATの本質

　冒頭で，TATに標準化された分析・解釈法が確立されていないことを，問題点として取り上げた。しかしそれは，ナラティヴを要請する検査の宿命であるように思う。TATは，直線的な時間軸にせよ，被検者の意味世界が反映された配列基準にせよ，物語に流れを生み出し，意味を生じさせる。そのため，分析・解釈法の標準化に向けて機械的に記号化・数量化しようとすると，物語の流れを切断してしまい，結果的に意味が死んでしまうのである。

　ナラティヴアプローチは，従来からTATの問題点と言われてきたこの部分を，むしろTATの本質であると指摘する。そして，検査の場面ではその影響を排さねばならない検査者の存在を，物語の解釈に不可欠な存在として重視する。TATが心理検査である以上，客観的な測定に基づいていなければならないことも事実である。その意味で，ナラティヴアプローチは心理臨床場面にすぐに応用できる知見を提供してくれるわけではない。しかし，本章で『時間軸』について論じたように，TATの本質について再考する貴重な機会を与えてくれる。「技法の本質への了解」（大山，2004）が，今後のTATの発展には

不可欠であるように思う。

〈ブックガイド〉

アンダーソン，H., & グーリシャン，H./野村直樹（著・訳）　2013　協働するナラティヴ——グーリシャンとアンダーソンによる論文「言語システムとしてのヒューマンシステム」　遠見書房
　⇨家族療法の分野で，システム論からナラティヴへの道が拓かれる契機となった論文の訳本。心理療法の営みをナラティヴとして捉える視点が具体的かつわかりやすく書かれており，自身の臨床実践にナラティヴを取り入れたい人にオススメ。

皆藤章（編）　2004　臨床心理査定技法2　誠信書房
　⇨投映法は，被検者を対象化して一方的に測定・診断するものではなく，一人の生きた人間を「知っていこう」とする検査者と被検者の共同作業であるとのスタンスから，各検査の特徴が書かれている。教科書的な解説ではなく，臨床的に一段深い理解を得ることができる一冊。

〈引用文献〉

安香宏・藤田宗和（編）　1997　臨床事例から学ぶTAT解釈の実際　新曜社
浅野智彦　2001　自己への物語論的接近——家族療法から社会学へ　勁草書房
粟村昭子　2007　TAT（主題統覚検査）についての一考察　関西福祉科学大学紀要，**10**, 55-62.
Cramer, P. 1996 *Storytelling, Narrative, and the Thematic Apperception Test*. The Guilford Press.
土居健郎　1977/1992　新訂 方法としての面接——臨床家のために　医学書院
藤本麻起子　2006　TATの分析・解釈について　京都大学大学院教育学研究科紀要，**52**, 174-186.
藤田宗和　2002　情報分析枠（FIA）による解釈　臨床心理学，**2**(5), 650-655.
Murray, H. A. 1943 *Thematic Apperception Test Manual*. Harvard College.
Murray, H. A. (Ed.) 1938 *Explorations in Personality*. Oxford University Press.（マァレー，H. A.（編）／外林大作（訳編）　1961, 1962　パーソナリティⅠ，Ⅱ　誠信書房）
中村和夫　2014　ヴィゴーツキー理論の神髄——なぜ文化—歴史的理論なのか　福村出版
中島啓之　2012　TATにおける「物語」の意味　中京大学心理学研究科・心理

学部紀要, **12**(1), 185-191.

西河正行　2009　Thematic Apperception Test（主題統覚検査）の施行法の意味——Cramer の TAT 理論を用いた批判的検討を通して　大妻女子大学人間関係学部紀要（人間関係学研究　社会学社会心理学人間福祉学）, **11**, 1-15.

野口裕二　2009　ナラティヴ・アプローチの展開　野口裕二（編）　ナラティヴ・アプローチ　勁草書房　pp. 1-25.

大山泰宏　2004　イメージを語る技法　皆藤章（編）　臨床心理査定技法2　誠信書房　pp. 51-100.

草島弘典　2005　TAT の使用に関する新たな一提案——自己の物語という視点から　中京大学心理学研究科・心理学部紀要, **4**(2), 95-107.

鈴木睦夫　1997　TAT の世界——物語分析の実際　誠信書房

田淵和歌子　2011　TAT に関する国内研究の文献展望——ナラティヴの視点から　神戸大学発達・臨床心理学研究, **10**, 31-39.

田淵和歌子　2013　ナラティヴ・アプローチによる TAT 物語の検討　人間性心理学研究, **30**(1・2), 39-51.

坪内順子　1984　TAT アナリシス　垣内出版

海本理恵子　2005　TAT（Thematic Apperception Test）に表されるプロットについて——ナラティブの観点から　京都大学大学院教育学研究科紀要, **51**, 153-166.

# 「心理テストとナラティヴ① TAT を手がかりに」に対するコメント

森岡　正芳

　TAT（主題統覚検査）は基本的な投映法，心理検査法である。楠本の解説で十分にわかるが，被検者には，図版を見て，浮かんできたいくつかのイメージや連想の中から自由に選択し，時間順序に配列して言葉にすることが求められる。TAT は，教示の中に物語作りが組み込まれている。ナラティヴの視点から，TAT という検査の特徴を検討することは基本的なことである。ところが意外なことに先行研究が少ない。

　ナラティヴの主要な特徴を，TAT の検査遂行過程においてよくとらえることができる。被検者は教示に従って，図版をもとに，いくつかの出来事を思い浮かべ，それを選択し，筋立て言葉によって提示する。被検者は同時に語り手であり，図版の中の登場人物たちに自分自身の視点を重ねながら話す。

　楠本は，ナラティヴの特徴を以下のようにまとめる。「一定の視点（語り手の視点）から語るべき出来事を取捨選択し，かつそれらを一定のプロット（plot：筋）に沿って配列していく『選択』と『配列』の作業を指す」とし，「これにより，物語には前後の方向性を持った時間の流れが生まれ，そこに意味が生じる。これこそがナラティヴの本質」だという。

　TAT では時間順序を設定して，出来事をつなぐという，まさにナラティヴを作ることが被検者に求められる。図版に登場する人物や場面を意味づけてストーリーを作り，聞き手に伝える。図版に触発されて，被検者の自分が物語に入り込んでくる。

　TAT 検査場面でナラティヴという視点を導入すると，被検者の人生の主題（テーマ）が，出来事の筋立て（プロット）によって，浮かび上がってくる。物語作りによって喚起された私の新たな心的状態の主観性をとらえるところに，投映法としての TAT の特徴がある。

## 第Ⅱ部 事例編

 それでは，出来事の選択と配列はどのような文脈においてなされるか。楠本は，「TATでは，被検者の視点とは別に，図版の主人公の視点を新たに設定し，その視点から出来事を『選択』し『配列』しなければならない」という。TAT物語の時間軸に，楠本は焦点をあてる。「そこで語られる時間軸は，被検者が生きているリアルな人生の時間軸ではない。被検者が，主人公の人生を想像した上での架空の時間軸である」と述べる。

 被検者が図版を通して喚起されたイメージは，個人の体験の意味世界の一端を示すものである。それが物語という形で，言語化されて検査者に伝えられる。これをどのように読み解くのか。ここで投映法や描画法に共通する基本的な課題に接近する。TATにかぎらず，投映法によって心のどのような側面が明らかになるのかが課題である。

 楠本は「TATにおいて，被検者の構成する意味世界が反映された配列基準を手がかりに，そこから遡って意味世界を読み解くことがパーソナリティ理解の一助となる。」と述べる。個人の意味世界に入ることが，TATを含め多くの心理検査に共通の課題である。

 楠本はさらに独創的な着想を展開する。個人の意味世界の読み解き方とは，「内言に注目し，ドミナントな意味を中心とした意味の配置を解釈する」というものである。内言（inner speech）すなわち心の中で使っている言葉は，日常言語とは異なる言語システムをもつ。内言は自分にだけわかればよい言葉であるから，最小単位の言葉と意味が優位である。「中村（2014）によると，内言とはイメージの世界であり，分節化されていない意味の塊である。そこでは無数の意味が空間的，並置的に配置されている。」もし内言がそのまま発話されたら他人には理解されがたい言葉となる。

 楠本のTAT読解の方法は，内言の次元を想像し，TAT反応のストーリーの要素を空間的に配置し，どれがドミナントな意味なのかを感じ取る。その意味を中心に他の要素がどのように配列されているかをとらえイメージを構成していくというものである。

 楠本が取り上げた事例をふりかえってみよう。健二さんは，はじめは手堅く

教示通りに，図版に即して「過去―現在―未来」という時間に沿ったストーリーを作っていくが，図版5（図9）あたりから，ストーリーの直線的時間配列が崩れはじめる。図版に対する印象を直接述べるような反応が出てくる。内言がストーリーとして加工されず，そのまま露出してくるような感じである。

　健二さんの発話資料から見えてくるのは，ナラティヴになる以前の心の領域にふれるような作業である。この反応を見てすぐさま健二さんのパーソナリティの特徴や病理をとらえようとするのではなく，この語りに健二さん固有の意味世界が立ち現れてくる。ナラティヴアプローチではこのようにとらえる。

　図版9BM（図10）への反応が特徴的である。健二さんはこの図版を見て，一つのストーリーを作るが，内言とのずれが生じたことに気づく。「不自然ですよね」と言いつつ，「縁起が悪いかもしれませんが」と前置きして語り直す。ストーリーの変化の中で何が生じているのだろう。

　次に「死」についてのストーリーが浮かぶ。ふだんは心の空間の周辺において伏せているものも，図版を媒介として喚起された。そこに健二さんの「主題」があらわになる。いいかえると，健二さんが生きている意味世界の一端に触れることができた。

　もちろんこのような反応は，テスト状況という固有の文脈における反応であることを無視はできない。イメージを中心としたドミナントな意味の読解にTATという媒介が働いている。自分を直に語るというのではなく，TATの図版を見てその登場人物に託して語る。このようなアプローチは，TATにおいてまとまったストーリーを作る前の状態に注目することを意味する。検査者，聞き手はナラティヴでもストーリーでもない未定，不確定の状態によりそう。そしてナラティヴ以前の発話に時間構造を作っていく作業を協働で行うことに治療的な意味がある。それによって不確定な状況に変化が起きるからである。このような変化可能性を議論できるのも，臨床ナラティヴアプローチの重要なポイントである。

# 13 心理テストとナラティヴ②
バウムテストを手がかりに

坂中　尚哉

## 1. バウムテストの活用の試み

　バウムテストを創始したコッホ（Koch, C.）の著作がわが国に最初に紹介されたのは，日本文化科学社の『バウム・テスト——樹木画による人格診断法』（Koch, 1952／林・国吉・一谷（訳），1970）であり，多くの心理療法家が一読されたことだと思う。[1]

　これまでバウムテスト（以下，バウム画そのものについてバウムと略す）が心理アセスメントの道具として使用されてきているために，スクリーニングなどの客観的指標としての使用，いわゆるエビデンス・ベースト・アプローチに重きがおかれてきている。

　一方で，近年バウムテストは，クライエントとセラピストの関係をひらく治療媒体として活用する実践報告がなされるようになってきた。その背景として，2010年，カール・コッホ著の『バウムテスト〔第3版〕』の邦訳本（Koch, 1957／岸本・中島・宮崎（訳），2010）が世に問われたことがその転回点となり，とりわけ，岸本（2011）は，『臨床バウム』を編集し，治療媒体としてのバウムテストの試みを積極的に紹介している。

---

（1）中島（1986, 2006），岸本（2005, 2010）は，林らの訳本の誤訳が多いことを指摘し，警鐘を鳴らしてきた歴史的経緯があるが，ここではそれ以上触れない。

本章では、バウムの指標は何を物語ろうとしているのか、バウムテストにナラティヴ（narrative：語り・物語）の視点を導入することにより生まれる視座を示すことにする。

## 2. バウムテストとナラティヴ

ナラティヴの定義は様々あり、見解は一様ではない。ここでは、ナラティヴとは、「出来事と別の出来事がつながりそこに意味を生む言語形式」（森岡，2008）という定義を基本とする。森岡が述べるように、ナラティヴには、事実と事実とを連関づけて「つなぐ」働き、語り手が語るという行為を通して「新たな意味づけを生む」働きがある。このように従来のナラティヴ研究では、語り手と聞き手の二項関係の関係性を基本としてきた。

しかし、心理療法においてバウムが導入されることによって、語り手と聞き手の二項関係に加えて、バウムが視覚的な媒体物として導入されることにより、語り手と聞き手をつなぐ媒介としての働きが生まれる。すなわち二項関係から三項関係への移行となり、バウムが関係をつなぐ素材として生かされる。ここにバウムテストのナラティヴとしての意味があり、心理療法におけるクライエント（語り手）の語りと相まって、バウムによる視覚的な語りがセラピスト（聞き手）のクライエント理解につながると考えられる。

さて、バウムをテストたらしめている指標アプローチの重要性自体は変わらないものの、指標に傾注しすぎると実証的基盤に基づいた物語に支配されてしまう。岸本（2008）は、指標をどう使うかというときに、分けるか重ねるかという方向性があるとし、うつ病や統合失調症といった疾患に分類するために用いるのではなく、バウムと描き手の姿とを重ねていく方向性があることを指摘している。

バウムの指標のみに身を委ねると、バウムの描き手とセラピストとの関係の中で生まれるバウム自体の表現の徴候、予感を見落としてしまいかねない。

たとえば、山（2011）は、「まず、バウム画を眺めながら、次第にそれと一

体になるような体験がある。そこから，直観のようなものとして本質が見える→構造が見える→識別が可能となる→指標を弁別できるようになる，というプロセスを辿る。これは，曖昧模糊とした混沌の中から，構造化や差異化が生じ，指標が生まれ出る物語にほかならない」と述べる。

このように，バウムの客観的な指標を大切に扱いながらも，バウムそれ自体から生まれてくる徴候や表現にひらかれた基本姿勢が重要となろう。またバウムの理解にナラティヴという視点を導入することで，指標が語ろうとする何かに近づくことになると思われる。

## 3．バウムの外傷の語り

コッホ（Koch, 1952/林・国吉・一谷（訳），1970）の初版では，バウムの外傷に関して，とりわけ強調して何も述べてはいないが，1957年の第3版（Koch, 1957/岸本・中島・宮崎（訳），2010）には，ヴィトゲンシュタイン指数について[2]1節をもうけ，3事例を紹介している。3つ目の事例は，サナトリウムから紹介を受けた19.3歳の女性との職業相談のエピソードが語られている。通院していたサナトリウムの医者の前では描き進められなかったバウムが，コッホの前ではあっさりと描写されたのであった。

> 両親の自殺について語られた。私の興味を引いたのは，バウム画において突然筆が止まった場所は，もっと以前の心的外傷を示唆しているのではないかということだった。……バウムの高さは287 mmだった。指数は

---

(2) ヴィトゲンシュタイン指数とは，ミリメートルで表したバウムの高さ(h)を，年月で表した描き手の年齢(a)に換算して求める一つの指数(i)である [$i = h/a$]。この指数によって描き手にとって重大な意味をもつ年齢を読み取ることができるとし，コッホが注目したものである。たとえば，本文中のコッホの例では，描線が止まった場所の高さが191 mm，指数が15であるから，191/15＝12.8歳のときに描き手の半ば忘れていた外傷記憶となる出来事があったことが示唆されている。

287/19.3＝15。描線が止まった場所の高さは191 mm。191/15＝12.8歳。……まさにその年齢でその女性は，性的な暴行の被害を受け，19歳で自殺未遂するまでは一切を拒絶していたという。

このように，コッホはドイツの精神科医の伯爵ヴィトゲンシュタイン（Wittgenstein, G.）博士の指数を活用し，バウムの不自然な描線やゆがみ，傷の印などが描き手の人生の外傷の物語と関係がある可能性を示唆している。

ところで，コッホの第3版では，58指標の内のNo. 26, No. 44, No. 45の3指標について，トラウマや喪失などの意味を与えている。たとえば，No. 26「落下中の，あるいは落下した実，葉，枝」については，落下したものには失われたもの，喪失，断念したものなどの意味を与えており，No. 44「切断された枝，折れた枝，折れた幹」は欠けたものを示すとして，疾患，障碍，葛藤，失望，失敗，運命の打撃によるトラウマという視点を示している。また，No. 45「幹や瘤や凹み」は，「重病とか事故の体験に付随するトラウマ，あるいは強烈に体験された困難を指し示す」と述べるように，コッホは各指標の意味づけを行いながらも「外傷性指標」という明言はしていない。おそらく，バウム理解において，バウムが示す指標を大切にしつつも，バウム全体から訴えかけてくるイメージに拓かれようとする基本姿勢と関係していそうである。コッホ（Koch, 1957／岸本・中島・宮崎（訳），2010）はバウムとの向き合い方を以下のように示している。

　　方法論の最初には，『それは何を意味するのか』という問いがくる。今一度いえば，その外観は何を意味し，次いで，あれこれの指標は何を意味するのか。現象的に言えば，その答えは，バウムの絵それ自身の本性から生じるものでなければならない。たとえば，円という形は，境界で囲われ，閉じていて，周囲から分離したもの，と自然に記述されるだろう。たくさんのバウムの絵を静かに眺めていると，バウムとの距離が近くなる。次第に，その本質が見えるようになるが，それは，依然として直観のようなものである。構造が明確に見えるようになり，識別が可能となり，指標を弁

別できるようになる。…（中略）…当初はわからない部分をそのまま持ちつづけ，どう理解したらいいかという問いを，何日も，何週も，何カ月も，何年も問い続けていると，秘密に関わる何かが自然と姿をあらわしてくる。

バウムの指標が何を意味するのか，それを指標自体に問うのではなく，バウムの絵それ自体に問い，その問いを問い続ける中で，バウムそれ自身からその意味が語られるかもしれない，と理解できる。言い換えれば，すでに指標それ自体にその意味が含まれており，バウムの指標はバウム全体の一部でありながらも，指標それ自体に問うだけでは，その指標の意味は明らかにならない，という構造になっている。

大辻（2002）は，児童虐待などの早期発見とアセスメントのためのツールとして，バウムテストのトラウマチェックリストの作成を試みている。たとえば，枝（枯れた枝，下向きの枝，折れた枝など），樹冠（なぐり描きの樹冠など），幹（濃い影，傷，穴，切断された幹など），根（地平線がない，透視される根，強調しすぎの根など）など47項目をあげ，それぞれに意味を与え，バウムが細分化されていく。こうした指標に基づいたアセスメント方法は，形式分析しか行わないロールシャッハ・テスト解釈と類似しており，不十分である。ロールシャッハ・テストにおいても，継起分析で語られるテスターとテスティーとの即興性のあるやりとりにより，形式分析では見えてこなかったその人らしさがうっすらと顔をのぞかせ，クライエント理解につながる。おそらく心理テストの各指標はときに雄弁に語り，ときに閉口し，またバウムはセラピスト自身の成熟のそのときを待って，指標の秘密をそっと語りかけてくれるのではなかろうか，なんとも艶かしいことか。

## 4. カンボジア青年のバウムの語り

### (1)カンボジア青年のバウムの諸特徴

筆者は，異文化研究の一環としてカンボジア青年のバウム研究（坂中，2011,

2014) を行っている。近年，東南アジアのカンボジア王国（以下，カンボジア）は，ASEAN（東南アジア諸国連合）が開催されるなど，近代化に向けた発展が著しい。一方では，首都の都市部を少し離れると，広大な農村地帯が広がり，木材，藁，竹，ヤシの葉と，暮らし向きに応じた材料を使った木造高床式の家屋が立ち並び，まさに自然とともに，土地に合わせて生きている，そんな風土が根づいている。

　さて，カンボジア青年のバウムの調査では，私立大学に通う大学生に調査を行った（坂中，2014）。その結果，カンボジア青年のバウムには，二線幹，二線枝，二線根が主流であり，ヤシやバナナ，ココナッツなどのフルーツバウムは48％と，風土を反映したバウムが見られた。また，コッホの58指標のNo. 26「落下中の，あるいは落下した実，葉，枝」は12％，No. 44「切断された枝，折れた枝，折れた幹」は17％，No. 45「幹や瘤や凹み」は17％と外傷的なバウムの出現率が高かった。

　バウムの幹や枝は，木を構成するにあたっての主要な部分であり，短命でうつろいやすい葉や実と違い，幹や枝はつねに存在する安定した部位とされているが，バウムの切断された枝や幹は「既にそこにあった何かが欠けている。欠けているものもまた意味を持っている」（Koch, 1957／岸本・中島・宮崎（訳），2010）と述べられているように，カンボジア青年の外傷的なバウムには，あるべきものがない感覚や切れた関係など，心理的な傷つきが投影されている可能性が考えられる。

## (2)カンボジア青年の外傷的なバウム

　カンボジアは，クメールルージュ[3]による大量虐殺が行なわれた暗い歴史がある。さて，筆者はバウムの調査同様に，52名の大学生に対して，クメールルージュによる親族の被害体験の有無等についての調査を行った。その結果，親族の被害が有の群は38名（73％），親族の被害の無の群は14名（27％）であった。図13は，枝が折れたバウム，図14は，枯れ葉のバウム，図15は，折れた幹のバウムを示している。

## 13 心理テストとナラティヴ②バウムテストを手がかりに

**図13 枝が折れたバウム**

**図14 枯れ葉のバウム**

　図13は，19歳の青年男子のバウムである。大地に根をはった太い幹は，用紙いっぱいに広がった樹冠を支えており，とても力強さを感じる。が，幹の真ん中部分に洞が見え，中腹の枝が切断されている。彼は「両親，祖父母，おば，おじがクメールルージュからの被害体験がある」と回答し，「カンボジア人にとってとても悲しいことであり，親族の何人かは，理由もなく殺された。人々が動物のように虐殺され，たとえ，生きながらえた人々でさえ，かつてのおぞましい記憶に苛まれて生きている。こうしたクメールルージュの粛正は，今日のカンボジア教育の遅れなどの国の発展に甚大な被害を与えていると思う」と記述している。

---

（3）カンボジアは，1975年4月より，ポル・ポトが率いるクメールルージュ（カンボジア共産党）による統治が1979年1月まで続き，粛正の名のもとに富裕層，医者などの各専門家，知識人が大量虐殺された内戦の歴史がある。また，この4年もの間に，処刑や処罰，飢え死にや栄養失調による死，病死などによりおよそ200万人の住民が犠牲になったと言われており，こうしたカンボジアの内戦は，カンボジア人の心を深く傷つけている過去の歴史だと考えられる。

第Ⅱ部　事例編

図15　折れた幹のバウム

図14は，21歳の青年男子のバウムである。左右のコントラストが印象に残る。向かって右側の世界は，葉がなくむき出しの枝があまりにも寒々しく，せつない。用紙の下側に右側は「past」，左側に「present」と加筆しているように，バウムに時の流れを投影している。彼は，「祖父が殺された」と回答し，「私にとって，この暗黒の時間は多くの人々の心身に多大な影響を与えていると思う。それは，いまだ多くの影を与え，たとえば，私の母親は，黒色の衣類を嫌い，また家族の者たちも彼女同様に黒色の衣類を嫌っている」と記述する。このように，図14の彼は，親族の死という直接的な被害体験を有しており，いまだ，癒えない心のありようが窺い知れる。

　図15は，20歳の女性のバウムである。幹の先端が途切れ，枝，幹の先端が開放されたままである。バウムの上下のコントラストの違いに目を奪われる。あまりにも痛々しい。彼女は，叔父と叔母が殺されており，「私たち家族は，十分な食事もなく非常に貧しい中，生活を強いられてきている。クメールルージュによる虐殺は，私たちカンボジア人にとって悲劇的な歴史であり，とても悲しすぎる。もう，叔父や叔母に会えないかと思うとさらに悲しい思いになる」と記述し，バウムは，言葉以上の迫力をもって，その傷みをわれわれに訴えかけてくる。

　このように，傷ついたバウムの描写の背景には，カンボジアの内戦に由来するカンボジア人の痛みそのものがあり，歴史・文化的苦しみが投影されているようにも思える。そして，カンボジア青年のバウムには，パーソナルな心理的世界を越えたその国のネガティブな歴史性，すなわち集合的なトラウマ的記憶が反復的に投影されていると考えられる。

## 5. バウムテストにおける臨床ナラティヴアプローチ

　本章では，バウムを手がかりに心理テストとナラティヴとの関係を探ってきた。これまで述べてきたように，バウムを細分化し，指標にこだわった解釈では，バウムそれ自体の秘密に近づくことはできない。とはいえ，バウムの指標はときに雄弁であるために指標そのものをおろそかにすることはできない。中でも，カンボジア青年のバウムの傷は個人を越えたその国のトラウマが投影されている可能性が示されたように，バウムには，描き手のイメージが時空間をつなぎ合わす働きがあると言える。

　また，バウムテストを心理療法に生かすためには，バウムを描くプロセスを見守りつつ，クライエントとセラピストともに1枚の描画を眺め語り合う営みにより，それぞれの固有の物語が促進されると思われる。そしてこうした働きを積極的に生かしていこうとする視点が，バウムテストにおける臨床ナラティヴアプローチの特徴と考える。

〈ブックガイド〉

コッホ，K./岸本寛史・中島ナオミ・宮崎忠男（訳）　2010　バウムテスト〔第3版〕――心理的見立ての補助手段としてのバウム画研究　誠信書房（Koch, K. 1957 *Der Baumtest : der Baumuzeichenversuch als psychodiagnostisches Hilfsmittel*. 3. Auflage. Verlag Hans Huber, Bern.）
　⇨本書は，カール・コッホの晩年の著書であり，コッホのバウムテストに対する解釈的な言及だけではなく，バウムそのものに対する思想やテスト解釈におけるセラピストの基本姿勢について繰り返し触れており，まさにバウムテストの決定版と言える。

山中康裕・岸本寛史　2011　コッホの『バウムテスト［第三版］』を読む　創元社
　⇨本書は，カール・コッホ著の第三版について，我が国のバウムテストの大家の山中康裕氏と現代のバウムテスト研究の牽引者である岸本寛史氏によって「1本の樹木」について縦横無尽に語り尽くす，とても贅沢な一冊となっている。

岸本寛史（編）　2011　臨床バウム――治療媒体としてのバウム　誠信書房

第Ⅱ部　事 例 編

⇨本書は，心理臨床実践における治療関係媒体としての「バウム」に焦点をあてている。これまでバウムテストが心理査定として限局的に用いられてきた歴史的経緯を踏まえると，バウムテストの新たな展開の可能性を示した画期的な一冊である。

〈引用文献〉

岸本寛史　2005　『バウムテスト第三版』におけるコッホの精神　山中康裕・皆藤章・角野善宏（編）　京大心理臨床シリーズ1　バウムの心理臨床　創元社　pp. 31-54.

岸本寛史　2008　絵画療法の新しい可能性――『表現』への着目　精神療法，**34**(5)，506-511.

岸本寛史　2010　バウムテスト　小野けい子・佐藤仁美（編著）　心理臨床とイメージ　放送大学教育振興会　pp. 81-90.

岸本寛史（編）　2011　臨床バウム――治療媒体としてのバウムテスト　誠信書房

Koch, C. 1952 *The Tree Test : The Tree-Drawing Test as an Aid in Psycho Diagnosis.* Bern : Verlag Hans Huber.（コッホ，C.／林勝造・国吉政一・一谷彊（訳）　1970　バウム・テスト――樹木画による人格診断法　日本文化科学社）

Koch, K. 1957 *DerBaumtest : der Baumuzeichenversuch als psychodiagnostisches Hilfsmittel.* 3. Auflage. Bern : Verlag Hans Huber.（コッホ，K.／岸本寛史・中島ナオミ・宮崎忠男（訳）　2010　バウムテスト〔第3版〕――心理的見立ての補助手段としてのバウム画研究　誠信書房）

森岡正芳　2008　今なぜナラティブ？――大きな物語・小さな物語　森岡正芳（編）　ナラティブと心理療法　金剛出版　pp. 9-23.

中島ナオミ　1986　日本におけるバウムテスト研究の問題点について　大阪精神衛生，**31**(1-6)，22-34.

中島ナオミ　2006　『バウムテスト――樹木画による人格診断法』の問題点　臨床描画研究，**21**，151-168.

大辻隆夫　2002　投影樹木画法におけるトラウマ指標の統合化とそれを巡る2，3の問題　京都女子大学児童学科児童学研究，**32**，10-15.

坂中尚哉　2011　バウム画の語り――カンボジアバウムの誘目性から　関西国際大学心理臨床センター紀要，**5**，32-41.

坂中尚哉　2014　カンボジア青年のバウムに関する基礎的研究――外傷との関連に注目して　臨床心理身体運動学研究，**16**(1)，17-25.

山愛美　2011　バウムテストの根っこを探る――秘密は木の根に隠されている　岸本寛史（編）　臨床バウム――治療媒体としてのバウムテスト　誠信書房　pp. 11-27.

第Ⅱ部　事例編

## 「心理テストとナラティヴ②バウムテストを手がかりに」に対するコメント

森岡　正芳

　日本では，バウムテストはその他の描画法と比べ使用頻度において抜きんでている。その理由として，施行がきわめて簡便であることがあげられる。被検者には負担がかかりにくく，子ども，高齢者に至るどのような臨床例にも適用可能である。また，他の描画法は検査者の経験的な直観と印象によって分析されることが多いが，バウムテストには創始者コッホによる分析指標があり，それに基づいた客観的な分析が可能である。さらに，他の検査と組み合わせると，被検者の特徴がトータルによく見えてくる。

　また，臨床描画法としてクライエントとセラピストの関係をひらく治療媒体として活用する実践がなされつつある。バウムにかぎらず，描画法はこのような特徴があり，それを治療的に活かすことはさほど不自然ではない。

　「語り手と聞き手の二項関係に加えて，バウムが視覚的な媒体物として導入されることにより，語り手と聞き手をつなぐ媒介としての働きが生まれる。すなわち二項関係から三項関係への移行となり，バウムが関係をつなぐ素材として生かされる。」坂中がこのように述べるように，ナラティヴの基本構造として三項関係を作るのに，描画を介することは自然である。

　コッホはバウムテストに58の指標を抽出した。そしてその出現率も計算した。バウムテストのこれらの指標は何を物語ろうとしているのか。坂中の問いかけは意味深い。さて，引用されている次のような指標にもとづくテスト解釈をどう考えたらよいのだろう。

　「バウムの高さは287 mm だった。指数は287/19.3＝15。描線が止まった場所の高さは191 mm。191/15＝12.8歳。……まさにその年齢でその女性は，性的な暴行の被害を受け，19歳で自殺未遂するまでは一切を拒絶していた」。

　ヴィトゲンシュタイン指数による解釈である。驚きであるが，これだけ読む

と牽強付会なしともいえず。こじつけではないかと疑いたくなるのもまた道理である。

　しかし，坂中は冷静である。続いてすぐ，「コッホの第3版では，58指標の内のNo. 26, No. 44, No. 45の3指標について，トラウマや喪失などの意味を与えている。…（中略）…コッホは各指標の意味づけを行いながらも「外傷性指標」という明言はしていない。おそらく，バウム理解において，バウムが示す指標を大切にしつつも，バウム全体から訴えかけてくるイメージに拓かれようとする基本姿勢と関係していそうである。」と強調している。

　また坂中が，カンボジア青年たちのバウムテストを丹念に収集し，バウム表現と傷に関する客観的な資料を提示していることは説得力をもつ。「傷ついたバウムの描写の背景には，カンボジアの内戦に由来するカンボジア人の痛みそのものがあり，歴史・文化的苦しみが投影されているようにも思える。」このように述べ，坂中は集合的なトラウマ的記憶といった次元に接近している。

　コッホは基本的な考え方として，そもそも樹木の絵画がテストとして意味を持つには表現と指標が二重であることに注目しなければならないと述べる。表現すなわち何がどのように描かれるかを「観ること」（Schauen）がまずある。指標は「個人的なものが一般的なものへと移行する地点」である（Koch, 1957/2010）。コッホのバウム読解は指標によって病理を読むというような決定論ではない。たとえば開いた管状枝は，病理指標としてだけではなく，未来に開かれた不確定のままの状態とも理解できる。幹を黒く塗ったバウムも，「黒は白を生む前」ととらえることができる。

　「観ること」は未確定なものへと開かれている。バウムだけで精神病理の全般を分類するような使い方は避けるべきであると，コッホはくりかえし注意を促している。これを受けて坂中も「バウムの指標のみに身を委ねると，バウムの描き手とセラピストとの関係の中で生まれるバウム自体の表現の徴候，予感を見落としてしまいかねない。」と述べる。

　いいかえると関係の中で生まれてくるバウムの徴候，予感を現場で活かすこ

とがバウムテスト場面でも求められている。ここで指標読解にナラティヴの視点が生きてくる。

　まず「客観指標」にもとづいた分析も一つのストーリーであるととらえること。指標とその解釈の対応関係を固定して考えない。この仮説ストーリーについて，クライエントの理解と成長可能性を拓くうえでどこまで意味があるのかを中心に解釈を展開する。ナラティヴアプローチでは意味生成性にもとづいた妥当性の判断を行うべきであろう。

　坂中は次のように述べる。「すでに指標それ自体にその意味が含まれており，バウムの指標はバウム全体の一部でありながらも，指標それ自体に問うだけでは，その指標の意味は明らかにならない，という構造になっている。」

　たとえば指標が傷を示す可能性があるというとき，バウムを介して，意味を受け取る検査者がそれをどのように感じ取ったかが重要である。臨床での意味解釈は決定論でなく，不確定であるということを維持する力（negative capability）が求められる。バウムが見えてくるまでには時間がかかる。

あとがき

　臨床ナラティヴセミナーという形でここ数年，神戸大学発達科学部A棟3階の一室にて，半ば定期的に集まりをもった。どなたでも参加OKという研究会で，カウンセラーや心理学関係者だけでなく，医療・看護，障害者自立支援，社会教育の専門家も入れ替わり顔を出された。対人援助領域についてナラティヴや物語という言葉をもとに，継続して議論し合う。ラフな枠組みで，自由な語らいをベースにしたものであった。この本は，そのような集まりを続ける中で生まれたものである。

　ときどきは遠方からゲストをお迎えしてお話しいただいた。2010年夏にはマイケル・バンバーグ（Michael Bamberg），2012年秋にはハーレン・アンダーソン（Harlene Anderson）が神戸に立ち寄られ，ショートセッションを行った。いずれも楽しいひと時であった。

　語りは終わってしまえば瞬時である。記録をいくらか残してはいても，その時の印象は時とともに薄れてしまう。それを受け取った参加者たちが一人ひとり生活の中で，そして実践において印象をつなぎとめ活かしていく。このような無形のはたらきそれ自体がナラティヴである。ナラティヴの語源には「関わりつなぐ」という意味が含まれている。また語りという言葉には，「形にする」という意味が反響している。

　このようなプロジェクトや研究会にいつも顔を出し，静かに聞き入ってくれた一人がミネルヴァ書房の吉岡昌俊さんである。語りの場をまとめ，できれば本にしたいと熱心に勧めてくれた。こういう形でひとまず約束を果たすことができ安堵している。一冊の書物を作るプロセスの細かい作業を粘り強く成し遂げていただき，吉岡さんには深く感謝している。

　なお科学研究費補助金を平成20年度より取得し，研究会やセミナーを維持できたことを記しておく。

基盤研究（B）「ナラティヴアプローチによる治療的意味生成過程に関する研究」
　基盤研究（A）「生活史法を基盤とした臨床物語論の構築と公共化」

　2015年　阪神淡路大震災から20年を経た日に

森岡正芳

# 人名索引

## あ行
アンダーソン（Anderson, H.） *142*
ウィニコット（Winnicott, D. W.） *115*
エプストン（Epston, D.） *28*

## か行
グーリシャン（Goolishian, H.） *142*
クラインマン（Kleinman, A.） *20, 91, 243, 246*
グリーンハル（Greenhalgh, T.） *63*
コッホ（Koch, C.） *269*

## さ行
サービン（Sarbin, T. R.） *97*
ジェンドリン（Gendlin, E. T.） *177*
シャロン（Charon, R.） *63*

## た行
竹内敏晴 *54*
樽味伸 *79*
土居健郎 *13*

## な行
ナタン（Nathan, T.） *54*

## は行
ハーウィッツ（Hurwitz, B.） *63*
ハーマン（Herman, J. L.） *102*
バトラー（Butler, R. N.） *215, 229*
バフチン（Bakhtin, M. M.） *114*
フーコー（Foucault, M.） *149*
フランクル（Frankl, V. E.） *15, 81*
ブルーナー（Bruner, J. S.） *6, 110*
フロイト（Freud, S.） *116*
ベラスケス（Diego Velazquez de Silva） *149*
ホワイト（White, M.） *28, 195, 243*

## ま行
マクタガート（McTaggart, J. E.） *84*
マレー（Murray, H. A.） *249*
ミンデル（Mindell, A.） *116*

## や・ら行
ユング（Jung, C. G.） *116*
リクール（Ricoeur, P.） *55*
ロジャーズ（Rogers, C. R.） *47, 163*

# 事項索引

## あ行

アイデンティティ　30
アスペルガー症候群　181
アタッチメント　25
生きた時間　83
生きられたストーリー（lived story）　40, 128, 193
いじめ　195
今ここ　40
　　——での意味（its meaning now）　43
意味作用　151, 161, 188
意味の構成（construction of meaning）　8
意味の場　44
イメージ構成物（imaginative coustructions）　113
内なる語り　104
エイジズム（Ageism）　217
エビデンス・ベイスト・メディスン（EBM）　63
エンカウンター・グループ（encounter groups：EG）　163, 175
応答的関係　10
オリジナルな談話（original discourse）　20
オルタナティヴな物語　111, 244
音楽療法　181

## か行

外在化　212
　　——技法　207
外傷　271
　　——的体験　187
回想法　216
解離　153
カウンセリング　35
仮構作用　5
仮構物（メイクビリーヴ　make-believe）　4

語られたストーリー（told story）　40, 128
語り直す（re-telling）　41
学校風土　196
仮定法化　188
仮定法的現実　213
看護実践　131
観察自我　27
感受性訓練（sensitivity training：ST）　165
換喩（メトニミー）的置き換え　188, 192
虐待　153
グループ回想法　218
経験の意味づけ　98
行為主体性（agency）　48
個人の慣用句（personal idiom）　45
言葉の二重指示性（double directionality）　42, 114
コミュニティ　208
コラボレイティヴアプローチ　19
根元的メタファー　97

## さ行

在地の知恵（indigenous knowledge）　16
三項関係　160, 270, 280
時間軸　252
自己語り　180
自己-状態　68
自己不確実感　27
自己物語（self narrative）　12, 252
自傷行為　25
私性（I'ness）　21
事態（happenings）　10
疾患（desease）　20, 243
支配的な物語（master narrative）　84
指標　282
自閉症スペクトラム障害　24, 238
社会構成主義　89
集合的なトラウマ的記憶　276

縮図的に示された時間（Epitomized Moment） *81,95*
主体＝私 *126*
主体の成立 *123*
象徴解釈 *152*
少年刑務所 *179*
初回夢（initial dream） *119*
心的状態（mental states） *10*
心理教育 *195*
図像解釈学（iconologie） *152*
ストーリー *13*
素の時間 *79,96*
スピリチュアル回想法 *220*
生活史 *103*
生活誌 *82*
世代継承性（generativity） *231*
説明モデル *20*
セルフ・ナラティヴ（self-narrative；自己物語） *252*
セルフヘルプ *37*
専門性の逆転 *54*
喪失体験 *99*

### た 行

体験過程療法 *177*
第三の自分 *28*
第三の領域 *42,161*
対話 *42*
　──の三角形 *114*
多声性（ポリフォニー） *90*
徴候 *149,157*
定型的なナラティヴ *111*
テーマ *265*
出来事（events） *10*
転機（transition） *99*
統合失調症 *207*
当事者 *233*
　──研究 *37*
　──性 *247*
登場人物（characters） *10*
ドミナント（dominant；支配的）な意味 *257,260*
ドミナントな物語 *237*
トラウマ *272*
　──ケア *211*
ドリームボディ *116*

### な 行

内言（inner speech） *257,266*
ナラティヴ（物語；語り） *6,250*
　──アプローチ（narrative approach） *i,107*
　──セラピー *16,248*
　──の認識論 *89*
　──プラクティス *131*
　──・ベイスト・メディスン（NBM） *63*
　──・メディスン（NM） *63*
二重の対話空間（double dialogical space） *115*
人称的な世界 *24*
認知症予防 *219*

### は 行

パーソンセンタード *177*
バウムテスト *269*
発生状態の主観性 *76,127*
パフォーマンス *50*
場面（scene） *10*
伴走 *48*
描画法 *280*
病気（sickness） *20*
ファシリテーター *163*
複数の現実 *22*
不随意的想起（involuntary memory recall） *104*
プロセス指向心理学 *116*
プロット *95,265*
文学的ナラティヴ *187*
文脈 *24*
法的なナラティヴ *187*

## ま行

無知の姿勢　142
メタナラティヴ　53
メトニミー（換喩）　192
物語　5, 97
　　——的因果律　255
　　——的モード　8
モラル療法（moral therapie）　152

## や行

役者（actors）　10
病い（illness）　20, 243
ユニークな結果　207
予防的な心理教育　208
『夜と霧』　15, 81

## ら行

ライフイベント　32
ライフストーリー　103, 220
ライフヒストリー　29
ライフレヴュー法　216
理性以前の言語　69
リメンバリング（想起）　40, 52
臨床ナラティヴアプローチ　17, 19, 121
例外的なもの（unusual）　15
論理階型　90

## A-Z

ALS（筋萎縮性側索硬化症）　71
E系列の時間　87
PTSD　153
TAT（Thematic Apperception Test；主題統覚検査）　249, 265

《執筆者紹介》

森岡正芳（もりおか・まさよし）編者，はしがき，第Ⅰ部1〜3，第Ⅱ部コメント，あとがき
　立命館大学総合心理学部　教授

岸本寛史（きしもと・のりふみ）第Ⅱ部1
　静岡県立総合病院緩和医療科　部長

野村直樹（のむら・なおき）第Ⅱ部2
　名古屋市立大学大学院人間文化研究科　教授

野村晴夫（のむら・はるお）第Ⅱ部3
　大阪大学大学院人間科学研究科　教授

廣瀬幸市（ひろせ・こういち）第Ⅱ部4
　愛知教育大学大学院教育学研究科　教授

紙野雪香（かみの・ゆきか）第Ⅱ部5
　大阪府立大学看護学部　准教授

角山富雄（かくやま・とみお）第Ⅱ部6
　湘南心理カウンセリング研究所　所長

村久保雅孝（むらくぼ・まさたか）第Ⅱ部7
　佐賀大学医学部　准教授

松本佳久子（まつもと・かくこ）第Ⅱ部8
　武庫川女子大学音楽学部　准教授

田代　順（たしろ・じゅん）第Ⅱ部9
　山梨英和大学人間文化学部・大学院　教授

山口智子（やまぐち・さとこ）第Ⅱ部10
　日本福祉大学社会福祉学部　教授

山本智子（やまもと・ともこ）第Ⅱ部11
　近畿大学教職教育部　専任講師

楠本和歌子（くすもと・わかこ）第Ⅱ部12
　沖縄県立八重山病院精神科　臨床心理士

坂中尚哉（さかなか・なおや）第Ⅱ部13
　関西国際大学人間科学部　准教授

《編著者紹介》

森岡　正芳（もりおか・まさよし）

京都大学大学院教育学研究科博士後期課程単位取得退学　博士（教育学），臨床心理士
現　在　立命館大学総合心理学部 教授
主　著　『物語としての面接』新曜社，2002年
　　　　『うつし　臨床の詩学』みすず書房，2005年
　　　　『ナラティヴと心理療法』（編著）金剛出版，2008年
　　　　『語りと騙りの間』（共編著）ナカニシヤ出版，2009年
　　　　*Jungian and dialogical self perspectives.*（共編著）Palgrave/Macmillan, 2011

|  | 臨床ナラティヴアプローチ | |
|---|---|---|

2015年 3月20日　初版第1刷発行　　　〈検印省略〉
2019年10月30日　初版第2刷発行

定価はカバーに表示しています

編 著 者　　森　岡　正　芳
発 行 者　　杉　田　啓　三
印 刷 者　　田　中　雅　博

発行所　株式会社　ミネルヴァ書房
607-8494　京都市山科区日ノ岡堤谷町1
電話代表　(075)581-5191
振替口座　01020-0-8076

©森岡正芳ほか，2015　　　　創栄図書印刷・藤沢製本

ISBN978-4-623-07260-6
Printed in Japan

## 遊戯療法──様々な領域の事例から学ぶ
伊藤良子 編著　Ａ５判　304頁　本体2600円
- ●基本的な知見や主要な理論を解説するとともに，様々な現場（学校，児童福祉施設，被災地など）の事例を紹介し，遊戯療法の本質を伝えるテキスト。

## ユング派心理療法
河合俊雄 編著　Ａ５判　308頁　本体2800円
- ●「発達障害」「解離」「摂食障害」…ユング心理学は現代をどう受け止めるか。気鋭のユング派分析家による最新の入門書。詳しい解説と事例で学ぶ。

## 来談者中心療法
東山紘久 編著　Ａ５判　224頁　本体2400円
- ●歴史や理論，技法などを学ぶ解説編と事例から療法の実際を学ぶ事例編からなる，クライエントを中心としたカウンセリングのあり方を学ぶ好個の入門書。

## 行動分析
大河内浩人・武藤　崇 編著　Ａ５判　272頁　本体3000円
- ●クライエントと環境との相互作用を明らかにし，それに働きかけることによって，不適応行動の解消や望ましい行動の生起をうながす「行動分析」の理論と実践。

## 森田療法
北西憲二・中村　敬 編著　Ａ５判　392頁　本体3200円
- ●日本で独自に発展した心理療法である森田療法の理論と，様々な症状に対する治療の事例を紹介する入門書。

## 内観療法
三木善彦・真栄城輝明・竹元隆洋 編著　Ａ５判　312頁　本体3000円
- ●現在さまざまな領域でさかんに活用されている内観療法。背景にある歴史や理論，活用の仕方などを解説し，具体的な事例も多数紹介。

## 発達障害がある人のナラティヴを聴く
──「あなた」の物語から学ぶ私たちのあり方
山本智子 著　Ａ５判　216頁　本体2500円
- ●インタビューの中で聴き取った多くの当事者の語りを紹介し，彼らとともに生きる私たちのあり方を問い直すための一助とする。

## 「学校」を生きる人々のナラティヴ
──子どもと教師・スクールカウンセラー・保護者の心のずれ
山本智子 編著　Ａ５判　248頁　本体2600円
- ●子どもと大人，それぞれの立場・視点から生まれる多様な声・物語に着目し，私たちが自明だと考えている学校についての認識を捉え直す。

──── ミネルヴァ書房 ────
https://www.minervashobo.co.jp/